MANGER POUR GUÉRIR

DU MÊME AUTEUR

La grande forme (*Encre* et *Livre de poche*)

En pleine santé (*Match/Éditions N° 1* et *Livre de poche*)

La forme naturelle - Vivre en pleine beauté (*Elle/Éditions N° 1*)

Pierre Pallardy

MANGER POUR GUÉRIR

RMC EDITION

Maquette de couverture : Claude Caudron
Photographie de couverture Fouli Elia
Photographies intérieures Régis Desjardins

A Florence

LETTRE OUVERTE À

Mme le Ministre de la Santé
M^r^ le Ministre de l'Éducation Nationale
M^r^ le Ministre des Sports

Madame, Messieurs,

Il fait partie de vos hautes attributions de veiller à la santé intellectuelle et physique de nos enfants et je ne doute pas que vous vous y consacriez de toutes vos forces, et même avec cœur.

Je ne peux pourtant m'empêcher de constater avec tristesse que dans les multiples matières enseignées de la maternelle à la terminale ne figure pas la diététique. Au long de tant d'années, parmi tous ces milliers d'heures, pas une seule n'est consacrée à cette discipline pourtant essentielle dont dépend leur bien-être futur.

Pire : tous ceux — et ils sont la majorité — qui déjeûnent chaque jour à la cantine mangent le plus souvent dans des conditions déplorables : bruit infernal, bousculades, rapidité excessive pour laisser la place aux suivants... Non seulement on n'utilise pas ce moment privilégié pour leur apprendre les rudiments de la nutrition et l'importance de l'alimentation, mais on crée chez eux des habitudes, des goûts, des réflexes qui pèseront lourd sur leur santé d'adultes.

Je vois trop d'enfants se tenant mal à table, incapables de rester tranquilles le temps d'un repas, avalant sans mâcher ni même reconnaître le goût de ce qu'ils mangent, devenir obèses ou squelettiques parce que personne ne leur a jamais appris que bien se nourrir est aussi important que les tables de multiplication.

Sans évoquer les maux dont ils souffriront, dont on peut admettre qu'ils seront un jour leur problème personnel, permettez-moi de souligner que les maladies individuelles coûtent fort cher à la collectivité et qu'il est non seulement dommage mais irresponsable de faire de nos enfants des handicapés alimentaires.

Pourquoi la France est-elle le seul pays où il semble impossible de réaliser une coordination harmonieuse entre trois ministères dont l'action conjuguée pourrait seule pourtant faire évoluer dans le bon sens notre société.

Il m'est difficile d'imaginer, Madame, que vous ignoriez que les bonnes habitudes, alimentaires surtout, se prennent dès l'enfance. Et que les mauvaises fabriquent à la pelle ces diabétiques, rhumatisants et autres goutteux qui transforment en abbysses le gouffre de la Sécurité sociale.

Je ne peux croire qu'un Ministre de votre Gouvernement puisse faire la sourde oreille à vos demandes et obliger sciemment les enfants de ce pays à avaler de la viande trop cuite dans des cantines infâmes, ni qu'un autre considère en son âme et conscience que l'éducation physique se réduit à quelques exercices pratiqués sans enthousiasme dans des gymnases mal équipés.

D'une collaboration entre vous naîtrait peut-être un vrai projet pour l'enfance ? Pour ma part, j'espère et je veux croire que vous vous attacherez ensemble à faire de nos enfants des adultes conscients et en bonne santé.

Croyez Madame le Ministre
Messieurs les Ministres
à mes sentiments de profond respect.

Pierre Pallardy
Kinésithérapeute

I

LE VENTRE EST LE CENTRE DE LA VIE

- 37 ans de souffrance pour rien
- Grâce à un simple carnet, devenez votre propre diététicien
- On change un corps par la douceur
- Soigner le corps tout entier
- Cellulite sur le ventre ou sur la nuque : Attention, danger !
- Les douleurs-paravents
- Ma première consultation
- Troubles fonctionnels : Ne les négligez pas
- Comment choisir un bon thérapeute manuel

C'est arrivé lentement. Petit à petit je me suis aperçu que j'avais atteint un seuil. Un point de saturation. Tous les jours, depuis plus de vingt ans, je recevais dans mon cabinet d'ostéopathe des hommes et des femmes qui tous venaient me dire : « J'ai mal au dos ». Ou au cou. Ou aux articulations. Ou : « Je dors mal. Je suis épuisé. J'ai des migraines épouvantables ». Ou encore : « Je suis nerveux, angoissé, je ne supporte plus rien »...

J'examinais leur dos, leurs membres, leur nuque, et j'y trouvais des raideurs, des tensions, des blocages, que je traitais comme on me l'avait appris pendant mes études. Mais je découvrais aussi, à la palpation, des ventres durs, tendus, ballonnés. Des points incroyablement douloureux sur certains plexus (voir page 228), ou le long de tel ou tel méridien. Et je me disais : « Ce n'est pas normal ». Pourtant, de lui-même, aucun de ces patients jamais ne parlait de son ventre. Aucun ne m'avouait : « Je suis gonflé, constipé, mal à l'aise ». Comme si ces troubles fonctionnels étaient une sorte de fatalité contre laquelle ils ne songeaient même pas à lutter.

Instinctivement je savais bien déjà qu'**un corps humain est un tout** et qu'en soigner une petite partie, même parfaitement, ne lui rendrait ni sa force ni sa santé. **Qu'un seul élément se détraque, et c'est l'harmonie de l'ensemble qui est rompue.** À la fin de la séance, je demandais à mes malades de s'allonger sur le dos. Après avoir traité et soulagé classiquement leur colonne vertébrale, leur nuque, leurs articulations, je massais leur ventre, doucement, cherchant à dénouer un à un leurs plexus. Ils s'en étonnaient. La plupart avaient consulté plusieurs médecins et thérapeutes, suivi d'autres traitements, avalé des anti-inflammatoires qui leur avaient abîmé l'estomac subi d'innombrables séances de gymnastique ou de rééducation, des manipulations, parfois des infiltrations. Ils s'en étaient trouvés souvent soulagés, jamais guéris.

Mais sous mes mains, au fil du traitement, je les sentais se détendre. Ils osaient enfin parler de ces « petits bobos » que résignés, vaguement honteux, ils avaient toujours négligés. Qui oserait ennuyer un grand spécialiste pour des maux d'intestin ou quelques crises d'aérophagie ?

Je n'avais pas de mal à comprendre même ce qu'ils taisaient car moi aussi j'avais été comme eux. Ce qu'ils vivaient je l'avais vécu. En pire. Et c'est sans doute grâce à cette expérience, à ces années de douleurs supportées sans un mot, que je commençais à entrevoir un morceau de cette vérité qu'on ne trouve pas dans les livres : **pour guérir quelqu'un, il faut le prendre en charge totalement. Ne pas s'arrêter aux symptômes évidents, mais chercher les causes profondes de souffrance ou de déséquilibre. Ne pas oublier le ventre quand on soigne le dos, et vice-versa. Et dans les deux cas songer que d'autres facteurs encore sont déterminants comme le stress, le mode de vie, l'alimentation, l'épanouissement sexuel, la psychologie, et même les émotions.**

Aujourd'hui j'ai appris que **la douleur est un signal d'alarme**. Rien de moins, rien de plus. Mais que sa localisation est rarement une indication thérapeutique. Tout juste le début d'une piste qu'il faut suivre patiemment pour retrouver les causes réelles, et toujours multiples, des troubles pathologiques. Pour en arriver là il m'a fallu soigner, observer, suivre pas à pas des centaines de malades. Les écouter et m'écouter moi-même, objectivement, en m'écartant des théories en vogue et de la stricte orthodoxie médicale.

37 ans de souffrance pour rien

Du plus loin que je me souvienne, j'ai toujours eu mal au ventre. Des douleurs imprévisibles, fulgurantes, me taraudaient l'intestin, m'obligeant à m'allonger par terre, n'importe où, à attendre qu'elles diminuent, puis s'estompent. J'y étais tellement habitué que je les attendais jour après jour, sans révolte. Je croyais sans doute alors que c'était normal. Ou que j'étais comme ça, et qu'on n'y pouvait rien.

Orphelin, ballotté d'institution en institution, je ne songeais qu'à m'enfuir. À m'échapper de ces pensions où j'étais malheureux. Nerveux, hypersensible, émotif, je vivais dans un état d'angoisse permanent dont je n'avais évidemment pas conscience à sept ans. Nous ne mangions pas bien mais nous étions nourris. Lourdement, sans saveur, mais suffisamment. Aujourd'hui je sais que je suis toujours passé à table l'estomac noué, les nerfs à vif, sans plaisir. Sans autre envie que celle de manger pour calmer ma faim. Ou plutôt « bâfrer » : je ne mangeais pas, j'avalais. J'engloutissais à toute vitesse, comme on le fait lorsqu'on n'aime ni le cadre, ni les mets, ni ceux qui partagent votre repas.

Pendant toutes les vacances scolaires, l'orphelinat nous plaçait dans des fermes. Les enfants doivent s'aérer, c'est bien connu. Manque de chance mon frère et moi retrouvions à Noël, à Pâques et les trois mois d'été les mêmes brutes alcooliques, suffisamment lucides pour nous faire travailler trop dur pour nos sept, huit ans, mais pas assez pour comprendre qu'en pleine croissance, nous avions besoin d'une bonne nourriture. Une soupe au pain le matin, une à midi, une le soir, voilà tout ce à quoi nous avions droit. Nous étions fatigués et quand nous n'en pouvions plus de faim nous volions : des œufs dans le poulailler, ou un peu de lait en trayant les vaches. Avec la peur au ventre : ils avaient le coup d'œil et savaient bien quelle hauteur de lait chaque vache donnait dans le seau. J'ai souffert là de carences qui ont en partie contribué à démolir mon système neuro-végétatif.

Chaque fois que je le pouvais, je m'enfuyais de l'orphelinat. Terrifié à l'idée qu'on me retrouve, je me cachais dans la campagne et volais ce que je pouvais. Un jour j'avalais deux litres de lait, un autre trois kilos de tomates. Je vidais un cerisier ou chapardais un morceau de viande que je mangeais crue ; où donc l'aurais-je fait cuire ? Sauvage, je me nourrissais comme un sauvage. Puis j'attendais la crise qui arrivait, inévitablement. Insupportable et familière. Quand on me rattrapait enfin, après quelques jours ou quelques semaines, je retrouvais l'institution, ses soupes épaisses et ses lentilles fades.

Lorsque j'eus douze ans, on me plaça en Touraine chez d'autres paysans, sympathiques et bons vivants, bien différents de ceux que j'avais connus jusque-là. Pour la première fois de ma vie, j'étais heureux quelque part. Difficile d'imaginer une vie plus saine que celle qui fut la mienne alors. Levé à l'aube et couché tôt, je vivais au grand air et me dépensais comme un âne à battre le blé, retourner la terre ou soigner les bêtes. Comme c'est souvent le cas dans nos provinces, la nourriture était excellente. Mais — peur de manquer, souvenir de mon passé ? — je mangeais gloutonnement, à la limite de la boulimie, ingurgitant chaque repas comme si c'était le dernier. Mes crises continuaient, s'accentuaient même. Leur violence me faisait parfois me rouler par terre sans que jamais personne ne me conseille de mâcher mes aliments ou, tout simplement, de manger moins vite. Qui d'ailleurs aurait pu s'inquiéter à me voir si grand et si costaud pour mon âge ? À travailler dur physiquement, je m'étais fait des muscles sans prendre de poids.

Je ne m'en souciais guère moi-même, il faut le dire. Mes maux de ventre faisaient partie de ma vie. J'avais fini par les trouver naturels.

Ils ont continué au lycée de Lorgues, dans le Midi, où l'on m'avait envoyé poursuivre mes études secondaires, sans que j'aie même l'idée d'aller en parler à l'infirmerie. Si bien que je ne m'aperçus tout simplement pas, malgré les crises, que j'avais une appendicite. Il fallut que je m'évanouisse pour qu'on m'envoie à l'hôpital de Draguignan où l'on m'opéra d'urgence d'une péritonite aiguë. J'y restais trois semaines, soigné par des gens formidables qui, les premiers, ont tenté de me faire comprendre ce qui m'arrivait. Patiemment, ils m'ont expliqué les rudiments de l'alimentation, conseillé de manger calmement, doucement, de me détendre. Mais je ne les ai pas crus, à peine écoutés. Je ne pouvais imaginer une quelconque relation entre mes maux de ventre et ma manière abrupte de me nourrir. Je voulais bien admettre que j'étais nerveux, timide, anxieux, mais qu'y faire ? On ne change pas sa nature.

À vingt ans, au service militaire, malgré la force et la maturité que j'avais acquises, je n'avais guère changé ces habitudes-là. Et chaque jour les mêmes symptômes revenaient, immuables. Mon ventre se mettait à gonfler, à durcir, et la douleur m'envahissait par spasmes pendant une demi-heure, une heure, parfois deux. J'avais oublié les conseils des infirmières de Draguignan, et personne autour de moi n'attachait la moindre importance à l'alimentation. C'était il y a vingt-cinq ans, la nutrition n'était pas encore une science en vogue.

⁂

Pendant toutes mes études de kinésithérapie, je n'entendis rien dire d'autre sur ce sujet que cette phrase banale : « Il faut avoir une nourriture variée ». Diététique, connais pas. Les massages et la rééducation de toutes les pathologies osseuses et musculaires n'avaient en revanche plus de secrets pour nous. Je me passionnais pour les thérapies des accidentés et traumatisés de toutes sortes, je savais détendre la cuisse d'un sportif, débloquer une cheville, soigner une entorse, traiter les douleurs vertébrales... J'étais, somme toute, devenu un bon mécanicien. Et j'avais eu la chance d'avoir les meilleurs professeurs : Boris Dolto, et les Drs Samuel et Heuleu.

Mais c'est à Londres où j'étais allé préparer mon doctorat d'ostéopathie, puisqu'on ne l'enseignait pas en France, que j'ai enfin, à vingt-sept ans, découvert l'importance de l'alimentation, de la digestion, et de tous les mécanismes d'assimilation et d'élimination. Je m'aperçus que pour les grands ostéopathes anglais qui étaient nos professeurs, un corps n'est pas composé seulement d'os, de muscles et de tendons, mais aussi d'organes dont le bon fonctionnement conditionne le bien-être de l'organisme. J'appris qu'une colite est plus grave et plus douloureuse qu'une entorse et que la constipation est une maladie comme une autre qu'il ne faut pas prendre à la légère. Et surtout qu'on ne s'est pas occupé réellement d'un patient si l'on n'a pas cherché à tout savoir de lui, psychologiquement autant que physiquement.

J'avais rencontré ma femme, Florence, et grâce à elle je pus mettre en pratique mes connaissances toutes neuves. Mes repas devinrent soudain aussi variés et sains qu'ils étaient anarchiques et déséquilibrés. Je pris goût aux légumes frais, au poisson grillé, aux repas réguliers et légers. J'étais heureux, j'obéissais aux règles d'or de la diététique, j'adorais ma femme et mon métier, j'avais trente-deux ans... et toujours mal au ventre. J'avais moins de crises certes, mais aussi soudaines, aussi violentes qu'avant. Cette fois je décidai qu'il fallait en finir et entamai, plein d'espoir, le circuit médical.

Grâce à un simple carnet
Devenez votre propre diététicien

Vous ne vous sentez pas bien, vous êtes fatigué, vous manquez d'énergie, et vous voulez aller mieux. Vous êtes trop gros, vous souffrez d'insomnies, d'aérophagie, de gastrite, de colite, de constipation..., vous savez que votre alimentation est primordiale. Vous pouvez, bien sûr, consulter un diététicien ou un nutritionniste mais avant de commencer quelque régime que ce soit, n'oubliez pas que vous êtes vous-même et pas un autre, et que toute rééducation alimentaire passe par une connaissance profonde et réelle de ce qui vous convient, ou non. De ce qui, comme on dit, vous réussit, ou non.

Achetez un petit carnet que vous pourrez facilement glisser dans votre sac ou dans une poche, car *il ne vous quittera pas pendant deux mois*.

Pendant tout ce temps notez-y scrupuleusement, *chaque fois que vous mangez*, tout ce qui concerne la prise alimentaire :

LA PRISE ALIMENTAIRE :

— *L'heure*

— *La composition* : Notez exactement ce que vous avez bu et mangé,
dans quel ordre et en quelle quantité
Avez-vous fumé à table ?

— *Les conditions* : Avez-vous mangé vite ou lentement ?
avec ou sans plaisir ?
avec ou sans faim ?
Dans un endroit calme ou bruyant ?
Étiez-vous anxieux ou calme ?
Était-ce chez vous ou au restaurant ?

Notez ensuite vos réactions.

VOS RÉACTIONS :

— *En sortant de table* : Vous sentiez-vous lourd ou pas ?
Aviez-vous encore faim ?
Aviez-vous une barre au niveau de l'estomac ?

— *1/2 heure après* : Avez-vous des coups de pompe ?
envie de vomir ?
des nausées ?
des aigreurs ?
mal au ventre ?
des spasmes ?
des gonflements ?
des sensations de froid ou de chaud ?
la bouche sèche ?

— *3 heures plus tard* :
Cherchez si vous éprouvez les mêmes symptômes dans les trois ou quatre heures qui suivent l'absorption de nourriture, plus :

des maux de tête
envie de dormir

— *Le matin* : au réveil, êtes-vous fatigué ?
agressif ou calme ?
morose ou joyeux ?
irritable ou détendu ?

avez-vous : faim ?
la bouche pâteuse ?
la nausée ?
les membres lourds ?

— *Vos réactions psychologiques* :

Amusez-vous aussi à noter la relation entre vos réactions psychologiques et votre alimentation ? Elle existe, indéniablement.

En étant attentif, vous verrez que certains aliments vous mettent en forme, tandis que d'autres, parce qu'ils vous conviennent moins bien, vous diminuent intellectuellement et font chuter votre moral. C'est un des objets de ce livre et nous en reparlerons, mais il est bon que, par votre propre expérience, vous en preniez conscience.

Si vous mangez toujours pressé, trop vite, et de façon désordonnée, ne cherchez pas : vos troubles viennent de là.

Si vous mangez doucement et que, malgré tout, vous souffrez de troubles divers, votre problème est *d'équilibrer votre alimentation*, ce que vous ferez d'autant plus facilement que vous aurez appris à mieux vous connaître. Vous découvrirez, par exemple, que vous digérez un demi-artichaut, pas un entier, vous saurez si vous supportez le lait, le fromage et les fruits pendant les repas ou en dehors, si le potage vous fait gonfler...

Fort de ces renseignements, vous serez prêt à devenir votre propre diététicien. Et à manier l'alimentation pour en tirer forme et énergie.

Il m'était facile, grâce à mon métier, de consulter les meilleurs gastro-entérologues. On me fit des radios, des analyses, des examens de toutes sortes. Je pris en cinq ans je ne sais plus combien de médicaments différents, tentai traitement sur traitement, régime sur régime. On passa à la loupe mes viscères, essayant sur chacun une thérapeutique spécifique et soi-disant appropriée. On me plâtra l'estomac (il n'y a pas d'autre mot) à coup de bismuth et de phosphalugel. J'allais mieux puisque je pouvais, désormais, passer plusieurs jours sans avoir mal. J'avais des rémissions, comme on dit pour d'autres maladies. Mais chaque fois que me prenait l'espoir d'être enfin débarrassé à jamais, une crise survenait qui me laissait pantois et plus irritable, nerveux, angoissé que jamais.

C'est pour comprendre, plus que par envie de me soigner moi-même que je commençais à noter dans un carnet toutes mes réactions à la nourriture. J'y inscrivais scrupuleusement ce que j'avais mangé, ce que j'éprouvais entre une demi-heure et trois ou quatre heures plus tard. J'y ai vite lu, écrit noir sur blanc, des choses simples dont l'évidence aurait dû me sauter aux yeux depuis bien longtemps. Si je mangeais trop vite parce que j'étais pressé, ou par habitude, quoi que j'aie avalé, j'avais mal au ventre. Mais il m'arrivait aussi de souffrir alors que j'avais pris calmement des repas en apparence bien équilibrés. Il m'a fallu du temps pour savoir que le café me rendait malade, qu'il me suffisait de prendre une tomate au cours d'un repas pour souffrir à nouveau, que je supportais mal l'artichaut, le fromage juste après la viande et parfois les pâtes, les fruits après et même avant les repas, et que j'étais allergique au lait. Peu à peu j'ai éliminé certains aliments, appris à mélanger les uns, à en dissocier d'autres.

Au bout de deux mois, je n'avais plus de crise que si j'étais, pour une raison ou une autre, particulièrement tendu et angoissé. Pendant quelques temps j'ai supprimé purement et simplement tout ce qui m'était apparu susceptible de déclencher une crise, ou même une gêne. Et non seulement, pour la première fois de mon existence, j'ai découvert que je pouvais vivre sans souffrir, mais mon caractère même s'est mis à changer. Mon agressivité, mon irritabilité disparaissaient. Je n'étais plus nerveux. Mon entourage respirait. Je revivais. J'avais trente-sept ans.

Il m'avait fallu tout ce temps pour apprendre cette règle fondamentale : **nous sommes le reflet de ce que nous mangeons.**

Pour vivre bien, il faut manger juste. C'est-à-dire trouver sa propre diététique, car ce qui vaut pour l'un est rarement vrai pour l'autre. Chacun de nous a son capital génétique, son histoire, sa personnalité, sa vie, ses rythmes biologiques dont il doit tenir compte pour trouver l'alimentation qui lui convient le mieux.

Celle qui lui assurera force, santé, énergie, bien-être.

Encore faut-il, pour y parvenir, connaître les quelques règles de base de la nutrition et les besoins essentiels de l'organisme. Qu'on se rassure, c'est moins complexe qu'on pourrait le croire et, quoi qu'en pensent certains, il n'est nul besoin d'un ordinateur sophistiqué pour choisir ses aliments et composer ses menus. Il faut surtout apprendre à se connaître et à s'aimer soi-même, à respecter son corps, le traiter en ami auquel on donne le meilleur pour mieux le préserver.

On change un corps par la douceur

Bizarrement, il m'a fallu longtemps pour comprendre que cette expérience était — en pire peut-être — celle de bien d'autres. Peut-être parce que le rôle du thérapeute est de s'oublier. Peut-être parce qu'après avoir vécu un calvaire, je n'avais qu'une idée en tête : ne plus y penser. Certainement aussi parce que j'étais trop empreint encore de mes études médicales.

Lorsqu'au cours d'un traitement j'avais réussi manuellement à détendre un à un les plexus de mon patient, éliminé les gaz, dégorgé le foie, travaillé la vésicule biliaire, massé les points douloureux et spasmés du colon, excité le pancréas, je constatais souvent que son dos s'améliorait. Pourtant, lorsque je racontais à un confrère qu'en guérissant le ventre d'un malade, j'avais réussi aussi à guérir son dos, il riait franchement. Pour les spécialistes de médecine physique, tout problème de dos est un problème ponctuel et mécanique. Bons ouvriers, réparateurs locaux, ils soignent « là où ça fait mal », traitant la « pièce » cassée ou abîmée. Peu leur importe que leur patient s'alimente mal ou ne fasse plus l'amour à sa femme, ils n'ont pas été formés à s'en préoccuper. Leur scepticisme, que je comprenais puisque j'étais un des leurs, me faisait douter. Même Françoise Mézières, remarquable thérapeute dont j'avais toujours été un fervent adepte, se trompait. Elle avait fondé toute sa méthode sur la prééminence des muscles postérieurs dont la raideur, était, selon elle, le facteur déclenchant de toutes les mauvaises positions, et donc de toutes les douleurs.

J'accompagnais tous mes traitements de quelques mouvements, d'ailleurs très courts, de gymnastique douce à faire chez soi, régulièrement, et je pense que ce complément physique était important. Mais cette pratique n'était qu'un à-côté du traitement et n'expliquait pas, à elle seule, une guérison. Un corps doit bouger, rester souple et libre, mais je n'ai jamais été favorable à l'exercice à tout prix, à la gymnastique excessive, à l'aérobic, et à toutes ces « écoles » qui martyrisent au lieu d'éduquer. Et je préfère ne pas m'étendre sur ces clubs où les clients s'agitent en face de moniteurs peu soucieux de les corriger.

L'exercice pour l'exercice est inutile. La gymnastique est un atout important, à condition d'être parfaitement adaptée à la personne qui la pratique, et doit avant tout procurer une détente, physique ou psychologique.

Il n'est pas toujours facile, dans les conditions de vie qui sont les nôtres, de s'astreindre plusieurs fois par semaine à faire des mouvements seul, chez soi, le matin ou le soir. Bien des gens préfèrent se sentir soutenus, et certains patients m'ont demandé d'ouvrir un centre. J'y voyais un autre avantage : soigner plus de gens à des conditions financières accessibles à tous. À l'époque, une consultation au cabinet coûtait environ 150 F. Une séance de gymnastique au centre entre 35 et 40 F.

La salle s'est remplie très vite et est devenue pour moi un champ d'expérience exceptionnel. Pratiquement tous ceux qui y venaient présentaient les mêmes symptômes : dos tendu, articulations nouées, muscles raidis, amplitude limitée des gestes, difficulté à synchroniser la respiration avec le mouvement. Pratiquement tous étaient déprimés. Mais, malgré mes mises en garde, ils forçaient, croyant ainsi obtenir de meilleurs résultats. J'avais beau insister, rien à faire. Certains sont même partis, trouvant que je les faisais travailler de manière trop perfectionniste. Il est vrai que ma méthode de l'imagination demande une concentration soutenue pour tendre vers le mouvement idéal.

J'étais assez désespéré et, à défaut de leur faire comprendre que les vrais résultats s'obtiennent par la douceur, j'entrepris de leur parler, pendant quelques minutes à chaque cours, de diététique. Ils semblaient très intéressés ... sur le moment. Mais je notais bien des détails qui en disaient long.

Les femmes qui, pour venir faire de la gymnastique à l'heure du déjeuner, sautaient un repas grossissaient. Celles qui mangeaient régulièrement s'affinaient. Les hommes qui arrivaient souvent dix minutes à l'avance, se préparaient tranquillement, s'échauffaient un peu avant les cours, obtenaient rapidement des résultats formidables. Les femmes qui arrivaient au dernier moment, stressées, pressées, et repartaient à toute vitesse affolées à l'idée d'être en retard ne changeaient pas. Ceux qui observaient quelques règles d'hygiène de vie étaient pratiquement exempts des multiples malaises communs à ceux qui menaient en permanence une vie désordonnée et surmenée.

Un homme, venu dans le but déclaré de perdre son ventre, m'avait avoué qu'il mangeait toujours très vite, et un peu n'importe quoi. Il n'a pas changé, bien que je l'y aie exhorté, mais il a surtout, derrière mon dos, travaillé des séries d'abdominaux bien trop longues et violentes. En quelques semaines, une hernie inguinale s'est déclarée et on a dû l'opérer.

Certaines filles, pour mieux perdre leur culotte de cheval, faisaient les exercices affublées de ces combinaisons synthétiques étanches dans lesquelles on transpire abondamment. Et je voyais leur cellulite non pas fondre, mais s'étendre.

Autant de signes que j'aurais pu décrypter. Mais il me manquait encore le maillon le plus important : celui qui allait brusquement relier les unes aux autres toutes ces observations pour m'amener à comprendre une nouvelle forme de thérapeutique.

***

Soigner le corps tout entier

Par souci de perfectionnisme, plus que dans l'idée d'en tirer une méthode, j'ai demandé à des patients de me dire tout ce qu'ils ressentaient pendant ou après les soins. Ce qui allait et ce qui n'allait pas. Les raisons qui les avaient amenés à faire de la gymnastique et les bienfaits qu'ils en retiraient, ou pas. Mais aussi comment ils vivaient, à quelle heure ils se couchaient, s'ils dormaient bien ou mal, ce qu'ils mangeaient ... Une centaine accepta de me servir de « cobayes » et je sais aujourd'hui que sans eux, je tâtonnerais peut-être encore.

J'ai fait sur chacun d'eux une fiche détaillée indiquant de quoi il souffrait et son évolution en fonction des soins et de son mode de vie. Au bout de deux ou trois semaines, j'ai peu à peu adjoint au traitement manuel et à l'exercice physique des recommandations d'hygiène de vie. Je leur ai demandé de manger régulièrement une nourriture la plus saine et équilibrée possible. De se coucher plus tôt, de fumer moins, de se préserver des moments de détente, et de réduire le plus qu'ils le pouvaient le tabac et les excitants : alcool et café.

Trois mois plus tard, sur cent malades atteints, outre de douleurs dorsales ou cervicales diverses, de raideurs articulaires ou de migraines, de troubles digestifs et de fatigue générale, soixante-cinq étaient complètement guéris. Or tous, sans exception, souffraient depuis de nombreuses années.

Aucun d'eux, évidemment, ne présentait au départ de maladie organique. Mais tous souffraient en permanence de ces maux qui vous « pourrissent » littéralement la vie : maux de ventre, lombalgies, colites, constipation, aérophagie. Tous avaient été traités, et je préfère me taire sur les méthodes employées par certains médecins et thérapeutes. Et ne parlons pas des femmes qui, pour soigner leurs jambes lourdes et douloureuses ou leur cellulite, avaient dépensé des fortunes dans des instituts pour se faire masser, ou subir successivement toutes les méthodes possibles et imaginables : laser, aspiration, multipiqûres, ionisation, massages pneumatiques, drainages lymphatiques, air pulsé... Sans succès, évidemment.

Je devais bien me rendre à l'évidence, la seule chose qu'on ne leur avait jamais demandée était de vivre et de manger autrement. Or c'était en se prenant en charge, en acceptant de respecter quelques règles diététiques et de se construire un équilibre qu'ils avaient réussi à guérir enfin. Ce n'était donc pas leur dos qui était important, ni leur ventre, ni tel ou tel muscle, mais eux tout entiers. Je n'avais pas, comme je l'avais cru, soigné leur dos en guérissant leur ventre. **Je les avais guéris en m'intéressant à l'ensemble de leur corps et de leur personnalité.** En voyant en chacun l'être humain avec ses douleurs, mais aussi ses soucis, ses désirs et ses peines, et non un cas de lombalgie ou de pincement L4 L5.

Toute ma vie j'avais cru, en bon ostéopathe, que la colonne vertébrale est l'arbre de vie qui gouverne le corps, que la structure osseuse commande la fonction, et qu'en manipulant une vertèbre ou une autre, j'améliorerais tel ou tel organe. Je découvrais empiriquement que l'inverse est vrai aussi, qu'aucune partie du corps n'en domine une autre, et que le maître mot de la physiologie est l'interaction permanente des différents systèmes.

Les médecins d'aujourd'hui sont dressés à prolonger la vie des individus, atténuer leurs souffrances et soigner les maladies, pas à combattre ni même à comprendre les troubles fonctionnels. Pourtant l'insomnie, la fatigue, l'agressivité, la mauvaise circulation, les spasmes, les ballonnements... sont des signes pathologiques aussi invalidants et bien plus répandus. Car si la colonne vertébrale est bien l'arbre de vie, le ventre est le centre vital par où passent non seulement notre alimentation mais aussi nos émotions, nos stress, nos angoisses, et surtout notre énergie. Ayant ouvert les yeux, il me suffisait désormais d'observer mes malades pour en trouver chaque jour la preuve évidente.

Lorsque Hervé R. est venu me voir pour la première fois, il m'a longuement parlé de ses lombalgies. Elles n'étaient pas chroniques certes, mais il en souffrait violemment par périodes et s'en accommodait mal. En plusieurs années il avait suivi des traitements, absorbé des anti-inflammatoires par kilos, suivi quelques centaines de séances de rééducation chez des kinésithérapeutes, consulté plusieurs médecins. Sans résultat.

Il avait surtout une colite très importante à laquelle je m'attaquai dès le début du traitement. Je lui prescrivis un régime alimentaire assez strict dans un premier temps (voir page 222), et des exercices de respiration à pratiquer régulièrement et, peu à peu, sa colite s'améliora sans pour autant disparaître.

Je n'arrivais pas, en même temps, à trouver la cause exacte de ses lombalgies. Certes il était un peu raide, le dos un peu trop cambré, le ventre légèrement projeté en avant et gonflé, mais pour un homme de cinquante-quatre ans c'était somme toute banal. J'avais détecté un pincement discal entre la cinquième vertèbre lombaire et la première sacrée, mais ce n'était guère étonnant chez un représentant de commerce qui passait la plus grande partie de son temps en voiture. Je pratiquai donc des tests de mobilité très doux, et commençai à traiter *tout* son dos en digitopuncture, qui est une sorte d'acupuncture manuelle traitant les points sans aiguille par pressions et massages (voir page 225). Quelques semaines plus tard la lombalgie disparut totalement. Alors, et alors seulement, la colite fut totalement guérie.

Je ne suis pas capable, même aujourd'hui, d'expliquer pourquoi. Peut-être une compression, ou une raideur, ou un dysfonctionnement non décelés à la radio (à part ce léger pincement les clichés étaient tout à fait normaux) avaient-ils déclenché la colite intestinale, à moins qu'elle ne fut simplement le résultat d'une mauvaise hygiène de vie. Il était clair en tout cas que colite et lombalgie, intestins et vertèbres étaient liés, et que c'est en soignant les *deux* que j'avais obtenu une guérison.

Cellulite sur le ventre ou sur la nuque : Attention, danger !

Les choses sont parfois plus complexes encore, car avoir mal quelque part ne signifie pas nécessairement que nos maux viennent de ce quelque part là. Et le travail du thérapeute est une sorte de chasse au trésor pour détecter, souvent difficilement, la cause originelle des douleurs présentes.

À trente-deux ans, Hélène souffrait presque quotidiennement de terribles migraines qui la prenaient n'importe quand, à des heures toujours différentes, rendant difficile sa vie déjà fatigante de mère de trois enfants. Elle était venue me voir sur les conseils d'un médecin, presque par acquis de conscience et apparemment sans espoir. Tous les traitements médicaux qu'elle avait suivis lui avaient apporté un soulagement éphémère, mais ses maux de tête étaient toujours revenus, aussi violents, aussi fréquents. Déçue, déprimée, elle s'était convaincue qu'elle était incurable. En l'interrogeant, j'appris qu'elle avait fait, plusieurs années auparavant, une chute sur la tête assez brutale et qu'on l'avait probablement mal soignée et mal rééduquée. À la palpation, la nuque était très raide. Certains mouvements test déclenchaient des douleurs anormales et elle avait, sur les trapèzes (muscles au-dessus des omoplates) un placard cellulitique extrêmement douloureux à toute manœuvre de pincé-roulé.

Cette technique, bien connue de tous les kinésithérapeutes, consiste à pincer la peau, la soulever, et la rouler entre ses doigts. Si tout est normal, la peau est libre et le pli ne dépasse pas un ou deux centimètres maximum. S'il est plus épais, et si cette manœuvre déclenche une douleur, c'est qu'il existe une infiltration cellulitique, c'est-à-dire une inflammation du tissu conjonctif, plus ou moins importante. Or il est tout à fait anormal d'avoir des amas de cellulite sur la nuque ou sur le ventre. Les premiers sont souvent l'indication d'une tension nerveuse excessive, d'une arthrose cervicale ou d'une grande fatigue. Les secondes sont le signe que certains organes, glandes ou viscères fonctionnnent au ralenti depuis plusieurs mois, parfois plusieurs années, car l'infiltration cellulitique ne vient pas du jour au lendemain.

Hélène avait à la palpation un ventre très gonflé, et une surcharge graisseuse anormale sur le plexus solaire, au niveau du foie, et de la vésicule biliaire. Je lui fis passer des radios, et on détecta une arthrose cervicale très avancée pour son âge, ainsi qu'une grosse vésicule atone, qui se vidait mal. Mais elle n'avait pas de calcul, et donc pas de raison de souffrir autant. Psychologiquement, Hélène ne se portait guère mieux. Ses relations sexuelles avec son mari s'étaient dégradées peu de temps après son mariage, et parce qu'elle était malheureuse, elle assumait mal sa fonction de mère. Angoissée, irritable, elle s'emportait, les enfants à leur tour devenaient nerveux et l'ambiance de la maison s'en ressentait. Elle mangeait n'importe quoi n'importe comment, se sentait toujours fatiguée, et dormait mal.

Je commençais évidemment par tenter de décoller ces amas de cellulite. Je procédais par massages les plus doux possible, et provoquais pourtant des douleurs extrêmement vives sur certains points de plexus très précis. À un demi centimètre de ces points, Hélène ne ressentait rien, mais si je touchais l'endroit exact la douleur était quasiment insupportable.

J'ai longtemps soigné d'instinct les amas de cellulite du ventre et du dos, mais n'avais pas encore établi de relation claire de cause à effet entre le traitement localisé de ces points situés sur les méridiens d'acupuncture et les améliorations obtenues. Pourtant on sent bien sous les doigts les petites granules de tissu graisseux et il me devint vite évident que ces amas étouffaient littéralement les organes internes situés juste en dessous.

Au début, Hélène était si tendue que, malgré mes efforts, je ne parvenais pas à décoller les plaques de cellulite de la nuque et du ventre. J'abandonnai donc et, pendant trois ou quatre séances de presque une heure chacune, j'essayai un traitement de relaxation par massages très doux de tout le corps : ventre, plexus, tête, dos, jambes, mains, pieds... Doucement, je l'amenais à prendre conscience de sa nourriture, à diminuer l'alcool et le café : elle buvait beaucoup, sans même s'en rendre compte, par compensation, et prenait cinq ou six cafés par jour à jeun. Je lui expliquai que la caféine provoque une hypersécrétion au niveau des muqueuses de l'estomac, déclenchant à la longue des petites gastrites qui, elles, dégénèrent en colite intestinale. Je ne le lui fis pas supprimer brutalement, ce qu'elle n'aurait pas supporté, mais elle comprit très vite qu'elle pouvait diminuer les doses assez facilement. Je lui demandai aussi de manger après ses enfants, dans le calme, assise et non debout, et lui indiquai un régime simple. Enfin je lui conseillai de pratiquer toutes les heures, assise ou couchée selon le moment et les circonstances, trois à cinq minutes de respiration très profonde, ce qui équivalait à trente minutes de rééducation respiratoire par jour. Je lui interdis en revanche de faire de la gymnastique car elle était bien trop fatiguée pour en tirer un bénéfice quelconque.

En trois semaines Hélène était complètement transformée et bien évidemment ce n'étaient pas les cinq ou six séances de massages qui pouvaient expliquer seuls un résultat aussi spectaculaire. J'étais sûr qu'Hélène allait mieux parce qu'elle avait eu le courage de cesser de se détruire elle-même à coup d'excitants, de surmenage, et d'aveuglement sur les raisons profondes de son comportement. Très vite je la sentis plus calme, plus détendue sous mes mains. Elle dormait mieux, son ventre était moins ballonné, ses intestins étaient un peu plus libres. Ses migraines étaient moins fréquentes mais elle en souffrait encore et, quand elles se produisaient, les crises étaient toujours aussi pénibles. Je n'avais donc encore ni amélioré vraiment ma patiente, ni surtout décelé la véritable origine de ses maux de tête.

Parce qu'elle était moins nerveuse et plus confiante, je pus commencer à travailler les plexus en malaxages et en pincé-roulé, très doucement pour éviter de lui faire mal. Je traitais sa nuque par pressions très profondes mais très douces de digitopuncture et pratiquais des massages crâniens.

En sept ou huit séances les migraines disparurent, totalement cette fois. Il y avait à peu près quatre mois qu'Hélène était venue me voir pour la première fois. Elle-même ne se reconnaissait pas. Elle était à nouveau épanouie sexuellement et avait retrouvé la joie de vivre.

J'avais quant à moi enfin compris qu'elle souffrait à la fois d'une arthrose cervicale accentuée par la pression du tissu fibreux cellulitique qui avait envahi sa nuque et lui faisait perdre sa mobilité, et d'un important problème hépato-biliaire, responsable d'un dérèglement du système neuro-végétatif tout entier. En stoppant l'inflammation de l'arthrose j'avais amélioré sa circulation sanguine et débloqué son cou et sa tête. En soignant son système neuro-végétatif, je lui avais rendu ses moyens naturels d'auto-défense. Mais je n'aurais obtenu aucun résultat en traitant une partie de son corps et pas l'autre. Et surtout en acceptant de m'intéresser à ses douleurs physiques sans prendre en compte ce qui se passait dans sa tête et dans sa vie.

Hélène m'écrit encore, parfois. Elle n'a plus jamais eu de migraine. Et il m'arrive souvent de penser à elle grâce à qui j'ai compris définitivement que ce que j'appelais parfois hasard ou chance était une évidence thérapeutique. Depuis lors, je n'ai plus jamais soigné seulement un dos, une nuque, une entorse, un ventre, un état dépressif, et j'ai refusé de traiter les patients persuadés qu'ils pouvaient guérir sans faire le moindre effort pour équilibrer leur alimentation, pratiquer un peu d'exercice, et mettre de l'ordre dans leur vie. Et j'ai toujours patiemment, aussi longtemps qu'il le fallait, cherché la ou les causes tout au long de mon traitement, quels que soient les symptômes évidents et les désirs exprimés du, ou de la malade venus me consulter.

Les douleurs-paravents

Car nos douleurs nous mentent puisqu'elles n'indiquent que rarement la localisation exacte du traumatisme.

Prenons l'exemple le plus bête qui soit : au moment où vous allez vous asseoir, quelqu'un retire la chaise et vous tombez sur le derrière. La chute est brutale, vous avez très mal, vous souffrez donc de compressions articulaires, ligamentaires, musculaires, vasculaires. En somme vous avez pris un bon coup, et ce coup est une **lésion primaire**.

Qu'à cela ne tienne, vous vous relevez. Mais pour vous permettre d'y parvenir, d'autres articulations jouent immédiatement, des systèmes de résistance à la douleur, se mettent en place, des ligaments travaillent pour soulager ceux qui ont été lésés, bref votre corps s'adapte au choc, et toutes ces adaptations à une situation anormale créent une **lésion secondaire**.

La nature faisant bien les choses, la lésion primaire guérit souvent seule. L'inflammation diminue, la circulation se rétablit, les articulations se remettent en place et tout rentre dans l'ordre. Si vous souffrez, ou si vous avez conscience de la gravité du choc, vous consulterez un thérapeute manuel qui vous soignera et, de la même manière, vous guérirez sans séquelle.

Mais il arrive souvent, surtout lorsqu'on est très jeune, de négliger un accident banal. De se dire : « Ça passera ». Mal ou pas soignée, la lésion primaire demeure. Une articulation (ou plusieurs) reste bloquée dans son mouvement physiologique normal, des ligaments sont freinés dans leur fonction, et il y a dysfonction du mouvement, raideurs, tétanisation. Pour vous permettre de marcher, ou de vous mouvoir à nouveau, la lésion secondaire d'adaptation s'installe elle aussi. Malheureusement l'adaptation est en ce cas toujours approximative. Aucune partie du corps ne peut en remplacer une autre sans dommage. Un muscle, un tendon ne font parfaitement que le mouvement auquel ils sont destinés. Et cette « adaptation », parce qu'elle est anormale, constitue elle-même une lésion entraînant d'autres adaptations qui formeront, à la longue, une **lésion tertiaire** d'adaptation définitive.

Ainsi une chute sur le coccyx se répercute-t-elle au niveau du dos, puis des vertèbres cervicales, engendrant, par exemple, des migraines.

Car toute lésion tertiaire crée, en général, un « système d'alarme » traduit par une douleur. Les chiropracteurs, les médecins de médecine physique, les ostéopathes, les spécialistes des médecines douces, les kinésithérapeutes consultés traiteront la lésion tertiaire parce qu'elle est évidente. Or il est impossible, dans un cas semblable, de guérir la souffrance si on ne soigne pas, en même temps, les lésions primaire et secondaire.

Il faut donc, et c'est souvent très difficile, retrouver cette lésion primaire qui peut être installée depuis dix ou vingt ans. À défaut de compter sur le hasard ou les étoiles il faut, lorsqu'on soupçonne l'existence d'un traumatisme ancien dont le patient lui-même n'a aucun souvenir, soigner patiemment l'ensemble du corps, vérifier toutes les articulations : chevilles, hanches, genoux, etc. Masser le ventre et tous les plexus. Alors seulement on a une chance de voir disparaître cette douleur différée.

Malheureusement, peu de thérapeutes aujourd'hui se livrent à ce travail de bénédictin. J'ai vu des malades bourrés sans succès de médicaments pour des migraines foudroyantes dues à une mauvaise chute qu'ils avaient faite dans leur enfance. Et d'autres dont, depuis des années, on manipulait les mêmes deux ou trois vertèbres alors qu'un thérapeute sérieux traite toujours toute la colonne par des massages doux et profonds dans l'espoir de trouver la lésion primaire.

Encore faut-il savoir, lorsqu'on l'aura enfin détectée, que plus elle est ancienne, et ancrée, plus longue sera la guérison. Car la première étape sera une adaptation à cette guérison elle-même qui se traduira par une grande fatigue générale, et parfois une augmentation de la douleur, pendant les trois ou quatre premières séances. La plupart des malades, par inconscience d'eux-mêmes, ou parce qu'ils ne sont pas suffisamment prévenus, ne se donnent pas le temps nécessaire de convalescence, refusent de rester allongés quelques jours ou, tout bêtement, de se reposer. Et il arrive que se créent de nouvelles lésions d'adaptation aux soins thérapeutiques, qui provoqueront à leur tour d'autres douleurs.

J'ai appris en Angleterre et aux États-Unis où, depuis longtemps, on prend au sérieux l'ostéopathie, que pour ne pas devenir eux-mêmes traumatisants, **les traitements doivent à la fois être doux et mobiliser tout le corps.**

Peu importe de soulager vite, mieux vaut prendre le temps et guérir vraiment. Toute manipulation est source de micro-traumatismes susceptibles de créer, si on recommence trop souvent, une inflammation chronique. Il est parfois nécessaire de recourir à cette technique, mais elle doit alors être pratiquée par un vrai spécialiste. Dans tous les autres cas, il faut *traiter en même temps plexus et vertèbres*, soit par digitopuncture, soit par mobilisation, soit par massages très doux. Le traitement est peut-être long, mais il est aussi beaucoup moins dangereux et permet au rapport d'adaptation de se faire sans heurt.

Mais surtout, en traitant en même temps le ventre et les plexus, et la colonne dans son ensemble, on obtiendra une amélioration réelle, profonde et durable. Car là est le « secret », si toutefois c'en est un : il n'y a pas de choix à faire entre pile et face, l'envers et l'endroit, le ventre et le dos. Il est impossible de soigner des troubles neuro-végétatifs s'il existe un blocage vertébral. Les vertèbres doivent bouger normalement, librement les unes par rapport aux autres. Il faut donc traiter le blocage, le pincement, la raideur, mais sans traumatisme, sans brutalité.

Parallèlement, tout dysfonctionnement du système neuro-végétatif ou digestif met l'individu en état de faiblesse et de souffrance, ouvrant la voie à d'autres lésions et d'autres pathologies. Il faut donc soigner aussi le ventre du patient, régler son alimentation de telle façon qu'il assimile des forces et élimine toxines et déchets, et se trouve ainsi au mieux de sa forme physiologique et psychologique.

Lorsque j'ai soigné Marc B., il avait soixante-deux ans et était constipé depuis plus de quarante ans. Depuis sa jeunesse, il prenait chaque jour des pilules ou des suppositoires qui perturbaient l'ensemble de son système neuro-végétatif, et avaient créé chez lui une colite grave et une nervosité importante. Aucune de ses vertèbres n'était à proprement parlé « bloquée », pourtant son dos était dur comme la pierre. Parce qu'ils avaient appris que la constipation est une conséquence du blocage de telle vertèbre, les médecins qu'il avait consultés pendant toutes ces années l'avaient manipulé des centaines de fois. Ils avaient ainsi provoqué des subluxations vertébrales, responsables d'une fatigue supplémentaire. La première fois que j'ai vu Marc B., ce sont d'abord ses cernes qui m'ont frappé. Il avait mauvaise mine, semblait épuisé, et se plaignait de ce qu'à chaque fois qu'il se retournait, en voiture par exemple, ses vertèbres « sautaient ». Il avait sous le bras un épais dossier où figuraient les analyses et les traitements qu'il avait supportés pour rien. Je l'ai bien sûr massé pour le détendre. Mais l'essentiel de la thérapie a consisté à l'écouter d'abord, à rééquilibrer son alimentation ensuite. Il avait besoin d'un psychothérapeute et d'un nutritionniste autant, sinon plus que d'un ostéopathe.

Marc B. a guéri en deux mois de troubles fonctionnels installés depuis des années. Soulagé de sa colite, rééduqué au plan alimentaire, cet homme a retrouvé grâce à la gymnastique sa mobilité vertébrale et son aisance perdues. Et si je raconte son histoire, c'est qu'elle reflète exactement celle de neuf sur dix des patients qui vont consulter un médecin physique, un kinésithérapeute, un ostéopathe ou un chiropracteur.

Comme il y a des lésions secondaires et tertiaires, *nos patients ont des demandes non dites, des exigences informulées, des stress inconscients*. Nous devons décoder ces appels inexprimés, les découvrir et y répondre. C'est parfois difficile quand l'homme ou la femme en face de nous a honte, se cache ou, c'est le plus fréquent, refuse de s'avouer à lui-même la vérité. J'ai vu des gens pleurer, s'effondrer, d'autres partir en claquant la porte et ne plus revenir lorsque j'abordais certains sujets. Il faut du courage pour admettre qu'on est malheureux, que votre femme vous trompe, que votre vie sexuelle est inexistante, qu'au bureau personne ne vous prend pour un caïd, et que vous n'avez pas le courage d'entreprendre d'autres relations, ou que ces enfants dont on est si fier et qui réussissent si bien à l'école vous empêchent de vivre et qu'on se sent vieux. **Primaire, secondaire ou tertiaire, la douleur physique n'est souvent que le paravent de nos misères morales et pour soigner le corps, nous devons apprendre à guérir les esprits.**

Je sais, depuis que j'exerce ce métier, que j'ai (comme tous ceux qui, comme moi, travaillent, au sens propre du terme, au corps à corps avec leurs malades) un atout incommensurable : mes mains. *Soigner avec ses mains est un don.* Ceux qui ne l'ont pas ne peuvent pas guérir les autres. Les mains du thérapeute font plus que soigner : elles devinent, elles sentent, elles savent, d'instinct. Mais aussi elles calment, détendent, apaisent. Et préparent ainsi le travail psychologique indispensable à toute thérapie. Les sentiments, les émotions, les drames, se lisent dans un corps presque comme à livre ouvert dans les tensions, les raideurs, les spasmes, les blocages. « J'ai l'estomac noué », dit-on pour exprimer son angoisse. Et l'image traduit à merveille la rétractation du corps sous les coups du sort, les stress ou les énervements de la vie quotidienne. À condition qu'il n'existe pas de maladie grave, rien n'est plus facile que de soulager quelqu'un d'un blocage par ci, d'un malaise par là. Il suffit d'avoir de bonnes mains et de savoir dénouer les centres nerveux ou les muscles spasmés. Le mieux est presque toujours immédiat. Mais tel n'est pas mon but.

Lorsque je soigne quelqu'un aujourd'hui, je l'imagine tel qu'il sera dans dix ou vingt ans. Et je le vois guéri. Mais pour cela, il doit retrouver son équilibre sur tous les plans : physique et psychologique, nutritionnel, physiologique et sexuel. Cela demande un effort mais, contrairement à ce que croient certains, un effort minime et très peu de temps. *En deux mois, quatre maximum, le malade est guéri totalement. S'il accepte de se prendre en charge. Et de nous faire confiance.*

Ma première consultation

La première consultation est primordiale, car elle est le premier temps d'un dialogue qui doit être intense entre le malade et moi. Il n'existe pas de méthode type, de soins passe-partout, ne de programme applicable à la lettre à tout un chacun. Tout être humain, parce qu'il a son hérédité, son histoire, sa vie, est un cas particulier. À chaque fois il faut créer, inventer, adapter le traitement le plus approprié.

Le premier entretien est à ce titre capital.

En trente, quarante, cinquante minutes peu importe, je tente de débusquer des vérités derrière la vérité du moment qui est, nous l'avons vu, toujours la même : mal au dos, mal au ventre, migraines, insomnies, nervosité... Quelquefois il faut un peu de temps au patient pour accepter de répondre à certaines questions qu'il juge trop personnelles, alors je détourne la conversation et j'attends, une autre fois, un autre moment. Mais je sais que très vite nous aurons abordé tout ce qui fait sa vie — comme toutes les vies — et que je dois savoir pour mieux l'aider :

Physique

Quelle taille faites-vous ?
Quel poids ?
Quel âge avez-vous ?

Pourquoi consulter ?

De quoi souffrez-vous ?
— Fatigue générale ?
— Douleur précise : dos, ventre, articulation...
— Déprime ?

Depuis combien de temps ?

Pouvez-vous expliquer la cause de vos souffrances ou non ?

Avez-vous consulté d'autres thérapeutes : kinésithérapeute, chiropracteur, ostéopathe, etc.,
ou médecins : généraliste, spécialiste ?

Avez-vous suivi un ou plusieurs traitements ?
Lesquels ?
Les avez-vous suivis correctement ?
Pendant combien de temps ?
Vous ont-ils soulagé ?
Pour combien de temps ?

Avez-vous fait des analyses : sang, urines...
des radios ?

Avez-vous été manipulé ? Combien de fois ?

Actuellement suivez-vous un régime alimentaire ? Lequel ?

Suivez-vous un traitement médical ? Lequel ?

Quelles maladies avez-vous eues ?

Souffrez-vous du diabète ? de rhumatismes ? d'une maladie cardio-vasculaire ?

Vos parents ou grands-parents en souffraient-ils ?

Avez-vous eu un accident ?
un traumatisme psychologique ?

Rythme de vie

— *Vous endormez-vous naturellement sans calmants ni somnifères. Si non, lesquels prenez-vous ?*

— *Dormez-vous plus de 6 heures ?*
moins de 6 heures ?

— *Dormez-vous dans un lit dur ou mou ?*

— *Vous couchez-vous avant 10 heures ?*
après 10 heures ?

— *Vous couchez-vous à des heures régulières ?*

— *Vous levez-vous dans la nuit ? Combien de fois ?*
pour aller aux toilettes ?
par angoisse ?
parce que vous avez froid ?
parce que vous transpirez ?

— *Si vous vous réveillez dans la nuit, avez-vous du mal à vous rendormir ?*

— *Dormez-vous dans une pièce aérée (fenêtre ouverte) ?*
chaude (fenêtre fermée et radiateur allumé) ou fraîche ?

— *Vous sentez-vous en forme ou fatigué au réveil ?*

— *Avez-vous la bouche pâteuse et les membres engourdis ?*

— *Prenez-vous dans la journée des temps de pause pour vous détendre, psychiquement et physiquement ?*

— *Dans ces moments-là, préférez-vous la lecture, la musique, le bricolage, le sport, le cinéma... ou la détente ?*

Hygiène de vie

— *Faites-vous votre toilette le matin, le soir, ou les deux ?*

— *Prenez-vous une douche ou un bain ?*

— *Combien de temps consacrez-vous à votre toilette ?*
moins d'1/2 heure, plus d'1/2 heure à chaque fois ?

— *Vous brossez-vous les dents le matin ou le soir ? les deux ? après chaque prise alimentaire ?*
Consultez-vous régulièrement un dentiste ?

— *Prenez-vous soin de votre peau, de votre visage, de vos mains ?*

Vie personnelle

— *Vivez-vous seul ou à deux ?*

— *Avez-vous des enfants ? Combien ? Quel âge ont-ils ?*

— *Vous sentez-vous bien chez vous ? Ou stressé ?*

— *Rentrez-vous chez vous, nerveux, angoissé, épuisé, heureux ?*

— *Êtes-vous en conflit avec un membre de votre famille (conjoint, enfants, belle-mère ? ...)*

Vie professionnelle

— *Faites-vous un métier manuel ou intellectuel ?*

— *Votre travail est-il fatigant physiquement ? psychiquement ?*
Les deux ?

— *Aimez-vous votre métier ?*

— *Vous y sentez-vous reconnu et valorisé ?*

— *L'ambiance est-elle détendue ? Stressante ?*

— *Avez-vous des rapports de force avec votre patron, un collègue...?*

— *Travaillez-vous 7 à 8 heures par jour ou plus ?*

— *Avez-vous l'impression que votre travail empiète sur votre vie privée ?*

— *Êtes-vous souvent en déplacement 2 jours ? une semaine ? plus longtemps ?*

— *Gagnez-vous, à votre avis, suffisamment bien votre vie ?*

Alimentation

— *Combien de repas prenez-vous par jour ?*

— *À quelle heure ? en combien de temps ?*

— *Mangez-vous assis ou debout ?*

— *Que mangez-vous exactement :*
  - *au petit déjeuner ?*
  - *au déjeuner ?*
  - *au dîner ?*
  - *entre ces repas ?*

— *Mangez-vous lentement ou de façon boulimique ?*

— *Buvez-vous de l'eau entre les repas ? à table ?*

— *Mangez-vous par habitude ? sans désir profond ? par nervosité ? par angoisse ? par appétit ?*

— *Accordez-vous de l'importance à la nourriture, ou non ?*

— *Êtes-vous un gros mangeur, ou non ?*

— *Sautez-vous fréquemment des repas ?*
pourquoi ? Par manque de temps, manque d'appétit, ou pour maigrir ?
En souffrez-vous ? Faim, fatigue, coups de pompe, nervosité... ?

— *Êtes-vous plus attiré par le sucré ou le salé ?*
les plats épicés
les plats en sauce
les fritures
quels sont vos goûts, vos plats préférés ?

Activité sportive et physique

— Pratiquez-vous une, plusieurs, ou aucune activité physique ? laquelle ?
depuis combien de temps ? une fois ou plus par semaine ?

— La pratiquez-vous par plaisir ou par nécessité (pour maigrir, pour vous sentir bien, ou pour faire plaisir à votre compagnon ?)

— Cette activité physique vous procure-t-elle : détente, assouplissement, forme...
ou : fatigue, courbatures, essoufflement, tension... ?

— Pratiquez-vous un sport individuel ou d'équipe ?

Sexualité

— Avez-vous des rapports sexuels : rares ou fréquents ?

— Avec le même partenaire ou des partenaires différents ?

— Vous sentez-vous épanoui, frustré, heureux... ?

— Faites-vous l'amour par désir, sans désir, pour faire plaisir à votre conjoint, par habitude ?

L'entretien se déroule de manière informelle et ces quelques questions ne sont que l'illustration des thèmes que j'aborde lors de ce premier contact. Parfois, devant une réticence, une pudeur, il faut savoir, d'instinct, reculer, prendre une parallèle, revenir... Mais le but est toujours le même : comprendre cet être en face de nous qui souffre et que nous devons soulager.

L'examen corporel :

Non moins révélateur est l'examen d'un corps debout, de face et de profil. Neuf personnes sur dix, même les enfants, ont naturellement une mauvaise position :
— Une cyphose : le dos rond, les épaules tombantes
— Une hyperlordose : le ventre en avant, la tête tombante.

Pourtant, la position du corps joue un rôle essentiel, et pas seulement esthétiquement. Quand on se tient bien, on emmagasine constamment de l'énergie. Quand on se tient mal, au contraire, il se produit des coupures dans les circuits énergétiques du corps, les organes et les glandes s'atrophient ou se congestionnent, leur fonctionnement est perturbé, et il y a déperdition d'énergie. Lorsqu'on est fatigué ou déprimé, il suffit parfois de se redresser pour se sentir mieux.

Les tests de mobilité

Je demande au patient de se pencher en avant pour voir si les bras touchent le sol.

Puis j'examine attentivement :

le ventre,
le bassin,
le thorax,
le port de tête,
les jambes,
les articulations (pieds, genoux, hanches, poignets, épaules, nuque) en position assise et allongée.
et, bien sûr, la colonne vertébrale, groupe vertébral par groupe vertébral, parfois vertèbre par vertèbre.

Ces tests sont indispensables pour détecter les blocages articulaires et leurs inévitables séquelles : un blocage du genou peut entraîner une lésion de la cheville ou du sacrum, par exemple...

Pour rétablir les circuits énergétiques, il faut libérer toutes les articulations.

La palpation

L'état de la peau est le reflet de notre santé intérieure. Une peau saine indique une bonne assimilation et une bonne élimination.

Je vérifie le pli cutané par des tests de pincé roulé, dont nous avons déjà parlé, en particulier au niveau du plexus solaire, des intestins, du foie, du pancréas, de la nuque, du dos, des jambes.

Au long de toute ma vie professionnelle, je n'ai rencontré que trois hommes dont nulle part le pli cutané ne dépassait le centimètre idéal. L'un est un homme d'affaires, l'autre un homme politique, le troisième un danseur. Je devrais ajouter les alpinistes, grands sportifs dont la forme physique est l'unique gage de survie et qui sont sans doute les plus attentifs à leur alimentation et à leur hygiène de vie. Mais je ne trouve pas toujours, heureusement, des placards de cellulite de la pointe du sternum au nombril si importants qu'il me faut, comme c'est arrivé, dix à douze séances pour parvenir à les décoller sans traumatiser mon patient.

J'ai déjà dit, mais je tiens à le souligner une nouvelle fois, à quel point cet examen est révélateur. *Dans le grain de la peau, sa finesse ou son épaisseur on lit, comme sur une radio, l'état de l'organe qu'elle recouvre.* Et c'est à travers elle que nous pourrons lui redonner vie. Je peux, à la main, dégorger un foie, stimuler une vésicule atone, chasser la boue biliaire, ralentir ou exciter le fonctionnement du pancréas, travailler la rate, le colon, le duodénum, l'estomac, l'intestin grêle... Et en massant certains plexus, on peut obtenir un amaigrissement.

Les hommes — et les femmes — d'affaires (et tous ceux qui vivent dans une grande tension nerveuse) ont souvent des nuques très douloureuses affublées de ce qu'on appelle une « bosse de bison » qui n'est pas une cellulite classique, mais plutôt une inflammation du tissu conjonctif. Il est facile de faire disparaître cette bosse de bison en sept ou huit séances (même si elle a mis dix ou douze ans à s'installer). L'arthrose est alors stoppée, le patient ne souffre plus de migraines, ni de troubles oculaires, ni des oreilles. Et il suffit de pratiquer ensuite quelques mouvements de mobilité articulaire pour que ni la bosse ni les troubles ne reviennent. Il arrive que l'on trouve chez un patient atteint de lombalgies depuis de nombreuses années un gros placard de cellulite au-dessus du sacrum. Une fois celui-ci éliminé, les lombalgies disparaissent.

Tension artérielle

Il est important de vérifier la tension artérielle lors de ce premier rendez-vous.

Gencives et dents

De même je vérifie toujours l'état de la bouche (dents et gencives) car n'oublions pas que le processus d'assimilation commence là et qu'une simple carie peut créer des troubles digestifs permanents.

Elle peut même créer un blocage vertébral ! J'ai souvent réussi à débloquer une vertèbre chez un patient après qu'il se soit fait soigner une dent malade alors que je n'y parvenais pas avant. L'état des dents joue également un rôle important sur le muscle cardiaque.

Dialogue

Si j'ai raconté longuement ce moment privilégié qu'est une première consultation, c'est qu'elle est le point de départ d'une coopération sans laquelle aucun traitement ne portera ses fruits.

Pour rééduquer un corps, il faut réharmoniser une vie, et cela demande que patient et thérapeute soient en sympathie, presque en osmose. Au début, certains mentent, par pudeur ou timidité. Je découvre souvent, en les massant, des choses qu'ils me diront plus tard. Quand ils auront compris que leur corps est le reflet de ce qu'ils vivent. Je ne suis pas un gourou et il n'y a pas de miracle. Une guérison commence par une prise de conscience et se construit au fur et à mesure de la prise en charge du patient par lui-même. Le rôle d'un bon thérapeute est simplement d'indiquer une voie, de trouver la méthode qui conviendra parfaitement au malade, et d'accompagner le changement en le facilitant. Comme un psychanalyste doit se faire analyser avant d'acquérir le droit d'écouter les autres, j'ai souffert longtemps et commis bien des erreurs sur moi-même avant de comprendre que la guérison est une renaissance et, comme telle, implique des renoncements et des remises en cause avant la phase active de récupération et de reconstruction.

J'ai soigné une femme qui souffrait, depuis vingt-cinq ans, de lombalgie chronique. Son médecin lui avait prescrit à vie trois séances de massage-rééducation par semaine. Elle avait obtenu l'accord de la Sécurité sociale et faisait ponctuellement son « traitement » chez le même kinésithérapeute qui, trois fois par semaine, la mettait dix minutes au chaud sous une lampe à infrarouges pour la « soulager » et lui faisait faire un peu de bicyclette pour « muscler son dos ».

En trois semaines de massages profonds et appropriés à mon cabinet, accompagnés de quelques mouvements bien choisis à faire chez elle, et surtout d'un régime alimentaire supprimant pratiquement tous les aliments acides, elle a guéri. Je ne cite pas ce cas par goût inné de l'autosatisfaction : n'importe quel thérapeute averti aurait obtenu le même résultat. Ni pour attaquer un confrère : la plupart des cabinets doivent tourner avec, pour chaque malade, le seul tarif accordé par la Sécurité sociale : environ 60 F pour un AMM6 (rééducation et massage d'un membre, du dos ou du ventre) 100 F pour un AMM9 (massage et rééducation de deux membres plus gymnastique). Pour vivre à ce prix là — sans faire fortune ! — il faut, comme on dit, « passer » 10 ou 15 clients dans la journée (certains manipulateurs vont jusqu'à 50 ou 60). Ce qui exclut d'en écouter et d'en soigner un seul.

J'ai toujours pu refuser ce système, prendre du recul, réfléchir, soigner moins de gens mais les soigner vraiment. C'est une chance. Et si ce livre est destiné aux malades, aux gens qui souffrent et sont parfois revenus de la médecine en général et des kinésithérapeutes en particulier, j'aimerais aussi qu'il les aide à comprendre que cette profession doit être reconnue et défendue si on veut qu'elle donne le meilleur d'elle-même. Elle compte, contrairement à ce qu'on dit souvent, peu de charlatans. Mais beaucoup de résignés qui tirent le diable par la queue et s'épuisent pour rien, en en ayant tristement conscience.

Il faut savoir que tout traitement dont on ne voit aucun résultat tangible au bout de trois semaines est inutile, donc inadapté. Mais comprendre aussi qu'il est naïf de venir déballer son petit ballot de souffrances aux pieds d'un thérapeute quel qu'il soit en lui demandant de les faire disparaître d'un coup de baguette magique sans faire soi-même aucun effort.

Choisir un thérapeute demande du soin puisque le traitement repose sur le dialogue constant que vous établirez avec lui et la confiance que vous aurez en lui. J'ai, je l'ai dit, commencé ma vie en cherchant à guérir la parcelle malade du corps de mes patients. Je me suis acharné à résoudre des problèmes aigus, ignorant que le pire est toujours ce qui ne se voit pas. Je sais aujourd'hui qu'il me faut, pour leur apporter ce qu'ils attendent de moi, forcer l'intimité de mes malades et, presque toujours, bouleverser leur vie. Ou en tout cas, changer quelques unes des habitudes qui font cette vie.

Et de ces habitudes ancrées, intallées, l'alimentation, la façon de manger, les goûts, les rites liés à la nourriture sont les plus importants. Acquis dès notre prime enfance ou révélateurs de nos problèmes psychologiques, nos passions et nos dégoûts, notre appétit ou notre manque d'intérêt pour ce que nous mangeons, notre désir de faire de chaque repas une fête ou notre angoisse avant de passer à table nous décrivent mieux qu'une fiche d'identité. Nos obsessions esthétiques et notre fascination des régimes ou notre indifférence absolue à notre allure et à notre silhouette sont les signes flagrants de notre bonheur ou de notre malheur de vivre. Et c'est le vrai rôle du thérapeute que de chercher le pourquoi d'une attitude anormale, d'une manière d'être ou d'une conduite anarchique, de l'expliquer, et de tenter de la corriger. Seule une collaboration, ou mieux une complicité avec son patient leur permettra à tous deux d'aboutir à un résultat.

Ce livre veut être le début de ce dialogue, avec tous ceux qui, eux, n'osent pas consulter un médecin ou un thérapeute. Il veut donner aux milliers d'hommes et de femmes atteints de troubles fonctionnels les clefs d'une vie meilleure et les moyens de trouver par eux-mêmes le chemin de la guérison. Et parce que ces clefs se trouvent, d'abord, dans la conscience de l'importance de l'alimentation, nous tenterons de montrer simplement que se nourrir bien n'est pas si difficile. Quelques connaissances des règles de base de la nutrition, la volonté de vivre le plus longtemps possible au mieux de sa forme et au plus haut de ses possibilités suffisent pour ne plus jamais faire partie de la cohorte de ceux qui se traînent en disant sans cesse : « Je ne me sens pas bien... Je suis fatigué... » Un enjeu de taille que chacun d'entre nous, peut, nous allons le voir, gagner sans difficulté.

Troubles fonctionnels : ne les négligez pas

Définition :

Un trouble fonctionnel est une perturbation d'un système, d'un organe, d'une glande ou d'un viscère (voir le tableau des principaux troubles fonctionnels et de leurs symptômes).

Origine :

Il existe deux grandes causes des troubles fonctionnels :

— *Des problèmes psychologiques* :

La nervosité, l'angoisse, le stress, les chocs psychologiques sont des facteurs de troubles fonctionnels. Ceux-ci aggravant ces mêmes symptômes, on entre très vite dans un cercle vicieux dont on ne pourra plus sortir si on ne guérit pas la cause réelle, qui est généralement d'ordre psychologique.

— *Une mauvaise alimentation* : si on mange trop vite, les aliments ne sont pas suffisamment broyés, la salive ne peut pas jouer son rôle et il y a donc mauvaise assimilation. Si on se nourrit de manière anarchique en créant des carences ou des surcharges au niveau du métabolisme*, on déclenche, dans 90 % des cas, un trouble fonctionnel à un niveau ou à un autre du système neuro-végétatif. Celui-ci retentira sur votre métabolisme, affaiblissant d'autres systèmes ou organes.

Peut-on guérir d'un trouble fonctionnel ?

Oui. Un trouble fonctionnel peut toujours être totalement guéri. C'est même une de ses caractéristiques.

Que se passe-t-il si on ne le soigne pas ?

Un trouble fonctionnel est un signal d'alarme qui vous indique que quelque chose ne va pas dans votre corps.

Si vous n'y prêtez pas attention, si vous ne le soignez pas, il s'aggravera jusqu'à devenir une *maladie organique*, exigeant un traitement chimique ou chirurgical, et qui, même si on la guérit, laissera des séquelles.

On passe très vite du trouble fonctionnel à la maladie organique. Il faut donc ne jamais négliger ces « petits malaises », même s'ils vous paraissent anodins.

À qui s'adresser ?

Un médecin, qu'il soit allopathe ou spécialiste des médecines douces, peut améliorer, voire stabiliser un trouble fonctionnel et faire disparaître la douleur

*** Le métabolisme est l'ensemble de toutes les transformations et de tous les échanges chimiques et biologiques qui ont lieu dans l'organisme au niveau des cellules.**

avec des médicaments et une thérapeutique appropriés, mais il ne peut le guérir et les symptômes reviendront dès qu'on cessera le traitement.

De même les tranquillisants et les anti-dépresseurs peuvent apporter une amélioration en diminuant l'angoisse et la nervosité, mais toujours au détriment d'une grande fatigue générale de l'organisme.

Ces troubles étant toujours liés à une mauvaise alimentation et à une mauvaise hygiène de vie, c'est le patient lui-même qui entretient le trouble qui ne guérira qu'au prix d'un changement radical du mode de vie et du régime alimentaire, associé à un programme adapté d'exercices physiques.

En ce cas, le plus apte à vous aider est un bon thérapeute manuel qui saura vous conseiller, en même temps qu'il vous détendra nerveusement et améliorera le fonctionnement de vos organes par des massages, qui constituent en eux-mêmes un véritable traitement. Mais dès que le trouble fonctionnel devient maladie organique, le thérapeute manuel ne suffit plus et vous devez impérativement consulter un spécialiste. Celui-ci vous prescrira un traitement qui pourra d'ailleurs utilement être complété par une rééducation manuelle.

C'est pourquoi il faudrait toujours que médecins classiques et manuels travaillent ensemble. C'est en effet dans une complémentarité des méthodes spécifiques aux uns et aux autres que se trouve généralement la solution la meilleure pour le patient. C'est malheureusement rarement le cas, et c'est dommage.

Cette association est naturelle en Chine où les médecins n'ont aucun complexe à compléter leurs traitements par des techniques manuelles qu'eux-mêmes ne connaissent pas, mais dont ils ont pu constater les effets, plus durables et moins dangereux que ceux de bien des médicaments.

On peut d'ailleurs en dire autant de l'acupuncture, et surtout de la phytothérapie dont on admet aujourd'hui que, bien adaptée à chaque cas particulier, elle peut aider le malade le plus gravement atteint (un cancéreux par exemple) à souffrir moins et à guérir plus vite.

Des médecins, et non des moindres, venus des États-Unis et d'ailleurs, en ont fait le constat en Chine. Espérons que la France ne sera pas le dernier pays à admettre cette évidence : toutes les thérapeutiques doivent être utilisées si le patient peut en obtenir une amélioration. *Thérapeutes manuels, généralistes et spécialistes doivent apprendre à travailler ensemble dans un seul but : unir leurs techniques pour guérir leurs malades. Mais ce but ne sera atteint que lorsqu'ils apprendront à se connaître au sein d'une école capable de les rassembler pour leur donner ce qui leur manque le plus : une vue d'ensemble de tous les moyens possibles.*

Cette école reste à créer.

Comment choisir un bon thérapeute manuel

Il n'est pas facile de savoir au premier coup d'œil si l'on a fait le bon choix, et si le thérapeute auquel on se confie est valable ou non. Si un médecin ou un ami ne vous l'a pas recommandé, deux tests au moins vous aideront à ne pas commettre d'erreur grave.

Écoutez-le

Un thérapeute sérieux ne vous promettra jamais la lune. Il doit vous écouter, vous examiner, faire son diagnostic et, au moindre doute, vous adresser à un spécialiste. Car chacun a ses limites et un kinésithérapeute ou un ostéopathe digne de ce nom doit travailler en relation étroite avec un groupe de médecins : généraliste, rhumatologue, pédiatre, gynécologue, chirurgien...

S'il vous dit qu'il est capable de vous guérir d'un rhumatisme inflammatoire, d'une infection ou d'une maladie organique quelle qu'elle soit, fuyez.

Regardez-le

— *Un thérapeute manuel doit être impeccable*, avoir les mains propres et les ongles courts. Son cabinet doit être bien tenu et sentir bon. Le linge, ou le papier, doivent être changés à chaque fois : pendant un traitement le malade transpire, élimine déchets et toxines, et si on garde son drap (a fortiori dans un plastique !) pour « la prochaine fois », il est inévitable que le cabinet sente la sueur. Sans compter qu'il est inadmissible pour un praticien de ne pas respecter les normes minimales d'hygiène.

— *Il doit être présent pendant tout le traitement* : méfiez-vous des soi-disant thérapeutes qui ne passent avec vous qu'une dizaine de minutes et vous abandonnent sous une lampe ou avec un appareil quelconque pour aller s'occuper de quelqu'un d'autre. Je connais malheureusement beaucoup de thérapeutes manuels et de médecins physiques ou d'acupuncteurs qui prennent 50 ou 60 personnes par jour (entre 300 et 500 F la séance !). Si vous tombez sur un de ces forçats des honoraires, quittez-le immédiatement. Un bon traitement exige de la part du thérapeute une écoute, une recherche des causes de l'état de son patient, et une entente parfaite entre eux. Il doit donc s'impliquer totalement dans le traitement.

N'oubliez jamais que si le traitement ne donne aucun résultat au bout de quatre à six séances, c'est qu'il y a autre chose. Soit vous souffrez d'une maladie et le thérapeute doit immédiatement vous adresser à un spécialiste qui fera faire des radios ou des analyses. Soit le diagnostic est faux et le traitement inadapté. Soit le thérapeute est mauvais et vous n'aurez jamais aucun résultat.

II

LES ENJEUX DE L'ALIMENTATION

- On mange aussi avec sa tête
- Calories : 2 – 1 = 1
- La nourriture n'est plus ce qu'elle était
- Appétit et émotions
- Ce qui vaut pour l'un ne vaut pas pour l'autre
- L'alimentation peut changer votre caractère
- Maladies de surcharge, maladies du siècle
- Les principaux troubles fonctionnels
- Ces 10 comportements sont les causes des troubles fonctionnels
- Une analyse peut sauver votre vie
- Prévenez les maladies organiques

Au premier degré l'homme mange pour vivre, et même pour survivre. Comme un moteur ne tourne pas sans essence, privé de nourriture l'organisme humain meurt en quarante jours maximum (mais il est, bien avant, atteint de manière irréversible). S'il est privé d'eau c'est pire : des troubles susceptibles de laisser des séquelles apparaissent au bout de quarante-huit heures. Notre corps a besoin d'éléments nutritifs (eau, protides, glucides, lipides, vitamines, sels minéraux) pour les assimiler, en prendre le meilleur, et le transformer en énergie qui permettra à nos cellules de se régénérer et de se renouveler, puis éliminer le reste sous forme de déchets et de toxines. **Manger est donc bien, au sens propre du terme, une nécessité. De même que le processus digestion-assimilation-élimination est une fonction vitale, et même la première de toutes.**

Nous occidentaux, habitants de pays riches, sommes super-privilégiés. Grâce aux progrès spectaculaires des industries et de la recherche agro-alimentaires et des méthodes de transport et de conservation, nous avons de tout en toute saison : des fruits et des légumes frais, les viandes, les poissons, les laitages, et le reste... Une profusion de denrées et de produits, telle que nous pouvons non seulement y puiser sans limite tout ce dont nous avons besoin, mais en plus nous offrir le luxe de choisir ce qui nous plaît et ce que nous aimons.

Théoriquement, nous devrions donc être en superforme et idéalement nourris. Mais cette fonction vitale n'est pas une fonction réflexe, et seule la faim qui nous pousse à manger pour ne pas dépérir reste du domaine de l'instinct. Et encore, nous verrons qu'entre la faim et l'appétit, il y a bien plus que des nuances. Car si l'une vient du ventre, l'autre dépend essentiellement de l'hypothalamus, qui est le centre de commande de tout notre système neuro-végétatif par l'intermédiaire du cortex cérébral auquel il envoie des informations.

Autrement dit, s'il est clair que l'instinct de survie et de conservation est physiologiquement inscrit dans nos gènes, nos goûts, nos désirs, notre attirance ou notre répulsion pour la nourriture ou certains mets, nos habitudes, notre hygiène ou nos dévoiements alimentaires sont, eux, dépendants de notre hérédité, notre éducation, nos traditions, notre religion, notre milieu social, et surtout de notre psychisme.

On mange aussi avec sa tête

En termes mathématiques, les besoins alimentaires journaliers d'un individu moyen sont simples à chiffrer : on les estime de 2 000 à 2 500 calories pour un homme, 1 500 à 2 000 calories pour une femme. Mais lorsqu'on a dit cela, on n'a rien dit. Car la quantité varie d'une personne à l'autre, d'une situation à l'autre. Le professeur Creff, célèbre nutritionniste qui prépara les athlètes français aux Jeux olympiques de Tokyo et de Munich, raconte volontiers qu'en plein effort Mimoun avait besoin de 1 800 calories, Anquetil de 6 000 et un nageur de 11 000 !

Mais surtout la qualité de notre alimentation est bien plus importante que la quantité d'aliments que nous avalons. Plus elle est variée, plus notre organisme a des chances d'y trouver tout ce qui lui est nécessaire, et particulièrement les vitamines et sels minéraux qu'il ne fabrique pas lui-même. Mais, toujours parce que nous sommes guidés, conditionnés dans nos choix alimentaires par notre inconscient bien plus que nous n'en sommes les maîtres, nous absorbons souvent n'importe quoi au mépris de notre santé, sans même nous en rendre compte.

On le dit souvent en riant : le meilleur des plats est, pour chacun de nous, celui que lui faisait sa mère pour lui faire plaisir quand il était petit, et c'est vrai. Au fond de nous sommeillent des souvenirs apparemment perdus de tartes aux pommes et de blanquettes de veau dont la seule odeur nous fait saliver. Comme notre caractère, notre tempérament, notre identité, c'est dans notre petite enfance que se crée notre personnalité alimentaire. Nous prenons autour de la table familiale des goûts et des habitudes qui, si nous n'y prenons garde, nous marqueront à jamais. Il en a été de même pour nos parents, et il en sera de même pour nos enfants.

Et justement. Dans un pays aussi féru de gastronomie que la France, où chaque maîtresse de maison a sa spécialité, une recette à elle qui fait sa fierté, où les bons petits plats et le gueuleton du dimanche sont un sport national, tradition et hérédité se traduisent souvent en goût immodéré pour les plats en sauce, les frites et la charcuterie. Et si, par raison, nous mangeons un peu moins que nos parents et grand-parents, nous nous dépensons aussi beaucoup moins.

Calories : 2 − 1 = 1

Alertés par les médecins relayés par les medias, nous avons pris conscience, peu à peu, de la nécessité d'être « raisonnables ». Et à lire les menus pantagruéliques qui faisaient l'ordinaire des familles paysannes ou bourgeoises du XIXe ou même du début du XXe siècle, nous poussons des cris d'horreur en nous demandant comment ils pouvaient « avaler tout ça ». Oubliant une règle tellement simple qu'on se demande comment on peut en faire fi si souvent : il en est de l'alimentation comme du reste, entrées et sorties doivent s'équilibrer. En d'autres termes, nous devons brûler ce que nous absorbons faute de quoi nos organes et nos tissus s'encrassent de sucres et de graisses, et toute la machine se dérègle.

Or en quelques générations, les conditions de vie ont totalement changé. La grande majorité d'entre nous ne vit pas en plein air. Vissés à nos fauteuils, ou au siège de notre voiture, incapables de monter plus de deux étages à pied, confinés dans des villes où l'on ne marche pas, nous passons des journées, voire des semaines entières sans faire aucun exercice, dès notre plus jeune âge. Parce que leurs muscles ont besoin de croître et de se développer, instinctivement les enfants courent, sautent, bougent, sont toujours en mouvement. Mais à peine adolescents ils réclament une mobylette, puis une voiture, et commencent à vivre eux aussi à l'économie. Parallèlement nous continuons à sacrifier gaiement aux rites et traditions d'une époque révolue, imposant à notre organisme une fatigue qu'aucun exutoire ne viendra compenser. Car on peut prendre le problème comme on veut : si on brûle une calorie chaque fois qu'on en absorbe deux, il en restera toujours une en surcharge qui, ajoutée à d'autres, engendrera des troubles dont un excès de poids est le moindre, mais aussi le plus visible.

La nourriture n'est plus ce qu'elle était

La généralisation du travail des femmes a révolutionné la vie économique du pays et l'éducation des enfants et aussi, de façon plus subtile mais tout aussi importante, la vie et les habitudes familiales, notamment en matière culinaire. D'innombrables enfants déjeunent à la crèche puis à la cantine, les parents avalent un sandwich sur le pouce dans un bistrot bruyant et enfumé ou subissent eux aussi les aléas de la restauration collective généralement peu appétissante, et quelquefois réellement mauvaise. De plus le progrès a aussi ses revers, et si les fruits sont beaux et bien calibrés, si la conservation, la surgélation, la lyophilisation permettent de garder longtemps et de cuisiner vite, si nos placards sont remplis de produits en boîtes, en sachets, en bocaux, c'est au prix de l'adjonction de conservateurs, stabilisateurs, colorants et additifs en tous genres, tous chimiques et tous nocifs à des degrés divers. Je sais que la législation est telle que tous ces produits sont testés, analysés, surveillés, et donc normalement d'une innocuité totale. Et certes, ils ne rendent pas malade. Mais il est clair qu'ils ne font pas de bien non plus, que les fruits et les légumes perdent au cours de ces multiples manipulations une grande partie de leur valeur nutritive, et surtout leurs vitamines et leurs sels minéraux. Or par manque de temps, par fatigue et parfois par paresse, nous n'utilisons plus que des produits de ce genre. Nous n'épluchons plus les haricots, n'écossons plus les petits pois et, malgré les mixers, préférons les potages en poudre et la purée en paillettes. Même les bébés sont nourris exclusivement de petits pots où tout est mélangé, la seule différence gustative réelle venant de ce que certains sont sucrés, et d'autres salés.

Ces changements correspondent ainsi à un changement fondamental de la nature même des produits alimentaires et s'accompagnent, ce qui est normal, d'une modification du goût. La viande (donc les protéines) et les sucreries ont pris une place de plus en plus grande, voire excessive. Leur excès est pourtant dangereux, nous le verrons : le régime steack-salade fait, contrairement à ce qu'on croit, des ravages et les biscuits, gâteaux et autres bonbons n'en font pas moins. Et si, comme on le dit, nous copions avec quelques années de retard ce qui se fait outre-Atlantique, la quantité incroyable d'obèses américains devrait nous faire réfléchir. Les corn flakes, hamburger, Coca Cola et autres ice-creams ne manquent certes pas de charme mais habituer nos enfants à en faire leur ordinaire, c'est les condamner à coup sûr à être des adultes trop gros, mal dans leur peau, et sûrement malades. On ne revient jamais en arrière et on ne rendra à certaines femmes ni le temps ni le goût de passer des heures à faire le marché et à préparer des plats sains, variés et équilibrés. Mais nous pouvons au moins tenir compte de cette réalité pour chercher à manger le mieux possible sans nous créer pour autant de contrainte insupportable.

Appétit et émotions

Ignorant la faim nous nous laissons guider par notre appétit, lui-même fonction de notre psychisme. Une tristesse, un stress, un choc, un coup de foudre et même une simple émotion, quelle qu'elle soit, nous donnent faim ou nous coupent l'appétit, selon notre âge, notre tempérament, notre nature profonde et le plus souvent, si l'évènement n'est pas d'une importance majeure, sans que nous en prenions conscience. Et s'il n'est normal d'éprouver plus de joie ou de difficulté à manger à certains moments, il peut s'ensuivre, dans des circonstances difficiles, des maladies alimentaires aux conséquences très graves.

Les deux plus extrêmes sont aussi les plus connues : *la boulimie*, dont la caractéristique est qu'on mange sans arrêt et sans raison, souvent en cachette, en avalant n'importe quoi, et *l'anorexie* qui est un rejet total de la nourriture. Peut-être parce que la vie devient de plus en plus dure en même temps que les familles éclatent et que la solitude est l'apanage d'un nombre sans cesse croissant d'individus, ces deux maladies suicidaires se développent de façon inquiétante, en particulier chez les adolescents. Je ne m'y étendrai pas car ce sont de graves pathologies, nécessitant l'intervention immédiate d'un spécialiste, et plus exactement d'un psychiatre. Je voudrais dire seulement que souvent, lorsqu'elles commencent, on refuse de s'en apercevoir. Malheureux, perturbé, on se cache des autres — c'est ainsi que les boulimiques vident un réfrigérateur entier et vont ensuite se faire vomir pour effacer les méfaits de ce qu'ils croient être leur faute — et on se ment à soi-même pour ne pas avoir à admettre la vérité.

Plus couramment on trouve toutes les pathologies légères, les grignotages incessants, les comportements anarchiques, les incapacités à supprimer le gâteau de cinq heures, la tablette de chocolat du soir ou le whisky au retour du bureau. Et si les effets de ces écarts sur notre système neuro-végétatif sont nettement moins importants, ils sont pourtant perturbateurs. Ils sont aussi le signe que tout ne tourne pas aussi rond qu'on le voudrait, et qu'il nous faut une compensation pour supporter les aléas et les soucis de la vie quotidienne.

Si bien que pour entreprendre une rééducation alimentaire, il faut d'abord se regarder en face et comprendre pourquoi on mange trop ou pas assez, ceci de préférence à celà, pendant ou entre les repas. Après seulement viendra le temps de touver le « bon » régime. Mais nous verrons que, le plus difficile étant accompli, celui-ci s'imposera presque de lui-même.

Ce qui vaut pour l'un ne vaut pas pour l'autre

Enfin n'oublions jamais que manger est un acte naturel qui doit tout simplement répondre aux règles du bons sens le plus élémentaire. Or si chacun sait bien qu'un enfant mange plus souvent mais moins à la fois qu'un adulte et qu'un bûcheron canadien n'a pas les mêmes besoins qu'un retraité parisien, beaucoup s'imaginent néanmoins que ce qui est bon pour le voisin est forcément épatant pour eux. Et sans être le moins du monde sexiste ni macho, force est de reconnaître que ce travers est essentiellement féminin. On se passe le régime miracle découvert Dieu sait où et qui a fait maigrir une telle, qu'on n'a jamais vue. On prend, sans aucune précaution, les ordonnances de l'une et les tisanes de l'autre en oubliant que les mêmes causes ne produisent pas les mêmes effets sur deux personnes différentes.

Rien n'est plus dangereux que ces automédications décidées sans avis autorisé et ne s'appuyant sur aucune analyse, sanguine notamment, permettant de doser les surcharges et les carences, et donc les remèdes à y apporter. Il en est de même pour ces vitamines et oligo-éléments que l'on achète en pharmacie à tort et à travers sans même savoir à quoi ils servent, ni si on en a vraiment besoin.

Sans aller si loin, le corps humain a lui aussi ses rythmes, ses habitudes et ses temps de réponse et de réaction que l'on ne peut rompre à volonté et bouleverser indéfiniment. *Tout changement, même minime, demande une adaptation*. Que l'on change de régime, de pays, de mode de vie n'a aucune importance si l'on respecte la règle biologique qui veut que toute modification profonde demande au moins vingt et un jours d'adaptation. Nous verrons plus loin comment, pratiquement, c'est possible dans toutes les circonstances. En attendant, *sachons que se mettre inopinément à manger plus, ou moins, ou tout autre chose, est toujours pour l'organisme une cause de fatigue intense. Il est donc indispensable de toujours procéder progressivement et par étapes.*

L'alimentation peut changer votre caractère

Au début, je n'y croyais pas. On m'avait dit : *si vous mangez mal, vous vivrez mal*. Non seulement les médecins de l'hôpital de Draguignan mais certains de mes professeurs en Angleterre avaient tenté de m'expliquer qu'une mauvaise alimentation suffit à déclencher des insomnies et des troubles du comportement comme l'agressivité, la nervosité, l'émotivité. C'était alors une idée neuve pour moi, et apparemment pour les autres, aussi car dans mes contacts professionnels, on n'évoquait jamais de lien direct entre le « tempérament » d'un patient et sa façon de s'alimenter. J'étais intimement persuadé que chaque être humain a son caractère et sa personnalité, fruits de la mystérieuse alchimie de l'hérédité, et qu'on ne pouvait pas plus les changer que la couleur de sa peau ou celle de ses yeux.

Plus tard, en découvrant à quel point un simple changement de régime alimentaire pouvait avoir de conséquences, j'ai commencé à me poser des questions. Qui sont devenues des réponses lorsque j'ai constaté que si je n'avais plus de maux de ventre, je n'avais plus non plus de ces colères presque incontrôlables, insupportables pour mon entourage et culpabilisantes pour moi, de ces moments de déprime où tout me paraissait dramatique, ni de ces sautes d'humeur dont j'ignorais moi-même les raisons. Il était clair que ne plus souffrir en permanence m'avait embelli la vie, mais je ne pouvais ignorer que plus profondément, mon caractère s'était transformé. Ma femme et mes enfants étaient d'ailleurs là pour m'en apporter la confirmation.

Décidé à en savoir plus, je m'étais inscrit aux cours de diététique donnés à l'hôpital Saint-Michel par le professeur Albert-François Creff, pionnier de la nutrition, et certainement l'un des plus grands spécialistes français dans ce domaine. Persuadé lui aussi que les études médicales étaient dramatiquement dépourvues de toute formation dans une matière pourtant capitale, il a créé des cycles de formation destinés aux membres des professions médicales ou paramédicales désireux d'en apprendre un peu plus. J'ai ainsi découvert, outre les règles de base d'une fonction qui est l'essence même de la vie, les vrais enjeux de l'alimentation et les mécanismes d'interaction permanente de l'assimilation et du psychisme.

J'ai compris enfin pourquoi et comment *on peut, en changeant son alimentation, changer aussi complètement le mode de vie et le caractère de quelqu'un*. Je n'entrerai évidemment pas ici dans des explications fastidieuses et compliquées, qui d'ailleurs ne vous apporteraient rien. On peut comprendre l'essentiel sans être biologiste ni physiologiste.

L'alimentation n'est pas un simple phénomène mécanique. Elle met en jeu, par l'intermédiaire de multiples enzymes et hormones notamment, toute une série de réactions chimiques destinées à rendre les aliments que nous absorbons assimilables par les cellules. (En dehors des vitamines et des sels minéraux, aucun aliment, même broyé par l'appareil digestif, n'est utilisable tel quel par les cellules.) **S'il se produit une perturbation dans ce cycle chimique, il s'ensuit immédiatement des perturbations en chaîne dans tout l'organisme, et en particulier le système nerveux et le psychisme**, parce que les cellules ne reçoivent pas tous les éléments nutritifs et énergétiques dont elles ont besoin pour fonctionner normalement, à moins qu'elles n'en reçoivent trop d'une catégorie et pas assez d'une autre. Si le système nerveux n'est pas régulé par les apports énergétiques d'une alimentation équilibrée, une des conséquences est justement ces sautes d'humeur en apparence — mais en apparence seulement — inexplicables.

Les nutritionnistes ont ainsi prouvé scientifiquement que si quelqu'un mange trop d'aliments acides, ou trop de viande rouge, s'il prend trop d'excitants comme le thé ou le café, ou sil fume trop, il deviendra automatiquement irritable, agressif et nerveux. S'il mange trop vite, ou saute des repas et n'a aucune régularité dans la répartition de sa prise alimentaire au cours de la journée, il aura des baisses d'attention et de tension, des coups de pompe physiques et intellectuels, symptômes d'hypoglycémie, c'est-à-dire d'une chute brutale du taux de glucose dans le sang. Coups de déprime ou moments de colère, crises d'angoisse ou d'agressivité, de timidité ou d'hyperémotivité, chacun connaît de ces troubles passagers et les attribue, à tort, à son humeur. Alors qu'il sont les signes d'une carence ou d'un dérèglement alimentaire faciles à corriger si on les détecte.

Une expérience très intéressante a été menée aux États-Unis sur mille prisonniers internés dans différents établissements. On a institué à chaque fois deux groupes : l'un d'individus plutôt agressifs et violents, l'autre d'hommes calmes et lymphatiques, et on a donné à chaque groupe la nourriture que préféraient et choisissaient habituellement les autres. Et on a constaté qu'au bout de quelques semaines, les violents étaient devenus plus calmes, tandis que les lymphatiques étaient devenus agressifs.

Une étude passionnante dont feraient bien de s'inspirer les médecins français, et surtout les directeurs d'hôpitaux. Dans les établissements psychiatriques par exemple, où les malades souffrent tous de graves dérèglements, la nourriture est toujours ignoble. Pourtant, aux États-Unis encore, un célèbre psychothérapeute a fait sur ses patients une expérience significative. Il a sensiblement amélioré leur nourriture en fonction de règles strictes de diététique et parallèlement diminué de manière appréciable leurs doses de médicaments. Pratiquement tous ont été améliorés, parfois de façon spectaculaire. Et je ne suis pas le seul à penser que si, au lieu de les abrutir de médicaments pour les calmer, on donnait à ces malades une nourriture appropriée et on leur prescrivait un programme cohérent d'exercices physiques, certains guériraient plus vite, et tous se porteraient mieux. Malheureusement si les médecins, et particulièrement les cancérologues, commencent à en être conscients, l'administration qui régente l'intendance risque d'être longue à convaincre.

Un de mes amis avait été très bien opéré d'un cancer dans un grand hôpital parisien. Il subissait une chimiothérapie post-opératoire qui le laissait dans un état pitoyable. Les rares fois où j'avais assisté à ses repas, j'avais été frappé par la nourriture que l'hôpital servait à ce grand malade : insipide, grasse, mal préparée, mal servie, plus tiède que chaude, personne ne pouvait en éprouver la moindre envie, a fortiori un homme affaibli, victime de terribles désordres intestinaux. Sur mes conseils, sa femme lui a fait et apporté chaque jour, matin, midi et soir, des repas sains, riches en éléments énergétiques, et appétissants. Il a commencé à revivre. Aujourd'hui il est en pleine forme, guéri, et a retrouvé toute sa vitalité. Je ne pense pas que l'amélioration de son régime ait suffi à le sauver, mais je suis sûr que s'il avait continué à consommer la nourriture de l'hôpital, il n'aurait jamais récupéré comme il l'a fait. Et les nombreux spécialistes qui, aujourd'hui, comptent dans leur équipe un nutritionniste ou un diététicien chargé de veiller tout particulièrement à la nourriture de leurs malades ne me contrediront sans doute pas.

Maladies de surcharge, maladies du siècle

Le système nerveux n'est pas le seul à souffrir d'une alimentation carencée, anarchique ou excessive, notre organisme tout entier en subit aussitôt les conséquences. Or paradoxalement, alors que nous avons tout, nous nous nourrissons mal, et parmi les maladies les plus répandues aujourd'hui, on trouve en bonne place les pathologies de la nutrition que l'on peut facilement séparer en deux : les maladies de carence et les maladies de surcharge.

Les carences sont toujours des manques de vitamines, sels minéraux et oligo-éléments. Présents dans le corps à doses le plus souvent infinitésimales, ces différents éléments n'en sont pas moins des facteurs essentiels du métabolisme et si l'un d'eux vient à manquer, il s'ensuit des troubles divers mais toujours importants. Or l'organisme ne les fabrique pas lui-même et c'est l'alimentation qui doit les lui fournir. Ce qui est possible si nos repas sont suffisamment variés puisqu'aucun fruit, aucun légume, aucune viande ne les contient tous.

La mode est aux vitamines et on trouve en pharmacie des cocktails, d'ailleurs équilibrés, qui contiennent les principales d'entre elles ainsi que des sels minéraux. Ces préparations peuvent être un bon complément dans certaines circonstances. Mais l'idéal reste quand même de varier ses menus de telle manière qu'ils apportent naturellement à notre corps ce dont il a besoin. D'autant que certaines vitamines (A et D) peuvent devenir dangereuses si on en prend trop.

Il n'est pas conseillé d'absorber n'importe quel médicament ou principe actif sans avoir pratiqué une analyse sanguine et consulté un médecin qui saura prescrire le dosage nécessaire.

À l'opposé des maladies de carence on trouve les maladies de surcharge, véritable fléau d'une époque qui confond abondance et suralimentation. Nous venons de voir que les citadins sédentaires que nous sommes devraient être aussi économes dans leur façon de se nourrir qu'ils le sont de leurs mouvements et de leur énergie. Hélas, c'est rarement le cas. La plupart mangent trop. Trop copieux, trop gras, trop riche, trop sucré. Incapable d'éliminer autant qu'il emmagasine, l'organisme stocke les graisses et les sucres en excès. Et malheureusement, à force de négliger les symptômes qui devraient les alerter, des milliers de gens se retrouvent à l'âge mûr victimes d'une ou de plusieurs maladies qui empoisonnent le reste de leur vie.

Le plus simple et le plus évident des troubles, et aussi le plus bénin, est l'indigestion. On mange trop, on est malade, et tout rentre dans l'ordre.

Puis viennent les troubles fonctionnels dont nous avons parlé au chapitre précédent. Si on continue à boire et à manger plus que de raison, alors s'installent :

— **l'intoxication chronique** due à une accumulation de toxines qui dérègle en permanence, sans qu'on s'en aperçoive, le fonctionnement du système neuro-végétatif, et sert de point de départ à de graves maladies : allergies, rhumatismes inflammatoires, sinusite chronique, cancer ;

(suite p. 62)

Le système digestif

Pour être rendus assimilables par les cellules, les aliments sont non seulement broyés et pulvérisés par les différents organes du système digestif, mais aussi, pour la plupart, transformés par la secrétion d'enzymes digestives avant d'être distribués par le sang.
Seuls les vitamines et les sels minéraux sont directement assimilables.
Les protides, glucides, lipides doivent être d'abord transformés en acides aminés et en acides gras.

La bouche et les dents

Les dents broient les aliments.
Les enzymes secrétées par la salive les imprègnent et commencent la transformation des glucides.

L'œsophage

Le bol alimentaire passe ensuite dans l'œsophage qui, par pressions successives, le pousse dans l'estomac.

L'estomac

L'estomac brasse pendant plusieurs heures le bol alimentaire.
Deux enzymes (pepsine et renine) commencent la transformation des protides, aidées par les sucs digestifs secrétés par les parois de l'estomac.

Le pylore

Le pylore s'ouvre pour évacuer le chyme stomacal (bol alimentaire transformé en bouillie) vers l'intestin.

Le pancréas

Le pancréas secrète une hormone : l'insuline, qui aide à la régulation du taux de glucose dans le sang (glycémie).

Le foie

Le foie fabrique la bile qui, libérée dans la vésicule biliaire, facilite la digestion et l'absorption des graisses.
Il permet l'élimination des toxines.

Les intestins

Les intestins sont le siège final de la digestion.
Ils secrètent des enzymes qui :

— finissent de transformer les protides en acides aminés

— transforment les glucides en oses assimilables.

C'est à travers les parois intestinales que les vaisseaux viennent puiser les substances désormais utilisables par les cellules.

Les déchets sont rejetés par l'anus.

Schéma de l'appareil digestif

DUREE MOYENNE DU TRANSIT

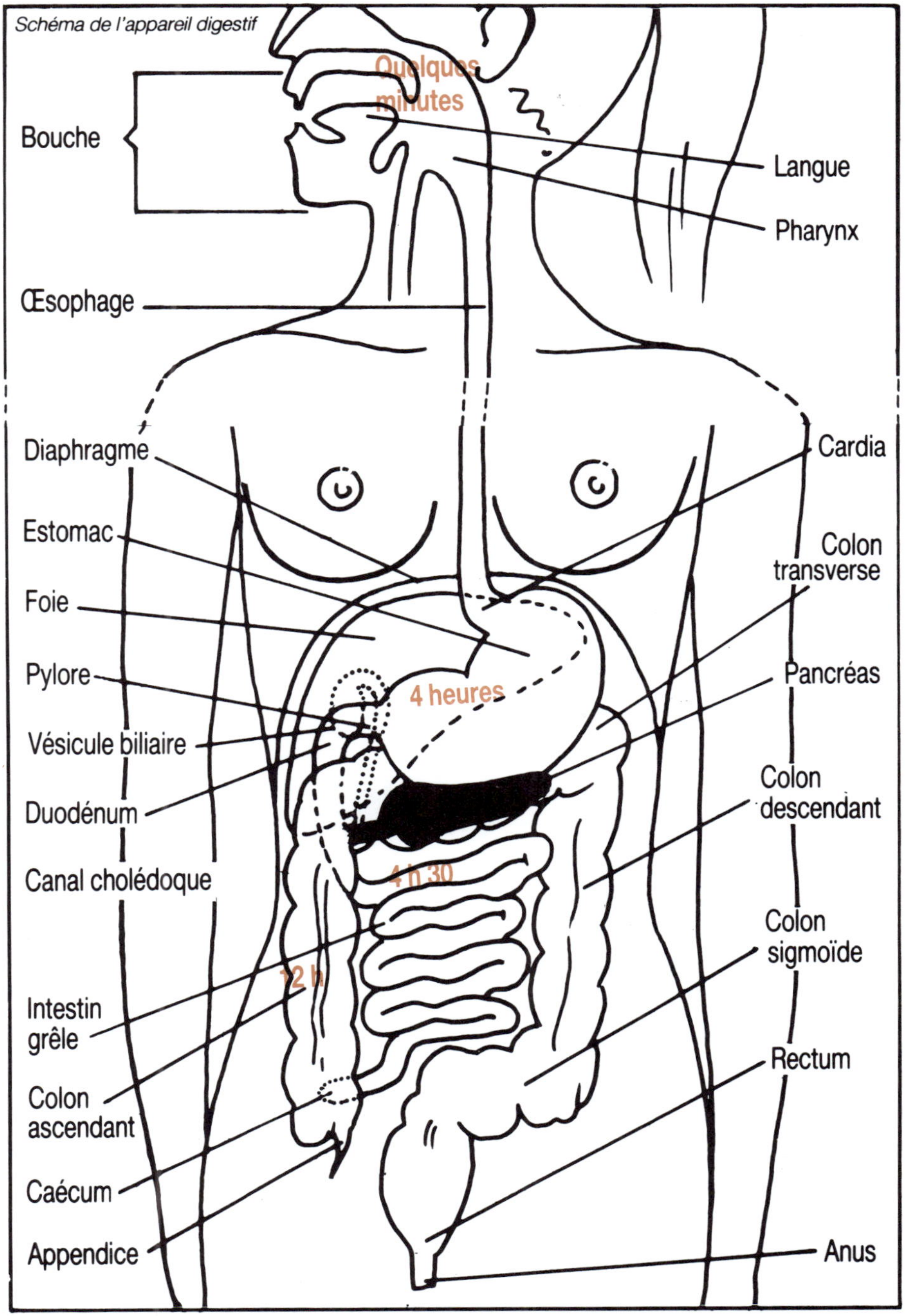

— **le diabète**, qui est un excès de sucre dans le sang ;

— **l'obésité**, car on passe vite d'un léger embonpoint à un excès de poids dont on aura toutes les peines du monde à se débarrasser ;

— **le cholestérol**, et son cortège de fatigue et de malaises ;

— **les maladies cardio-vasculaires** ;

— **les rhumatismes inflammatoires**, douloureux et chroniques ;

— **l'urée et les problèmes rénaux** toujours handicapants ;

— **les calculs biliaires** dont l'issue classique est une opération chirurgicale ;

— **les tumeurs** même, car tous les spécialistes pensent aujourd'hui qu'une intoxication intestinale chronique non soignée devient un foyer de putrescence, d'infection permanente, et ouvre la voie à toutes les maladies, en particulier le cancer auquel, privé de défenses, l'organisme n'a plus la force de résister.

La fréquence de ces maladies suffit à démontrer que nous ne savons rien des besoins de notre corps, c'est-à-dire de nous-mêmes. Au point de nous rendre malades, exactement comme un enfant de trois ans qui avalerait une boîte entière de truffes au chocolat sans imaginer qu'il ne pourra pas les supporter. La différence est qu'il a l'excuse de son ignorance car elle est naturelle. Celle des adultes n'est qu'une forme avouée d'indifférence ou dissimulée de masochisme.

Avant d'étudier ces atouts que sont les aliments, et pourquoi et comment les utiliser à bon escient, il faut pourtant connaître les règles du jeu de la nutrition qui sont nos besoins physiologiques aux différents moments de notre vie.

Les principaux troubles fonctionnels

Nous avons vu qu'un trouble fonctionnel non soigné peut conduire à une maladie organique beaucoup plus grave. Vous trouverez dans ce tableau les principaux troubles fonctionnels, leurs symptômes, et la maladie organique qui leur correspond.

TROUBLE FONCTIONNEL	SYMPTÔMES	MALADIES ORGANIQUES
SINUSITE BRONCHITE RHINO - PHARYNGITE OTITE	Douleurs faciales - Migraines Toux - rhinite Infections du système respiratoire Fièvre	Insuffisance respiratoire Maladies cardio-vasculaires Tumeurs
AÉROPHAGIE	Renvois de gaz Ballonnements Spasmes, fatigue	
GASTRITE	Altération des cellules de revêtement de la paroi stomacale - Hypersecrétion des sucs digestifs - Aigreurs et brûlures d'estomac Crampes - Points de côté - Aérophagie Flatulences - Ballonnements - Irritabilité Nervosité - Fatigue générale	Ulcères : gastrique duodénal Tumeurs
Troubles des voies HÉPATO - BILIAIRES	Mauvais écoulement biliaire Secrétion insuffisante ou excessive des sucs pancréatiques - Ballonnements - Gaz Frilosité - Migraines - Crampes Dessèchement de la peau Hyper et hypo-glycémie Nervosité - Anxiété - Angoisses	Formation de boues biliaires puis de calculs Pancréatite Maladies cardio-vasculaires Tumeurs
COLITE	Inflammation de la muqueuse intestinale Ralentissement de la digestion Ballonnements - Gaz Douleurs diffuses ou spasmodiques Irritabilité - Nervosité - Fatigue - Insomnies Déprimes - Douleurs lombaires	Putrescence intestinale Intoxications Occlusion intestinale Tumeurs
ENTÉRO-COLITE	Inflammation du côlon Mêmes symptômes que la colite	Tumeurs
CONSTIPATION ou DIARRHÉE	Troubles de l'élimination - Douleurs ou pesanteur au niveau de l'abdomen Migraines - Nausées Fatigue physique ou intellectuelle	Hémorroïdes Occlusion intestinale Tumeurs
SPASMOPHILIE	Mauvaise assimilation du calcium et du magnésium - Crampes - Tétanie musculaire Vertiges - Maux de tête - Fatigue générale Insomnies - Nervosité - Angoisse - Frilosité	

Tous ces troubles s'accompagnent le plus souvent de symptômes secondaires :

— Migraines

— Jambes lourdes (dues à un ralentissement de la circultation lymphatique)

— Chutes ou variations de la tension artérielle : hyper ou hypo-tension

La carie dentaire : n'est pas un trouble fonctionnel, mais elle peut en être la cause.
Facteur d'indigestion chronique, de blocages vertébraux d'arythmie cardiaque, elle est en outre une source d'infections bucco-pharyngées.

Ces 10 comportements sont les causes des troubles fonctionnels

Quel que soit le trouble fonctionnel il a toujours, peu ou prou, les mêmes origines : attitudes ou comportements alimentaires pathogènes dont la répétition déséquilibre le mécanisme de l'assimilation et de l'élimination des aliments.

Nous avons recensé dix de ces comportements que l'on diagnostique toujours, ensemble ou séparément, chez les patients atteints de troubles fonctionnels.

1. Manger trop vite

Si on mange trop vite, on ne mastique pas assez. L'estomac reçoit des aliments insuffisamment broyés par les dents et trop volumineux. Il doit accomplir un travail plus important, donc plus long, et la digestion est ralentie.

La salive n'ayant pas eu le temps de remplir correctement son rôle, les enzymes qu'elle contient n'ont pas commencé le travail de transformation des aliments et il s'ensuit, par compensation, une hypersécrétion des sucs gastriques.

2. Trop boire en mangeant

Un excès de boisson au cours du repas entraîne une dilution des sucs gastriques qui les rend moins efficaces et provoque, là aussi, une hypersécrétion de compensation.

3. Manger trop riche ou trop gras

Les plats trop riches, trop gras, trop épicés, déclenchent des flatulences intestinales qui ralentissent la digestion. Surchargé, le foie ne peut pas remplir correctement son rôle de filtre. On se sent lourd, fatigué, nauséeux.

4. Passer à table l'estomac noué

Toute émotion forte bloque la digestion.

5. Manger à des heures irrégulières

Il existe une sorte d'horloge biologique qui s'habitue à des rythmes et fonctionne de manière anarchique si ceux-ci sont perturbés.

6. Ne pas soigner une carie

Toute carie ou infection buccale infectera par contact les aliments, provoquant une putrescence intestinale.

7. Comprimer l'abdomen

Il est évident que si le ventre est trop serré, il se produit une coupure dans la digestion. Comprimés, les organes fonctionnent mal, ou en tout cas au ralenti et, peu à peu, toutes les fonctions sont perturbées.

La façon la plus évidente de comprimer l'abdomen est de porter des vêtements (jeans par exemple) ou des ceintures trop serrés. Mais ce peut être aussi de se tenir mal, les épaules voûtées, penché en avant.

8. Abuser du tabac

L'excès de tabac perturbe le métabolisme, provoque des troubles de l'appétit et détruit la vitamine C des aliments, créant une carence importante et difficile à combler.

9. Boire trop chaud ou trop froid

Boire bouillant ou glacé crée une sorte de stress physique des organes de la digestion qui perturbe leur fonctionnement.

10. Abuser de l'alcool

L'alcool est un excitant, c'est aussi un poison si on en abuse. Nul n'ignore qu'il est, en France, une cause importante de mortalité. Sans atteindre le stade ultime de l'alcoolisme on peut, presque sans s'en apercevoir, glisser vers ce qu'on appelle « l'alcoolisme mondain » fait d'excès répétés, apparemment supportables puisque l'on n'est pas ivre, mais en réalité facteurs de dysfonctionnement du foie et de maladies organiques handicapantes comme la goutte ou l'artériosclérose.

Une analyse peut sauver votre vie

Bien avant qu'elle ne se déclare, une maladie organique change notre paysage biologique et perturbe le métabolisme de certaines cellules. Et au moment où apparaissent les premiers symptômes visibles, il y a des années que ses prémisses et sa progression étaient lisibles dans certains dosages et examens biologiques.

Il suffit en effet d'une analyse de sang et d'urines pour déceler, avant qu'il ne soit trop tard, les dérèglements internes qui, un jour ou l'autre, se traduiront si l'on n'y prend garde en maladies organiques. Maladies du stress, du vieillissement, de l'assimilation et de l'élimination, toutes peuvent être dépistées par des dosages sanguins.

La plupart peuvent être évitées, ou au moins stoppées, par :

— une meilleure hygiène de vie

— un régime alimentaire spécifique

— une activité physique adaptée.

Elles font pourtant partie de ces maladies que l'on dit « du siècle » qui empoisonnent la vie de 50 % de nos contemporains.

Pour les prévenir :

— sachez ce que peuvent vous révéler vos analyses : dépistez-les à temps.

— apprenez les moyens simples qui vous permettront de les éviter, ou au moins de les empêcher de s'aggraver.

Analyse de sang, analyse d'urines

La plupart des maladies organiques qui sont les conséquences de troubles fonctionnels sont des maladies de l'assimilation et de l'élimination. Et une de leurs causes premières est presque toujours une mauvaise alimentation.

Pour savoir si votre alimentation apporte à votre organisme tous les éléments nécessaires, en quantité suffisante mais sans excès, si vous ne souffrez ni de carences ni de surcharges susceptibles de déclencher des troubles fonctionnels ou des maladies organiques, le meilleur test possible est une analyse sanguine et urinaire.

QUI ?	Tout le monde sans exception
POURQUOI ?	Pour dépister, et donc prévenir, toute carence ou surcharge alimentaire.
COMMENT ?	Demandez à votre médecin une ordonnance : il indiquera tous les dosages nécessaires.
OÙ ?	Tous les laboratoires font ce genre d'analyse. Votre médecin vous en indiquera un près de chez vous.
CONDITIONS	Pour les analyses de sang et d'urines il faut généralement être à jeun depuis au moins 12 heures.
QUAND ?	Idéalement, une analyse complète doit être pratiquée : — dans l'enfance à la demande du pédiatre devant les signes d'un état pathologique ; — à la puberté en fonction des habitudes de vie de l'adolescent (MST : maladies sexuellement transmissibles, contraception...) ; — tous les trois ans à partir de trente ans. — tous les ans à partir de quarante ans, c'est la période pendant laquelle on dépiste surtout les hyperlipémies (excès de graisses) : triglycérides, cholesterol, ou les excès de sucre, diabète.
ENSUITE	Faites-vous expliquer les résultats : les techniques étant variables d'un laboratoire à l'autre et les moyennes pouvant s'exprimer de différentes manières, je préfère ne pas en indiquer.

Une grande partie des excès ou des carences apparaissant à la lecture des analyses peut être corrigée par un changement d'hygiène de vie et une modification du régime alimentaire.

À savoir

Un check-up pratiqué à votre demande à titre de prévention dans un laboratoire privé n'est pas remboursé par la Sécurité sociale.

Les centres de Sécurité sociale pratiquent généralement gratuitement les analyses.

Les examens prescrits par un médecin sont remboursés au tarif en vigueur de la Sécurité sociale.

Mon conseil

Après l'interprétation des analyses, suivez scrupuleusement le traitement prescrit par votre médecin.

N'interrompez jamais de vous-même un traitement en cours.

EXAMENS ET DOSAGES	MALADIES DÉPISTÉES
Numération	États inflammatoires, états infectieux, Anémies, syndrome infectieux Cancer, Polyglobulies [trop de globlules rouges] Hémopathies [leucémie...]
Vitesse de sédimentation	si accélérée : syndrome infectieux, infection, syndrome inflammatoire, cancer, maladies des protéines... abaissée : polyglobulies [trop de globules rouges]
Urée Créatinine	Urémie [insuffisance rénale] — — —
Cholestérol total Triglycérides APO A1 - HDL cholestérol APO B - LDL	Excès : artériosclérose, éthylisme, obésité, Excès positifs athéroprotecteurs Excès non athéroprotecteurs, artériosclérose, et ses conséquences : hypertension, angine de poitrine, infarctus...
Acide urique	Excès : goutte, calculs rénaux, lithiase urique
Glycémie	augmentée Diabète et ses conséquences [obésité...] chute hypoglycémie, malaises...
Hémoglobine glycosylée A1C	Examen permettant le dépistage de diabète inapparent
Calcium	Hypocalcémie = tétanie spasmophilie, décalcification, ostéoporose...
Fluor	Déficit : carie dentaire chez l'enfant, ostéoporose chez l'adulte
Magnésium sérique globulaire	Tétanie, spasmophilie, problèmes cardio-vasculaires...

Lithium, Sélénium, Manganèse, Cuivre, Or, Argent, Cobalt, Zinc, Magnésium, Phosphore...	Tous ces oligo-éléments doivent être présents dans notre organisme en quantités infimes mais suffisantes. Leur déficit entraîne une diminution de nos défenses aussi bien contre les stress physique et psychique [dépression, grippe...] que très vraisemblablement dans le métabolisme du cancer... États dépressifs : lithium syndrome infectieux : cuivre, or, argent tétanie : magnésium anti-cancéreux : sélénium etc...
LA TENSION Bon baromètre de l'état du système cardio-vasculaire.	RISQUES DE MALADIES
Hypertension	Troubles cardio-vasculaires, aggrave l'artériosclérose et ses conséquences cardiaques
Hypotension	Ses conséquences n'ont pas de gravité médicale réelle quand il s'agit de chiffre constant et non d'une chute brutale de la tension [en cas de choc ou hémorragie...]
À ces dosages sanguins, il est bon d'ajouter des ANALYSES D'URINES (pour la recherche des maladies de l'élimination)	MALADIES DÉPISTÉES
Albumine	Excès : atteinte rénale
Glucose	Excès : diabète
Acétone	Excès : diabète chez l'adulte

Prévenez les maladies organiques

Une meilleure hygiène de vie et un régime approprié peuvent vous aider à éviter les maladies organiques, ou au moins à stopper leur évolution.

Les indications que nous donnons ici ne peuvent évidemment en aucun cas se substituer à un traitement médical. Elles n'en sont qu'un complément.

Les maladies cardio-vasculaires :

Elles sont actuellement en France la première cause de mortalité.

Définition : durcissement progressif des artères qui peut atteindre n'importe quelle partie du système cardio-vasculaire.

Leur cause commune est l'artériosclérose, qui provoque infarctus du myocarde et infarctus cérébral, artérite, angine de poitrine.

Hygiène de vie : Pratiquer régulièrement un sport d'endurance sans forcer, et surtout sans s'essouffler : marche, vélo, natation, footing doux.

Alimentation : Supprimer le tabac, surtout pour les femmes qui prennent la pilule, supprimer l'alcool.
Alimentation équilibrée prise à des heures régulières.
Bien mastiquer les aliments.
Supprimer les aliments riches en cholestérol et en graisses saturées d'origine animale : viandes grasses, charcuterie, crème fraîche...
Préférez : le poisson, les volailles, les œufs et les graisses végétales (huiles de tournesol, de maïs, de pépins de raisin)

Arthrose

Définition : dégénérescence des cartilages articulaires.

Hygiène de vie : pratiquer une activité physique douce mais régulière. Pratiquer des activités de plein air pour s'exposer au soleil. Éviter les sports en force : musculation, arts martiaux, squash...

Alimentation : **privilégier** les produits laitiers pour augmenter la ration de calcium, et les produits riches en phosphore (laitages, œufs, viande, poisson).

Éviter le cacao, les épinards, l'oseille, la betterave, la groseille...
Boire 1,5 à 2 litres d'eau par jour.

Arthrite - Goutte

Définition : rhumatisme inflammatoire des articulations.
La goutte se caractérise par des crises articulaires aigües (surtout au niveau du gros orteil) dues à un trouble du métabolisme de l'acide urique.

Hygiène de vie : éviter le surmenage, mais aussi la sédentarité.
Garder une activité physique douce (marche, natation, gymnastique de l'imagination...)
Éviter tout sport intensif ou traumatisant (squash, musculation, aérobic...)
Ne pas porter de vêtements, chaussures ou ceintures serrés.

Alimentation : en cas de surcharge pondérale, faire un régime amaigrissant pour revenir à un poids normal.
Faire 4 ou 5 petits repas par jour, dans le calme, en mâchant bien les aliments.
Éviter de boire pendant les repas.
Boire 2,5 à 3 litres d'eau par jour (Evian, Vittel, Volvic...)
Éviter les boissons alcoolisées.

Pour la goutte : supprimer les aliments qui apportent de l'acide urique (abats, charcuterie, coquillages et crustacés, gibier, friture, plats en sauce, corps gras...)
Éviter le cacao, les fromages fermentés.
Ne pas fumer.

Diabète

Définition : augmentation du taux de sucre sanguin, liée à une secrétion insuffisante d'insuline.

Hygiène de vie : pratiquer régulièrement, deux à trois fois par semaine, un sport d'endurance sans forcer : marche, vélo, natation, footing très doux, gymnastique.

Alimentation : fractionner la prise alimentaire en 6 ou 7 petits repas par jour.

Ne jamais sauter de repas, et surtout pas le petit déjeuner.
Pour les personnes présentant une surcharge pondérale, un régime amaigrissant classique donne généralement de bons résultats :

Supprimez : les sucres rapides, pâtisseries, bonbons... l'alcool

Préférez : les sucres lents (céréales, pâtes, riz...)
les légumes cuits à l'eau (ils perdent 50 % de leurs glucides)
les fruits frais sans excès (ils contiennent du sucre)
Boire beaucoup entre les repas.

Excès de cholestérol

Définition : le cholestérol est une substance grasse secrétée naturellement par l'organisme (en particulier le foie) essentielle à la composition des parois cellulaires.
L'élévation du taux de cholestérol dans le sang est l'un des principaux facteurs de maladies cardio-vasculaires.

Hygiène de vie : pratiquer une activité sportive régulière (natation, marche, footing, vélo, gymnastique douce...), **les sports d'endurance favorisent le « bon » cholestérol**.
Éviter les sports de plein air par temps très froid ou humide.
En cas de surcharge pondérale, faire un régime amaigrissant.

Alimentation : il faut savoir que 15 % seulement du cholestérol sanguin provient de l'alimentation. Un régime, même strict, ne peut donc suffire à guérir un important excès de cholestérol. Néanmoins il est bon de :
— fractionner la ration alimentaire en 5 ou 6 petits repas ;
— manger à heures régulières, le plus lentement possible ;
— réduire la consommation de graisses, surtout de graisses saturées d'origine animale : charcuteries, œufs, fromages gras, crème fraîche...
et végétale : chocolat, pâtisseries, margarine...
— Supprimer les sucres rapides : miel, confitures...
— Supprimer la consommation d'abats : foie, cervelle, rognons...
— Supprimer l'alcool
— Supprimer le tabac
— Diminuer la consommation de sel, de féculents, de farineux

— Privilégiez : le poisson, le lait écrémé, le fromage blanc à 0 % les protéines végétales : lentilles, petits pois (qui peuvent remplacer la viande) les légumes, les fruits crus ou cuits.

Hypertension

15 millions de Français en sont atteints, (elle est la troisième cause des maladies cardio-vasculaires).

Définition : augmentation de la pression artérielle (elle doit correspondre aux normes définies pour votre âge).

ATTENTION : l'hypertension peut être longtemps tolérée sans trouble perceptible.

Hygiène de vie : dormir régulièrement au moins 8 heures par nuit.
Faire dans la journée des temps de pause de cinq minutes toutes les heures.
Pratiquer sans forcer : marche, vélo, natation ou gymnastique douce.
Manger lentement et dans le calme.

Alimentation : en cas de surcharge pondérale, faire un régime amaigrissant conseillé par votre médecin.
Diminuer le sel (de table et de cuisson) : nous consommons généralement 10 g/jour alors que nos besoins sont de 2 g.
Réduire la consommation d'aliments salés (pain, biscottes, charcuteries, conserves) ainsi que des eaux minérales riches en sodium.
Éviter les sucreries : jus de fruits industriels, confitures, pâtisseries...
Préférer : les légumes ou fruits frais ou surgelés
les produits laitiers
le poisson
les céréales
les aliments riches en potassium.

Hypotension

Définition : chute de tension accompagnée de vertiges et de malaises.

Hygiène de vie : pratiquer régulièrement une activité physique douce. Éviter les efforts violents et, généralement, tout surmenage.

Alimentation : alimentation équilibrée comportant une ration protéinique suffisante.

Urémie

Définition : ensemble des pathologies de l'insuffisance rénale, révélées en particulier par l'augmentation du taux d'urée et de créatinine sanguine.

Hygiène de vie et Alimentation : semblables à celles préconisées en cas de goutte.
Demander l'avis de votre médecin sur l'utilité de suivre un régime protidique.

Anémie :

Définition : diminution du nombre de globules rouges dans le sang, et abaissement de leur teneur en hémoglobine.
Certaines anémies, les plus nombreuses, ont pour origine une carence en fer, ou en protéines, ou en vitamines du groupe B.

Hygiène de vie : normale.

Alimentation : certaines anémies sont évidemment guéries par un régime approprié (associé à un traitement médical) :
— riche en fer, privilégiant le fer d'origine animal (viande, abats...)
— riche en protéines : viandes blanches, abats
— riche en vitamines du groupe B et C : légumes verts, fruits...

Du fer, du zinc, du cuivre et des vitamines peuvent, en début de traitement, être apportés en supplément par des préparations pharmaceutiques **sur prescription médicale.**

Pour éviter l'anémie, diversifier l'alimentation chez le jeune enfant, chez la femme lorsqu'elle est enceinte ou au moment des règles.

Les cancers

Définition : des cellules se développent de manière anarchique, et aberrante par rapport au fonctionnement organique normal.
— Selon les statistiques citées par les cancérologues, **un cancer sur trois serait lié à l'alimentation.**
Le cancer est à l'heure actuelle la deuxième cause de mortalité en France.

Hygiène de vie : vivre si possible (ou le plus possible) au grand air. Éviter le stress.

Pratiquer une activité physique d'endurance.
Éviter les expositions prolongées au soleil.

Alimentation : supprimer l'alcool et le tabac.
Varier au maximum son alimentation : une alimentation trop protidique, ou trop riche en lipides (acides gras saturés) peut provoquer un cancer du côlon, ou du sein chez la femme.
Éviter les graisses animales : la viande noircie sur un gril (développe des polluants par pyrolise)
les viandes fumées.
Consommer : des légumes verts et des fruits riches en fibres et en vitamine A anti-cancéreuse.
du chou.
Prendre du selenium sur prescription médicale.
Éviter toute suralimentation pour ne pas prendre de poids.

Les allergies alimentaires

Les allergies alimentaires méritent une place à part puisqu'elles ne sont pas à proprement parler des maladies organiques. Mais elles sont le signe d'une grave intolérance à un aliment particulier et s'accompagnent de symptômes réactionnels immédiats souvent sévères. Il faut donc savoir les reconnaître, et ne jamais les négliger.

Définition :

Réaction excessive d'hypersensibilité à certains aliments. En général, les symptômes apparaissent immédiatement après l'ingestion. Ils peuvent se porter sur :
— les yeux : conjonctivite, œdème
— la peau : rougeurs, dartres, boutons, urticaire, eczéma, aphtes, peut favoriser des poussées d'herpès
— les muscles : contractions
— les voies respiratoires : toux pouvant aller jusqu'à l'étouffement, rhinites, asthme
— le système neuro-végétatif : colite, troubles digestifs, douleurs abdominales, vomissements.

Causes :

Elles sont évidemment multiples. Les allergies les plus courantes sont provoquées par :
— un conservateur, additif ou colorant contenu par un produit
— le mode de préparation : cuisine trop épicée, trop grasse...
— un aliment lui-même : les plus « allergisants » sont : la pomme de terre, les fruits secs, le lait, les œufs, la tomate, les fraises, les coquillages et crustacés,
le poisson... mais ce peut être n'importe lequel en fonction de votre sensibilité particulière.
— le tabac.

Il y a 7 intolérances aux protéines du lait chez le bébé et une très grande intolérance au lactose chez l'adulte.

Que faire en cas d'allergie ?

Lorsque les symptômes apparaissent, il faut évidemment et avant tout en rechercher la cause. Lorsqu'on ne la connaît pas :
— Éliminer dans un premier temps de son alimentation tous les produits suspects
— puis les réintroduire un par un.
Lorsqu'on a isolé le produit ou l'aliment auquel on est allergique, il faut,
le supprimer totalement pendant trois mois, puis
essayer de s'y rehabituer en le prenant à doses homéopathiques que l'on augmentera très lentement et très progressivement.
Si l'allergie persiste, le supprimer alors définitivement.

Atention aux fausses allergies

Une indigestion chronique peut, lors de l'absorption de certains aliments (en particulier les crustacés et les fraises mais aussi les tomates...) provoquer très exactement les mêmes symptômes qu'une allergie classique. J'ai souvent détecté ces signes chez des patients qui prenaient régulièrement du café et du thé au lait ou de grandes quantités de laitage. Leur suppression a suffi à les guérir totalement de leur « allergie ».

Soigner l'allergie

Si l'allergie est importante, consulter un spécialiste qui, après un interrogatoire approfondi sur vos habitudes, votre profession, votre mode de vie... procèdera à divers tests (tests cutanés, examens de laboratoire...) et vous prescrira un traitement.
Une cure thermale peut être bienfaisante (chaque lieu ayant une spécialité, renseignez-vous avant de choisir).
L'homéopathie donne aussi parfois de bons résultats.

10 HISTOIRES COMME TANT D'AUTRES

- **Claire, 12 ans**
  LES ENFANTS NE POUSSENT PAS TOUT SEULS
- **Christine, 16 ans**
  LES CONFLITS ADOLESCENTS
- **Marc, 22 ans**
  LA FORCE DE L'ÂGE
- **Catherine, 24 ans**
  QUAND UNE FILLE DEVIENT FEMME
- **Carole 29 ans**
  JEUNE, BELLE ET MALHEUREUSE
- **Patrick, 36 ans**
  LES 35 ANS RUGISSANTS
- **Yolande, 38 ans**
  LE CAP DE LA QUARANTAINE
- **Liliane, 49 ans**
  RÉUSSIR SA MÉNOPAUSE
- **Paul, 56 ans**
  L'ANDROPAUSE, ÇA EXISTE
- **Michèle, 62 ans**
  VIVE LA RETRAITE

3-13 ans

Les enfants ne poussent pas tout seuls

Claire, 12 ans, écolière

ÉTAT GÉNÉRAL : Boulotte. Claire a 4 ou 5 kilos de trop.
Début de scoliose.
Problèmes affectifs : Claire supporte mal le divorce de ses parents. Elle vit avec sa mère pendant la semaine, chez son père pendant le week-end.

MODE DE VIE : Se couche trop tard pour son âge.
Regarde beaucoup la télévision (généralement avachie sur un canapé).

SPORTS : Non.

MARCHE : Non.

ALIMENTATION : N'a jamais faim à table.
Se bourre de sucreries entre les repas : gâteaux, bonbons, boissons gazeuses...

TRAITEMENTS PRÉCÉDENTS : Suit deux séances de rééducation par semaine avec un kinésithérapeute pour sa scoliose.

MON TRAITEMENT
Psychothérapie : Une fois par semaine pendant trois mois.
Claire a de graves difficultés affectives dont son problème de poids n'est que la conséquence. Il faut donc d'abord la rééquilibrer, puis seulement lui faire perdre 4 ou 5 kilos, pour qu'elle aborde la puberté sans cette surcharge qui ne pourrait que s'aggraver.
Il faut évidemment obtenir l'entière participation de ses parents, ce qu'ils comprennent très bien.
Sa mère choisit maintenant ses programmes de télévision et veille à ce qu'elle ait un temps de sommeil raisonnable.
Elle lui fait faire chez elle, avant de passer à table, les exercices d'étirement et de relaxation que je lui ai conseillés, et a acheté un espalier auquel Claire se pend quelques minutes matin et soir.
Son père la prend réellement en main pendant le week-end.

Rééducation : Le travail qu'elle fait avec moi est essentiellement un travail de rééducation pour sa scoliose.

Exercice : Danse classique deux fois par semaine.
Natation pendant le week-end avec un maître nageur auquel j'ai indiqué un programme (dos crawlé).

Alimentation : En deux mois, Claire a réduit progressivement sa consommation de sucreries et acquis le goût d'autres aliments : fruits frais ou cuits, yoghourts et fromage blanc natures sucrés raisonnablement, viande, poisson. J'ai autorisé du chocolat pour le goûter et, de temps en temps, une pâtisserie faite à la maison.
Au petit déjeuner : céréales, œuf à la coque, lait, jambon maigre.
Elle emporte à l'école une pomme ou une orange pour la récréation de 10 h.

Résultats : Claire, se sentant plus entourée par ses parents, a accepté le traitement.
Elle a perdu quatre kilos en deux mois.
Sa scoliose est stabilisée.
Elle travaille bien à l'école.

Suivi : Les résultats ne sont pas acquis.
J'ai conseillé une visite chez le pédiatre tous les deux mois.
Claire doit continuer les exercices d'étirement et de relaxation et faire attention à son régime.

Grandir et se construire

De 3 à 13 ans, c'est la phase active de la croissance. L'enfant doit grandir, se construire, développer son squelette et ses muscles. L'organisme accomplit un énorme travail et il faut donc veiller particulièrement à l'alimentation, aux apports en vitamines et en sels minéraux. Il est important aussi de faire faire aux enfants un ou deux sports adaptés à leur âge et à leur musculature pour leur permettre de se développer harmonieusement.

Mais surtout, c'est pendant toute cette période qu'ils acquièrent les goûts et les habitudes qui, plus tard, resteront les leurs pendant toute leur vie. S'ils ne font aucun sport, s'ils ne mangent que des charcuteries ou des gâteaux, ils deviendront des adultes mal dans leur peau, sujets à tous les troubles fonctionnels, et menacés par l'obésité. Et il leur sera d'autant plus difficile de se guérir que leurs désirs profonds et inconscients les ramèneront toujours aux rites anarchiques de leur petite enfance.

14-18 ans
Les conflits adolescents

Christine, 16 ans, lycéenne

ÉTAT GÉNÉRAL : Prise de poids de dix kilos en un an et demi.
Troubles neuro-végétatifs : ballonnements, constipation.
Boulimique.

MODE DE VIE : Manque de sommeil. Christine se couche tard pour étudier, et se lève tôt pour aller à l'école.
Se traîne pendant le week-end et dès qu'elle a un moment de liberté, reste au lit jusqu'à 12 ou 13 heures et regarde la télévision.

SPORTS : Aucun. Se fait dispenser de gymnastique depuis toujours sans raison médicale.

MARCHE : Non.

ALIMENTATION : Boulimique : mange vite et beaucoup, puis s'astreint à des régimes de famine qui l'épuisent. Elle perd alors deux ou trois kilos qu'elle reprend immédiatement.
Fume dix cigarettes par jour « pour faire comme les copains ».

ÉTAT D'ESPRIT : Mal dans sa peau, et très angoissée par ses études.
Se trouve laide, grosse, et en est très malheureuse.
Caractère difficile. Conflit avec ses parents.
Christine est amenée par sa mère que je garderai en consultation séparément pendant le traitement de sa fille.

TRAITEMENTS PRÉCÉDENTS : Aucun

MON TRAITEMENT
Massages : Une fois par semaine, pendant trois mois, massages crâniens et des plexus.

Exercice : Au cabinet, elle fait avec moi des exercices de gymnastique douce, étirements, respiration et relaxation.
Elle en fait également chez elle entre les séances.

Une heure de marche par jour.
Natation pendant les week-ends.

Psychothérapie : J'ai demandé à Christine de mieux s'assumer et d'organiser son temps pour préserver au moins huit heures de sommeil. J'ai obtenu de ses parents qu'ils fassent tout pour éviter les conflits et l'aider dans son travail afin de diminuer ses angoisses.

Alimentation : Six petits repas par jour pour calmer sa boulimie.
Alimentation à base de fruits frais, légumes, pâtes et riz, poisson, volaille.
Repas pris dans le calme en mâchant lentement.
Exercices de relaxation avant de passer à table.
Éviter de manger quand elle est irritée ou contrariée.
Arrêter de fumer.

Résultats : La rééducation alimentaire a été très difficile.
Les parents de Christine ont complètement participé et manifesté à tout moment une attitude positive et compréhensive.
En trois mois, Christine a retrouvé son énergie.
Elle a perdu neuf kilos et cherche à s'embellir au lieu de se cacher.
Elle adapte sa nourriture à ses efforts et surveille ses apports en vitamines.
Ses problèmes neuro-végétatifs ont disparu.

Contre soi, contre les autres

L'adolescence est toujours une période difficile où l'angoisse se traduit en conflits permanents avec soi-même et avec les autres.

Mais c'est aussi, il faut le savoir, le moment des premières expériences bonnes ou mauvaises : amour, drogue, alcool, cigarettes. C'est aux parents (même si eux aussi se sentent parfois mal aimés et mal compris) d'aider leurs enfants, éviter les drames inutiles, se taire plutôt que de croiser le fer, ruser en quelque sorte pour ne pas envenimer une situation déjà tendue.

Il faut aussi être attentif à ces signes d'alerte que sont la boulimie, une prise de poids inconsidérée, une dépression même « légère », les catastrophes scolaires ... et ne pas hésiter à faire appel à un thérapeute. Parce qu'il est extérieur, celui-ci aura toutes les chances de renouer un dialogue et détendre l'enfant.

18-25 ans
La force de l'âge

Marc, 22 ans, célibataire, étudiant en éducation physique

ÉTAT GÉNÉRAL : Troubles neuro-végétatifs, colite douloureuse, ballonnements intestinaux.
Fatigue générale.
Crampes, courbatures.
Très timide, émotif.
Doué pour tous les sports, mais fragile physiquement et psychologiquement.

MODE DE VIE : Vie équilibrée et saine.
Bon sommeil.

SPORTS : Force dans tous les sports, malgré les conseils de ses moniteurs, et fait de mauvaises performances.

MARCHE : Oui.

ALIMENTATION : Nourriture équilibrée, mais mange très vite.
Boit de l'eau uniquement aux repas.
Ne boit pas d'alcool, ne fume pas.
Cas typique d'une bonne prise alimentaire trop rapide, donc mal assimilée ce qui entraîne des carences.
Mauvaise hydratation.

TRAITEMENTS PRÉCÉDENTS : A consulté pour sa colite des médecins de médecine générale et un gastro-entérologue.

MON TRAITEMENT

Massages : Une fois par semaine, pendant deux mois, massages spécifiques sur les plexus et certains méridiens pour guérir les troubles neuro-végétatifs.
À noter : la colite est d'origine nerveuse et émotionnelle, ce qui est très caractéristique des jeunes d'aujourd'hui.

Exercice : J'ai indiqué à Marc des mouvements d'étirement très doux et des exercices de respiration profonde à pratiquer chaque fois qu'il est angoissé, et avant une compétition.

Psychothérapie : Il ne doit changer ni sa vie, ni son alimentation.
Il doit prendre confiance en lui et apprendre à détecter ses angoisses pour s'en défendre.

Alimentation : Marc doit en revanche apprendre à :
— manger lentement et, si possible, dans le calme ;
— se détendre avant de passer à table en faisant des exercices très simples de respiration ;
— se nourrir en fonction des efforts qu'il doit fournir : manger par exemple des sucres lents trois heures avant une compétition ;
— boire trois ou quatre litres d'eau par jour si nécessaire (deux verres d'eau toutes les vingt minutes pendant une activité physique continue) ;
— prendre un petit déjeuner plus copieux : deux grands verres d'eau à jeun puis thé léger, céréales, œufs ou jambon, fruits, laitage ou fromage.

Résultats : Marc a appris à mieux gérer ses possibilités physiques et utiliser son énergie en la canalisant. Il sait désormais se concentrer et assumer son émotivité au moment des compétitions.
Les crampes et courbatures dues à une mauvaise hydratation et à une mauvaise assimilation ont disparu.
Les troubles neuro-végétatifs sont guéris.

Canaliser son énergie

Affronter la vie, quitter le milieu familial, trouver sa voie est souvent difficile. Mais ce ne doit pas être un combat impossible. Il faut s'y préparer. L'inquiétude, la timidité, l'émotivité, l'hypersensibilité ne doivent pas transformer un être jeune et dans la force de l'âge en chien fou incapable de se contrôler, et gaspillant son énergie dans tous les sens.

À vingt ans on doit savoir que les forces non canalisées sont perdues, que les efforts se calculent et que l'équilibre n'est pas un don mais une victoire sur soi-même.

18-25 ans
Quand une fille devient femme

Catherine, 24 ans, célibataire, secrétaire

ÉTAT GÉNÉRAL : Très nerveuse, et même excitée.
Très fatiguée le matin.
Va d'aventure en aventure sans pouvoir se fixer.
Perd et reprend trois à quatre kilos en permanence car elle se trouve trop grosse (elle pèse 57 kilos pour 1,70 m).
Muscles raidis, hypertoniques, douloureux.
Cellulite diffuse sur les cuisses.

MODE DE VIE : Effréné : elle court de chez elle à son travail, du travail à ses cours de gymnastique, à ses sorties...
Sort tous les soirs, se couche tard.
Ne se repose jamais.
Fume un paquet de cigarettes par jour.

SPORTS : Aérobic deux fois par semaine et musculation.

MARCHE : Non.

ALIMENTATION : Boit un bol de café noir à jeun, et saute le petit déjeuner du matin.
A un « coup de pompe » dans la matinée, court alors à la boulangerie, mange un ou deux gâteaux et boit deux cafés.
À midi : mange vite, souvent debout dans un fast-food, d'un sandwich ou d'une pizza.
Saute le déjeuner quand elle va à la gymnastique.
Dans l'après-midi mange un gâteau et boit du café quand elle a faim.
Le soir : dîne copieusement et tard, au restaurant.
Ne boit jamais d'eau. Boit du Coca-Cola ou des jus de fruits sucrés.

ÉTAT D'ESPRIT : Est obsédée par son poids.

TRAITEMENTS PRÉCÉDENTS : A suivi tous les régimes à la mode.
Et pratiqué toutes les méthodes anticellulite (laser, ionisation, massages...) qui ont « cassé » le tissu conjonctif et détruit les vaisseaux capillaires.

MON TRAITEMENT

Massages : Une fois par semaine, pendant deux mois, massages très doux, plus particulièrement de la tête et des plexus.

Psychothérapie : Mon travail consiste à faire comprendre à Catherine qu'elle force trop sur son corps et le malmène :

— en s'alimentant de manière anarchique.
— en pratiquant une gymnastique excessivement violente qui tétanise ses muscles et la rend irritable.

Catherine exige trop d'elle-même, physiquement et intellectuellement. Elle doit apprendre à s'accepter, à se préserver des moments de repos pour recharger son énergie.

Exercice : Une heure de marche par jour.
Deux fois par semaine, ma méthode de gymnastique de l'imagination en cours collectif.
Une fois par semaine natation.
Sports à volonté pendant les vacances.
Supprimer aérobic et musculation.

Alimentation : Nous avons procédé à une rééducation alimentaire complète.
Le matin : un vrai petit déjeuner. Un café léger, après avoir mangé.
À 10 H et à 17 H : fruits et yoghourts.
Si elle a très faim : un sandwich (pain complet et salade, ou poulet...).
À midi : choisir un endroit calme où elle peut s'asseoir et composer son menu. Un café est autorisé après le déjeuner.
Le soir : dîner plus léger.
Boire : deux à trois litres d'eau entre les repas. Supprimer toute boisson sucrée.
Diminuer la consommation de cigarettes.

Résultats : Catherine a compris que pour mener une vie équilibrée et préserver sa santé, elle devait choisir des activités mieux adaptées à son physique et ralentir un peu son rythme de vie.
Elle a stabilisé son poids à un niveau satisfaisant pour elle, et consolidé cet acquis le mois suivant.
Elle est moins irritable et moins agressive.

Elle n'est plus fatiguée le matin.
Sa cellulite commence à diminuer.

Suivi : Catherine a appris à s'écouter et à faire des exercices de relaxation et de respiration quand elle a tendance à se laisser reprendre par son rythme excessif et sa nervosité.

Respecter ses rythmes naturels

Vingt ans, ou presque, c'est le moment de la vie où l'on se construit parfois difficilement. Où l'on veut tout, tout de suite.

Canalisez votre énergie : si vous vous dispersez, si vous vous surmenez, vous perdrez vos forces vitales.

Ne devenez ni une obsédée de la silhouette ni une névrosée de la forme : l'excès est nocif, même si vous vous sentez capable de tout supporter.

C'est en trouvant la paix du corps que vous trouverez la paix intérieure qui vous permettra de vous réaliser pleinement.

25-30 ans
Jeune, belle et malheureuse

Carole, 29 ans, célibataire, actrice, un enfant

ÉTAT GÉNÉRAL : Nerveuse, angoissée, hypersensible, émotive.
Dort mal.
Sujette aux torticolis, aux lumbagos et aux migraines.
Tempérament lymphatique.
Fragile du foie et de la vésicule.

MODE DE VIE : Se couche tard.
Fait souvent la grasse matinée pour récupérer.

SPORTS : Non.

MARCHE : Beaucoup.

ALIMENTATION : Déséquilibrée, en partie à cause de son attitude masochiste. Dès que Carole se sent bien dans sa peau, elle fait un écart, se bourre de gâteaux et de chocolat, ou boit (elle a un faible pour le vin blanc) ce qui la rend malade : elle a des nausées, des boutons...
Alors elle culpabilise et ne mange plus rien pendant deux jours...

ÉTAT D'ESPRIT : Obsédée par son poids, elle se trouve trop grosse (elle pèse 56 kilos pour 1,72 m). Elle consulte pour maigrir.
Elle est partagée entre sa réussite, le brillant de sa profession de comédienne, et l'envie de rester seule dans un coin avec son fils.
Assez masochiste également dans sa vie intime, elle vit toujours avec des hommes mariés des amours clandestines et secrètes.

TRAITEMENTS PRÉCÉDENTS : A fait plusieurs régimes amaigrissants et consulté plusieurs spécialistes, des homéopathes, des acupuncteurs, toujours pour maigrir.
A abandonné tous les traitements en cours de route.

MON TRAITEMENT
Massages : Deux fois par semaine pendant trois mois (elle est souvent en voyage), massages très doux des plexus, du ventre, des pieds, du dos, du crâne.
Massages spécifiques pour stimuler la vésicule, le foie, le pancréas.

Psychothérapie : Carole a besoin d'être conseillée, guidée, écoutée. Elle est très fragile intérieurement et il m'a fallu un long et difficile travail pour qu'elle s'assume physiquement.

Exercice : Continuer la marche.
Deux fois par semaine une séance de gymnastique selon ma méthode en cours collectifs.
Nager le plus souvent possible.

Alimentation : Elle a supprimé tous les régimes et ne saute plus de repas.
A modéré sa consommation d'alcool.
Boit deux à trois litres d'eau par jour.
Je lui ai appris à choisir ses aliments et composer ses menus.
Pendant les tournages, et quand elle est angoissée, elle fractionne sa prise alimentaire en six petits repas.

Résultats : Les résultats sont très bons quand je la vois régulièrement car elle a besoin d'être épaulée.
Elle a assumé son poids, attend un deuxième enfant sans prendre plus d'un kilo par mois.

Aimez-vous, la vie vous aimera

25-30 ans : certaines s'assument, d'autres non. Et selon qu'elle est bien ou mal dans sa peau et dans sa vie, une femme excessive peut vivre aussi intensément un bonheur profond ou un malheur sans fin puisqu'elle se le fabrique avec délectation. Et souvent celles qui réussissent le mieux dans leur profession sont aussi celles qui ne peuvent se supporter physiquement. Signe d'anxiété, d'une insatisfaction qu'elles refusent de s'avouer, ou de fragilité alors qu'elles veulent donner d'elles-mêmes une image de force. Elles s'autodétruisent de régime en régime, vivent de manière anarchique, fument, boivent, dorment peu...

C'est pourtant le moment de jouer tous les rôles : femme au travail, mère, épouse... Vous vivez la période la plus difficile de votre vie. Mais aussi la plus riche.

Pour la réussir, il faut mettre tous les atouts dans votre jeu : mangez sainement, fumez peu, buvez moins encore et soyez indulgente avec vous-même. Vous méritez un traitement de champion avant la compétition.

30-40 ans

Les 35 ans rugissants

Patrick, 36 ans, homme d'affaires, marié, deux enfants.

ÉTAT GÉNÉRAL : Surmené : il éprouve une fatigue générale.
Nerveux, irritable.
A cinq kilos de trop.
Douleurs de la nuque et du haut du dos.
Très stressé. Il est en instance de divorce.

MODE DE VIE : Voyage beaucoup, en particulier à l'étranger, et supporte mal de nombreux décalages horaires.
Dort peu et mal.
Coups de pompe et somnolence pendant la journée.

SPORTS : A pratiqué tous les sports. N'en pratique plus depuis dix ans, à son grand regret, par manque de temps.

MARCHE : Non.

ALIMENTATION : Nombreux déjeuners et dîners professionnels trop riches et trop arrosés. Saute des repas pour compenser.
Ne boit pas d'eau.
Boit cinq à dix cafés par jour.
Fume un paquet de cigarettes par jour.

ÉTAT D'ESPRIT : Vient « parce qu'il craque » et sent bien qu'il ne peut pas se tirer seul d'une situation qui l'empêche de mener ses affaires correctement.

TRAITEMENTS PRÉCÉDENTS : Suivi par son médecin habituel.
L'analyse sanguine décèle un taux de cholestérol élevé.

MON TRAITEMENT
Massages : Deux fois par semaine, pendant trois mois (le traitement sera relativement long car Patrick quitte souvent Paris).
Massages doux, mais en profondeur, des plexus pour libérer l'énergie.

Exercice : Jogging alterné de marche deux fois par semaine pendant 45 minutes pour se désintoxiquer et renforcer le système cardio-vasculaire.
Natation le plus souvent possible.

Psychothérapie : J'ai dû faire comprendre à Patrick que sa vie de famille qu'il mettait à l'écart, était aussi importante que son métier.

Conseils : Faire, chaque fois qu'il est en déplacement, des mouvements d'étirement, de relaxation, et surtout de respiration.
Dormir dans le train et l'avion chaque fois qu'il le peut, même dix minutes.

Alimentation : Le plus difficile a été d'amener Patrick à rééquilibrer son alimentation.
Je lui ai interdit de sauter un repas et conseillé de faire au contraire cinq petits repas par jour.
Petit déjeuner très copieux. Il a gardé son café.
10 H et 17 H : collation.
Dîner léger. Autorisé : un verre de vin.
Pas de café après 17 H.
En voyage, je lui ai appris à manger, pendant les premiers jours, à l'heure normale de ses repas en France.
Boire deux litres d'eau par jour.

Résultats : Les résultats ont été très rapides, car Patrick a compris l'enjeu du traitement.
Il a récupéré son énergie et assume parfaitement son métier.
Son caractère a changé et, pour le moment, il a renoué avec sa femme.

Une histoire de cœur

35 ans c'est l'âge des réalisations, de la réussite, de la carrière. Homme ou femme on atteint, après de rudes batailles, son meilleur niveau.

Mais c'est aussi l'âge de la fatigue, de l'anxiété et de la peur de vieillir. Les femmes s'épuisent et en font trop. Les hommes mettent en péril leur vie familiale pour se prouver qu'ils peuvent encore séduire.

Le risque majeur, pour l'un comme pour l'autre de ces hyper-actifs, c'est la crise cardiaque vers 40-45 ans, et la séparation du couple. Sachez donc vous organiser. Il n'y a pas de gloire à vivre en état de surmenage permanent et l'on peut perdre très vite, sur un coup de déprime ou de fatigue, ce qu'on a mis si longtemps à construire.

35-45 ans
Le cap de la quarantaine

Yolande, 38 ans, mariée, deux enfants, sans profession

ÉTAT GÉNÉRAL : Problèmes circulatoires, jambes lourdes, gonflées, douloureuses.
Pas de problème de poids mais cellulite (culotte de cheval).
Troubles neuro-végétatifs : colite, constipation...
Douleurs : par crises dans la région lombaire.
Nerveuse.
Boulimique.
Problèmes sexuels.

MODE DE VIE : Dort mal, toujours avec un somnifère.
Ne se repose jamais dans la journée.
Reste beaucoup debout (elle « tourne en rond » dans sa maison).

SPORTS : Aucun.

MARCHE : Non.

ALIMENTATION : Mange vite, et souvent « n'importe quoi ».
Grignote beaucoup en dehors des repas.
Elle prépare les repas familiaux mais ne prend jamais le temps de s'asseoir à table pour servir son mari et ses enfants.
Boit peu.
Se nourrit essentiellement de viande rouge et de salades, et a supprimé tous les sucres lents (pâtes, riz, lentilles...) pour ne pas grossir.

ÉTAT D'ESPRIT : Yolande souffre beaucoup de sa cellulite car elle est très coquette.
Elle se sent mal et veut s'en sortir, mais est presque persuadée qu'elle n'y arrivera jamais.

TRAITEMENTS PRÉCÉDENTS : Yolande a dépensé des fortunes dans des instituts pour se débarrasser de sa cellulite. Elle a essayé les massages mécaniques et manuels, la mésothérapie, le laser... Le résultat est catastrophique : non seulement la cellulite est toujours là mais le tissu conjonctif est irrémédiablement abîmé.

MON TRAITEMENT

Massages : Très doux (ses jambes sont si fragilisées qu'on ne peut que les effleurer) sur tout le corps, en insistant sur le ventre et le dos (drainage lymphatique).

Psychothérapie : L'essentiel sera une psychothérapie de soutien une fois par semaine pendant trois mois.
Yolande se laisse devenir l'esclave de sa famille et de sa maison, renonçant à toute forme de vie personnelle.

Exercice : Je lui ai expliqué ma méthode qu'elle suit en cours collectifs deux fois par semaine.
Une heure de marche par jour.
Trois minutes de relaxation et d'étirement toutes les heures et une demi-heure avant de se coucher.

Conseils : Je lui ai demandé de supprimer progressivement les somnifères et de se réserver des moments de vraie détente dans la journée.

Alimentation : Yolande a appris à composer des menus équilibrés.
Elle fait le marché deux fois par semaine pour acheter des produits frais.
Elle prend cinq repas par jour, toujours assise, en mangeant lentement.
Elle boit deux litres d'eau par jour.
Elle ne grignote plus entre les repas.

Résultats : En trois mois, Yolande a retrouvé son équilibre nerveux et sexuel. Elle s'assume.
Nette amélioration de la circulation : les jambes et les chevilles sont dégonflées.
La culotte de cheval a diminué de 60 %.
La colite et la constipation sont guéries.
Les douleurs lombaires ont disparu.

Suivi : Yolande continue à suivre deux fois par semaine mes cours de gymnastique.
Marche une heure par jour.

L'égoïsme n'est pas un défaut

De 35 à 45 ans, vous avez tout pour profiter pleinement de la vie. Pourtant bien des femmes, surtout si elles ne travaillent pas, oublient tout simplement d'exister. Soumises à leur mari, esclaves de leurs enfants, enfermées dans des tâches ménagères et éducatives répétitives, elles se laissent aller, physiquement et intellectuellement.

Apprenez au contraire que l'égoïsme n'est pas forcément un défaut.

Soignez votre corps : faites de la gymnastique ou un sport que vous aimez au moins deux fois par semaine.

Gardez des moments pour vous, pour faire des choses que vous aimez, ou tout simplement vous reposer. Vous y avez droit.

Préparez-vous une belle cinquantaine et une ménopause sans problème en consultant régulièrement un gynécologue.

45-55 ans
Réussir sa ménopause

Liliane, 49 ans, commerçante, trois grands enfants

ÉTAT GÉNÉRAL : Bouffées de chaleur dues à la ménopause.
Surmenage, nervosité, migraines.
Tensions musculaires.
Poids : six kilos de trop. Infiltrations cellulitiques sur tout le corps.
Plus de désirs sexuels.
Troubles neuro-végétatifs : colite, constipation...

MODE DE VIE : Se couche tard (jamais avant minuit ou une heure du matin) et dort mal. Se lève tôt.
Ne prend pratiquement pas de vacances.

SPORTS : Aucun.

ALIMENTATION : Ne prend jamais de petit déjeuner, sauf un café noir.
Nourriture trop riche (charcuteries, plats en sauce, beaucoup de viande rouge, sucreries). Mange vite.
Ne boit que pendant les repas. Ne boit pas d'alcool. Ne fume pas.

ÉTAT D'ESPRIT : N'arrive plus à assumer ses problèmes de santé, ni ses responsabilités familiales et professionnelles.

TRAITEMENTS PRÉCÉDENTS : Suit, à la demande de son gynécologue, un traitement hormonal classique.

MON TRAITEMENT

Massages : Deux fois par semaine pendant un mois, puis une fois par semaine pendant deux mois, massages de détente de tout le corps qui est fatigué et douloureux.
Massages plus profonds pour décoller les placards cellulitiques sur le plexus solaire et sur la nuque.

Psychothérapie : Liliane a besoin d'être très soutenue. Elle a trop travaillé toute sa vie, assumé ses grossesses, sa maison, un travail très prenant, et elle est littéralement épuisée.

Exercice : Exercices de relaxation et de respiration cinq minutes toutes les heures.

Deux fois par semaine, pendant deux mois, gymnastique douce en cours collectifs.
Marche : deux fois une demi-heure par jour.
Natation le week-end.

Conseils : J'ai imposé à Liliane une réorganisation de son emploi du temps lui permettant de rentrer plus tôt le soir, et de se détendre à certains moments de la journée (elle s'est fait seconder dans son travail).

Alimentation : Nous avons procédé à une rééducation alimentaire complète.
Répartition de la prise alimentaire en cinq repas.
Petit déjeuner : infusion et protéines (œufs, jambon...).
Collations à 10 H et 17 H.
Dîner léger.
Suppression de tous les excitants (café, thé) et des aliments trop riches (charcuteries, plats en sauce...).
Réintroduction des sucres lents : pâtes, riz, pommes de terre, en quantité raisonnable.
Boisson : deux litres d'eau pendant la journée.

Résultats : Les massages ont dénoué les tensions musculaires.
Liliane a perdu six kilos et presque toute sa cellulite.
Son alimentation est variée et, parce qu'elle a plus de temps, elle achète mieux et compose des menus équilibrés.
Elle a de nouveau des rapports sexuels avec son mari.

Suivi : Faire régulièrement un bilan de santé.
Se faire masser une fois par semaine pour se détendre.

Une étape

La ménopause n'est ni une maladie ni une fin. Elle est une étape que toute femme peut passer sans problème si elle s'y prépare et accepte de faire attention à son sommeil, son alimentation, sa condition physique. Inutile de vous bourrer de médicaments : votre gynécologue vous prescrira ceux qui sont strictement nécessaires.

L'important est de ne pas vous laisser aller : vos enfants sont élevés, la vie ne finit pas, elle commence.

50 ans
L'andropause, ça existe

Paul, 56 ans, journaliste à la télévision

ÉTAT GÉNÉRAL : Sept kilos de trop, pris progressivement en quelques années.
Physique vieilli prématurément : visage bouffi, ventre ballonné.
Douleurs : intestinales (l'intestin est gonflé),
lombaires (depuis dix ans),
cervicales (dues à une arthrose),
migraines.

MODE DE VIE : Travaille tard.
Prend un calmant chaque soir avant son émission.
Se couche tard, juste après avoir dîné.
Dort mal. Se réveille fatigué.

SPORTS : Aucun ; marche un peu.

ALIMENTATION : Petit déjeuner inexistant : prend, debout, un grand bol de café au lait sans rien manger.
À midi : mange très vite, et un peu n'importe quoi.
Le soir : dîne copieusement.
Boit 7 à 10 cafés par jour.
1 litre de vin plus les apéritifs
Fume deux paquets de cigarettes par jour.

ÉTAT D'ESPRIT : Très motivé, Paul veut se remettre en forme pour profiter de la vie et continuer à s'affirmer dans sa vie professionnelle.

TRAITEMENTS PRÉCÉDENTS : A suivi plusieurs régimes alimentaires qui l'ont fait maigrir de façon éphémère, et l'ont épuisé.

MON TRAITEMENT
Massages : Deux séances hebdomadaires de 45 minutes de massages pendant deux mois :
massages en profondeur de certains plexus, en particulier du plexus solaire sur lequel il y a un gros amas cellulitique ;
massages du dos, de la nuque, du crâne, du ventre, des pieds.

Psychothérapie : Paul doit admettre que pour mener de front sa vie professionnelle, familiale et sociale, il doit accepter de se soumettre à certaines règles d'hygiène de vie.

Exercice : Une heure de marche par jour.

Conseils : Changer son lit trop mou contre un plus dur.

Alimentation : Le petit déjeuner est devenu progressivement le repas principal : jambon ou œuf, une tartine de pain complet beurrée, infusion.
Collations à 10 H et 17 H : fruits et laitages.
Déjeuner équilibré.
Dîner très allégé (sans fromage, ni dessert, ni fruit).
Un verre de vin à midi, un le soir.
Un whisky s'il a un cocktail.

Résultats : Au bout de deux mois, Paul a changé physiquement. Son visage a dégonflé, il n'a plus de ventre.
Il a perdu deux kilos pendant les deux premières semaines, trois dans le mois suivant, deux le mois d'après, soit sept kilos en dix semaines qu'il ne reprendra plus.

Suivi : Un bilan sanguin chaque année.

Faites-vous aider

C'est entre 45 et 55 ans, Messieurs, que vous jouez le reste de votre vie et ce cap en est bien un.

Faites-vous aider : n'ayez pas honte, et surtout ne soyez pas négligent. Un bon thérapeute vous fera passer sans heurt ce moment difficile, aussi bien moralement que physiquement.

C'est important car les risques de sénescence prématurée, d'infarctus, d'obésité, sont graves.

Ce qu'il faut faire : surveiller son poids
réduire son alimentation
diminuer le tabac et l'alcool
se réserver des moments de vrai repos
garder une activité physique
savoir se distraire et se cultiver.

60-70 ans
Vive la retraite

Michèle, 62 ans, sans profession, 4 enfants élevés

ÉTAT GÉNÉRAL : Michèle est trop maigre et ne parvient pas à reprendre les quatre ou cinq kilos qui lui manquent.
Colite douloureuse depuis des années.
Musculature faible (torticolis, douleurs du dos).
Nerveuse et angoissée.
Les analyses sont bonnes : elle est en parfaite santé.

MODE DE VIE : Prend des somnifères car elle n'arrive pas à s'endormir.
Ne peut pas se lever le matin.

SPORTS : Aucun.
A pratiqué la danse et le yoga jusqu'à la quarantaine, mais cela la fatiguait et elle avait souvent mal au dos après les séances.

ALIMENTATION : Michèle s'intéresse beaucoup à la nutrition, croit tout savoir et se fait beaucoup d'idées fausses.
Mange très vite et se lève plusieurs fois au cours du repas.
Petit déjeuner trop léger. Boit beaucoup de thé et très peu d'eau.

ÉTAT D'ESPRIT : Extrêmement tendue, et incapable de se relaxer.
Obsédée par son poids.
Situation conflictuelle avec son mari, être dominateur au caractère difficile devant lequel elle s'est toujours effacée.

TRAITEMENTS PRÉCÉDENTS : Elle a consulté de nombreux médecins (généralistes et homéopathes), suivi plusieurs traitements sans résultat.

MON TRAITEMENT

Massages : Une fois par semaine, pendant trois mois, massages très doux de détente de tout le corps et traitement des plexus.

Psychothérapie : Michèle a besoin de reprendre confiance en elle et d'exister face à son mari sans pour autant créer un conflit ouvert avec cet homme autoritaire.

Elle a trouvé un hobby qui l'occupe une partie de la journée, lui procure une certaine indépendance, et lui apporte de nouveaux amis en dehors de son couple.

Exercices : Exercices d'assouplissement et de relaxation deux fois par semaine en cours collectifs. Chez elle les autres jours.
Marche.

Conseils : J'ai demandé à son mari de suivre séparément un traitement à mon cabinet, ce qu'il a accepté.
L'essentiel du traitement est une psychothérapie destinée à lui faire prendre conscience de ses blocages et de son attitude envers sa femme.
Je le détends par des massages doux et profonds.
Il reprend une pratique sportive régulière (c'est un ancien sportif qui a abandonné toute activité physique).

Alimentation : Michèle a appris à se relaxer avant de passer à table, à manger doucement, et à équilibrer son alimentation au cours de la journée.

Résultats : Positifs sur Michèle parce que j'ai pu traiter son mari qui était le véritable malade du couple. Parce qu'il est devenu moins agressif et plus compréhensif, Michèle dort mieux, est moins nerveuse et s'assume mieux.
Les troubles neuro-végétatifs ont disparu.
Elle a repris son poids normal.

Suivi : Tous les deux feront chaque année un bilan de santé.

Le malade n'est pas toujours celui qu'on pense

Le moment où les enfants s'en vont et où on se retrouve à la fois inactifs et seuls, est souvent difficile pour un couple. Il faut non seulement trouver une raison de vivre personnelle, mais aussi empêcher les inévitables petits conflits conjugaux de dégénérer en drame permanent maintenant que l'on n'a plus des milliers d'occupations pour s'en distraire. C'est le moment de faire preuve d'humour.

Et d'initiative : pour vivre une vieillesse heureuse, trouvez-vous une occupation et profitez de votre liberté. Rendez-vous utile ou trouvez une passion qui gardera intact votre enthousiasme. Et ne laissez pas se transformer en huis clos le tête à tête avec la compagne ou le compagnon qui a partagé votre vie.

Quant à vos enfants, ils sont élevés. Soyez présente, mais pas pesante. Ils vous en sauront gré.

Pour le reste, votre santé est ce que vous en avez fait depuis tant d'années. Un bilan sanguin régulier lu par un bon généraliste vous donnera toutes les indications nécessaires sur le régime à suivre.

Ayez une vie saine et ne vous laissez pas aller physiquement : votre corps doit vous obéir. Ne le laissez pas s'endormir avant l'heure.

III
L'ÉNERGIE DANS VOTRE ASSIETTE

- Quelques règles de base
- Attention, régimes !
- Les 7 paliers de la vie
- Régime de croisière pour être bien portant et le rester
- Le petit déjeuner, starter de la forme
- 3 ou 5 repas par jour
- La journée d'un enfant
- Aliments : amis ou ennemis ?
- Mon guide des aliments les plus courants
- 21 jours de menus équilibrés
- Eh bien bougez maintenant !
- Conseils pour les sportifs

Vous êtes-vous déjà réellement demandé *pourquoi* vous mangiez ? À quoi servent ces aliments qui constituent votre nourriture et ce que votre organisme attend de chacun d'eux ? Sans doute pas. Et pourtant...

Il suffit de chercher à comprendre cette chose toute simple pour ne plus manger tout à fait comme un automate. Pour choisir au lieu de subir. Pour prendre à tout moment l'aliment le plus adapté à ce dont *vous* avez besoin *à ce moment précis* de votre vie. Les cellules de notre corps naissent, vivent, meurent et se renouvellent sans cesse. A part notre système nerveux, chacun de nos organes, chacun de nos tissus est entièrement rénové tous les sept ans. Et le rôle premier de l'alimentation est de fournir à notre corps l'énergie nécessaire pour assurer cet éternel rajeunissement de nos cellules.

De la même manière, nous mangeons pour assumer nos dépenses physiques. En bougeant, en respirant, en digérant et même en dormant, nous brûlons des calories, donc de l'énergie, puisée dans les éléments nobles et énergétiques de l'alimentation. Mais nous mangeons aussi pour aider notre corps à lutter contre le froid et le chaud et se maintenir à une température constante, pour faire fonctionner nos organes, nos glandes, nos viscères et nos différents systèmes (nerveux, respiratoire, circulatoire, cardio-vasculaire...) et les empêcher de vieillir. Pour développer et entretenir nos muscles, nos os, notre peau... En un mot nous mangeons pour vivre, et il est indispensable que notre corps reçoive en permanence *tous* les éléments qui lui sont nécessaires. Qu'un seul, ou pire plusieurs viennent à manquer, et quelque chose se dérègle. Un trouble s'installe qui deviendra maladie chronique si la carence persiste.

La diététique, qui n'est pas une science si ancienne, a défini un cadre et des lois, et fait le compte des besoins vitaux des êtres humains. Il faut les connaître puisqu'ils constituent en quelque sorte notre ration de survie. Ensuite, mais ensuite seulement, commence *la vraie recherche qui conduit chacun de nous à inventer sa propre diététique, ses propres règles, adaptées à ses besoins profonds, et à trouver ainsi son art de vivre.*

Quelques règles de base

Il est six catégories d'aliments dont notre corps ne peut se passer et que nous devons lui fournir chaque jour en quantité suffisante. Ce sont : **les protéines, les glucides, les lipides, l'eau, les vitamines, les sels minéraux et oligo-éléments.**

Les protéines

Les protéines sont de grosses molécules formées d'un enchaînement d'acides aminés, indispensables à la formation, au développement et au renouvellement de tous les tissus du corps. Elles sont donc d'une importance vitale, d'autant qu'elles ne sont pas stockées par l'organisme.

Elles peuvent être d'*origine animale* : œufs, viande, poisson, fromage, lait, ou d'*origine végétale* : céréales, légumes secs, graines (soja).

Substance même des tissus vivants, elles sont nécessaires à l'enfant pendant la croissance, et à l'adulte pour reconstituer ses cellules.

On estime qu'il en faut en moyenne 70 grammes par jour.

Les glucides

Les glucides sont les sucres, ou hydrates de carbone, et sont composés d'oxygène, d'hydrogène et de carbone. Ils sont de deux sortes :

— *les sucres à assimilation rapide*, constitués en gros par tous les aliments au goût sucré : sucres, pâtisseries, miel, confitures, fruits...

— *les sucres à assimilation lente* ou amidon des féculents et des céréales transformés en glucose par la digestion : pain, pâtes, riz, pommes de terre...

Ils fournissent de l'énergie aux muscles.

Ration moyenne quotidienne : 400 grammes.

Les lipides

Les lipides sont les graisses et regroupent donc tous les corps gras, qu'ils soient d'origine animale ou végétale.

Les lipides d'origine animale viennent du beurre, des charcuteries, des viandes et poissons gras.

Les lipides d'origine végétale viennent des huiles, de la margarine, de certains fruits frais ou secs...

La qualité alimentaire des graisses dépend de la nature des acides gras qui les composent : certains ne peuvent être synthétisés par l'organisme et seule l'alimentation peut les lui fournir.

Les graisses peuvent être stockées par l'organisme comme une réserve d'énergie, car elles participent, avec les glucides, à l'effort musculaire dont elles sont le « combustible ».

Ration moyenne : 80 à 100 grammes par jour.

L'eau

L'eau est l'aliment le plus indispensable, et aussi le constituant essentiel du corps humain puisque nos tissus sont faits à 75 % d'eau.

Nous devons en absorber 2 à 2,5 litres par jour, soit en buvant soit en mangeant, puisque tous les aliments en contiennent.

Les vitamines

Les vitamines n'existent dans l'organisme qu'à doses infinitésimales. Elles sont pourtant absolument nécessaires à son fonctionnement et comme il est incapable de les « fabriquer » et même de les stocker, sauf pour deux d'entre elles (vitamines A et D), nous devons veiller à les lui apporter par l'alimentation.

Toute carence en vitamines est responsable de troubles, et chaque vitamine a une action spécifique : c'est donc à cause d'elles surtout que l'alimentation doit être variée. Et même si l'on vend en pharmacie des vitamines de synthèse, celles-ci ne joueront jamais le rôle de catalyseur imparti aux « vraies » vitamines par la nature. En revanche, et bien qu'on en ait douté autrefois, on sait que la chaleur, donc la cuisson, ne détruit pas les vitamines (sauf la vitamine C), que les conserves et les surgelés les préservent en grande partie, et qu'il n'est pas difficile de les trouver dans les fruits, les légumes, les yoghourts, les œufs, le lait, etc. (Il existe un peu partout des tableaux fort bien faits indiquant les sources alimentaires de toutes les vitamines.)

Les sels minéraux et les oligo-éléments

Les sels minéraux et oligo-éléments sont des métaux, eux aussi présents à doses infinitésimales, et parfois à l'état de traces, sans lesquels un grand nombre de réactions chimiques et enzymatiques ne pourraient avoir lieu. Fer, soufre, magnésium, calcium, phosphore, etc., on les connaît bien aujourd'hui et l'on sait que, comme pour les vitamines, leur carence est source de troubles graves. Car non seulement ils sont nécessaires pour que se fassent normalement les échanges et réactions métaboliques, mais ils sont indispensables, si j'ose dire, collectivement : *chacun joue son rôle, mais certains ne peuvent agir que si un ou plusieurs autres sont également présents.*

Tous sont fournis, une fois encore, par une alimentation variée comportant assez de viande, de laitages, de légumes et de fruits. Et il faut se méfier des suppléments chimiques absorbés sans prescription médicale appuyée sur une analyse sanguine, qui peuvent provoquer d'autres troubles par excès d'une substance ou déséquilibre de l'une par rapport à l'autre.

Attention aux équilibres

Excès ou carences, les déséquilibres alimentaires sont toujours facteurs de troubles, parfois de maladies graves. Séparément, il n'existe pas de « bon » aliment puisqu'aucun d'eux n'apporte à l'organisme *tous* les éléments indispensables à son métabolisme. Il faut donc en permanence les marier harmonieusement et surtout veiller à ne privilégier ou délaisser aucun d'entre eux, ce qui provoquerait des troubles et, à la longue, de graves maladies de surcharge ou de carence.

CATÉGORIE D'ALIMENTS	EXCÈS	CARENCE
PROTIDES	- goutte - lithiase urique - obésité - cancer du sein	- dénutrition
LIPIDES	- cancer du sein - obésité - artériosclérose et toutes leurs conséquences - lithiase [calculs]	- manque de vitamines - amaigrissement pathologique
GLUCIDES	- diabète - maladies cardio-vasculaires - obésité - atteintes oculaires et rénales - caries dentaires chez l'enfant	- hypoglycémie - amaigrissement pathologique

On pourrait croire que n'importe qui, vivant au XXe siècle dans un pays normalement développé, absorbe chaque jour sans effort sa ration de chacun de ces aliments. Or ce n'est pas toujours le cas. On peut, aussi étrange que cela puisse paraître, être à la fois suralimenté et malnutri.

Il y a à cela deux raisons essentielles. D'abord, par indifférence, manque de temps ou d'imagination, nous avons tendance à manger toujours la même chose. À la maison on fait quelques menus types qui plaisent à tout le monde et ne demandent ni efforts ni complications excessives. Je connais de nombreuses familles où chaque jour de la semaine a son menu qui revient, en tenant compte des vacances, une bonne quarantaine de fois par an ! Au restaurant ou à la cantine nous prenons, si nous ne nous surveillons pas, les mêmes plats qui ont nos préférences du moment. Si bien que certains éléments disparaissent tout à fait de notre alimentation et avec eux des facteurs indispensables, vitamines et sels minéraux notamment.

La deuxième raison est d'origine psychologique mais ses ravages sur la santé de nos contemporains sont incalculables : *c'est l'obsession de la minceur*. Les magazines, la publicité, la télévision ont imposé l'idée que pour être heureux il faut être beau, et pour être beau il faut être mince. Et une bonne moitié de la population vit dans l'angoisse du kilo superflu et de la cellulite. Les femmes sont évidemment les plus atteintes, et j'en connais qui, de régime en boulimie, ont perdu et repris plusieurs centaines de kilos en quelques années, déréglant à jamais leur organisme.

La plupart des femmes que j'ai soignées étaient obsédées par leur poids. Et neuf sur dix avaient déjà essayé tous les moyens connus, avouables ou non, scientifiques ou empiriques, pour perdre quelques kilos ou leur cellulite. Elles avaient dépensé des fortunes, s'étaient affamées, avaient renoncé aux dîners entre amis et même à se mettre à table avec leur mari et leurs enfants, subi les traitements les plus contraignants et les plus douloureux, transformé leur existence en parcours du combattant... sans résultat, mais sans renoncer. À chaque nouveau régime, à chaque « dernière découverte » répercutée par les médias, elles s'étaient précipitées, pleines d'espoir et de bonne volonté, prêtes à tout une fois de plus. Et il m'a fallu longtemps pour démontrer à chacune d'entre elles que *tout excès se solde toujours par un échec*. Que le métabolisme a ses règles et le corps humain ses propres réactions, immuables et cohérentes comme les lois de la nature. (voir page suivante la critique des régimes les plus connus).

Je pourrais dire qu'il ressort du simple bon sens de suivre sa nature plutôt que de s'acharner à la contrecarrer. Que tirer l'enseignement de ses échecs est la seule voie vers la réussite. Mais j'ai tiré des aveux parfois pathétiques de mes patients une autre leçon : le poids — en trop, en moins — est le symbole de tous les malaises de notre société. Dire : « Je suis trop grosse » (ou « tros gros » car les hommes eux aussi deviennent prisonniers des mêmes archétypes) c'est ne pas avouer : « Je ne m'aime pas et j'ai peur, car si je ne m'aime pas, qui m'aimera ? » Le rôle d'un thérapeute est de comprendre ce que, justement, on n'ose pas lui dire. Et puisque trouver son poids signifie aussi, pour tant d'individus, trouver leur juste poids dans la vie et un équilibre à leur existence, voyons ensemble comment y parvenir, sans stress psychologique ni désordre physique.

Attention, régimes !

Régime de Schweninger :
Méthode : 6 petits repas par jour
Aucune boisson à table, mais on boit entre les repas.
Critique : Assez bien équilibré, mais difficile à concilier avec une activité professionnelle.

Régime de See :
Méthode : Légumes verts et eau uniquement.
Critique : Très difficile à suivre.
Extrêmement fatigant, car très carencé en protéines.

À BANNIR ÉGALEMENT : Tous les régimes à base uniquement d'un légume ou d'un fruit : pamplemousse, concombre, banane... qui sont totalement déséquilibrés.

Régime dissocié :
Méthode : Manger un seul aliment (légume, ou fruit, ou viande, ou poisson...) pendant six jours.
Le dimanche : régime libre.
Critique : Régime très déséquilibré et très lassant.
Le dimanche on fait forcément, pour compenser, de graves excès alimentaires.

Régime Shelton :
Méthode : Une autre forme de régime dissocié, où les aliments sont répartis en groupes. On ne peut mélanger certains aliments au cours d'un même repas.
Critique : Mêmes inconvénients que le régime dissocié, dont il n'est qu'une variante.
De plus pour suivre ce régime, il faut pratiquement apprendre par cœur la classification de Shelton, qui est d'ailleurs contestable.

Régime sans sel :
Méthode : Suppression totale du sel et de tous les éléments sodés.
Critique : La baisse du taux de sodium dans le sang peut provoquer une chute de tension, et la baisse du taux de potassium crée une fatigue rénale.
Régime injustifié, même en cas d'obésité ou de grossesse.

Régime Zen (ou macrobiotique) :

Méthode : Fondé sur la philosophie Zen selon laquelle la nourriture se divise en :
— aliments Yin dilatateurs : légumes verts, sucres raffinés, fruits ;
— aliments Yang constricteurs : céréales (qui doivent être préparées à la vapeur et assaisonnées d'huiles végétales).
Interdit toute protéine animale.

Critique : Régime extrêmement dangereux, hypodynamique comme tous les régimes végétaliens, et déshydratant.
Provoque un grave déficit en calcium et des carences en vitamines C et A.
Ce régime est responsable de troubles sévères : grande fatigue générale, dépression, asthénie, déminéralisation, troubles neuro-végétatifs, jaunissement des dents, relâchement de la peau, chute des cheveux, ongles cassants.

Régime végétarien :

Méthode : Sont interdits tous les produits ou sous-produits animaux, sauf les œufs, le lait, le beurre et les laitages.

Critique : Ce régime est équilibré, mais peut créer des problèmes digestifs.

Régime de la Mayo Clinic :

Méthode : Menus très rigides à suivre à la lettre pendant 14 jours.
Ce régime joue sur certaines associations alimentaires.
Il privilégie largement les œufs : 4 à 6 par jour.

Critique : Provoque de sérieuses carences en calcium (car il supprime tous les laitages et les protides).
Efficace, mais très fatigant car très hypocalorique.
On reprend presque instantanément les trois ou quatre kilos perdus.
Rend nerveux, irritable, anxieux.
Perturbe le sommeil.

Régime Scarsdale :

Méthode : Régime semblable à celui de la Mayo Clinic puisqu'il se fonde aussi sur des associations alimentaires et le respect strict de menus très précis pendant 14 jours.

Critique : Ses inconvénients sont les mêmes que ceux du régime de la Mayo Clinic.

Régime « basses calories » :

Méthode : Restriction de l'apport calorique

Critique : Très difficile à suivre car il oblige à peser tous les aliments.
Fatigant sans raison valable.

Régime hyperprotidique :

Méthode : 200 calories protidiques par jour (sous forme de lait coupé d'eau et aromatisé), plus 200 grammes de légumes verts et un supplément de vitamines et de sels minéraux de synthèse.

Critique : Ce régime fait perdre du poids, mais au prix d'une véritable malnutrition.
Il est extrêmement dangereux et ne devrait jamais être pratiqué sans une stricte surveillance médicale, voire en milieu hospitalier... Si toutefois on trouve un médecin acceptant de le prescrire !

Régime Atkins (ou Pennington-Toller) :

Méthode : Fondé sur l'impossibilité des lipides alimentaires de se transformer en graisses de réserve sans l'apport de glucides.
Autorise les corps gras à volonté et supprime les sucres.

Critique : Provoque des troubles sévères : déshydratation, augmentation du taux d'acide urique, hypovitaminose C...
Ce régime est très dangereux et de surcroît la rechute est fatale.

Cure de jeûne :

Méthode : Généralement étalé sur 14 jours.
Admis : eau + un cocktail de vitamines.

Critique : Abandonné même en milieu hospitalier. Malheureusement certaines cliniques font leur fortune sur ce genre de cure (notamment à l'étranger).
Provoque des troubles organiques sévères : effondrement des réserves alcalines et de la glycémie, atrophie musculaire et des fibres myocardiaques.
Dès que la cure est finie, le poids remonte de façon spectaculaire.

Conclusion à méditer

Tous les régimes remplissent leur rôle premier qui est de faire perdre du poids. A chaque fois on reprend dans des délais très rapides le poids qu'on avait perdu, et souvent quelques kilos en plus. Tous provoquent des carences et des troubles souvent très longs à corriger. Ils sont très directifs et substituent une règle à la volonté défaillante du patient. Mais aucun ne prévoit de réadaptation progressive à un régime alimentaire normal. Si bien que livré à lui-même, et généralement affamé et en état de moindre résistance après une cure très dure, celui-ci reprend immédiatement ses mauvaises habitudes, perdant ainsi tout le « bénéfice » (s'il y en a un) de ses efforts.

Les 7 paliers de la vie

Garder son poids, préserver sa silhouette n'est pas , contrairement à ce que certains, qui y trouvent leur compte, souhaiteraient vous faire croire, un combat sans merci et sans armistice contre soi-même, ses goûts, sa nature, ses désirs. C'est être vigilant mais *à certains moments bien précis*, à *sept étapes clefs* de notre existence dont chacune dure de quelques mois à un ou deux ans.

Ces étapes sont décisives car si on les franchit sans encombre on est tranquille jusqu'à la suivante, c'est-à-dire pendant plusieurs années. Moments de changements physiques ou psychiques, *ces sept étapes correspondent aux mutations qui, de l'enfance insouciante nous conduisent à une maturité responsable puis à la vieillesse.* Bien peu d'entre nous les connaissent et nous les traversons sans en avoir conscience. Pourtant, aucun de nous n'y échappe et, à quelque mois près, nous passons tous par ces bouleversements profonds auxquels notre corps, silencieusement, doit lui aussi s'adapter.

Connaître ces sept paliers de la vie, c'est pouvoir s'y préparer et se mettre dans la situation de les passer sans dommage.

Les ignorer, c'est risquer de plonger, dans ces périodes de turbulences, dans des conduites anarchiques qui nous conduiront à jouer avec notre santé et notre condition physique et morale.

C'est à ces moments-là que nous risquons de grossir, vieillir, que peut se déclarer un trouble fonctionnel ou une maladie organique dont nous aurons ensuite le plus grand mal à guérir.

Ne les négligez pas. Quelques mois d'efforts tous les cinq ou dix ans ne sont rien contre une vie épanouie et heureuse.

Palier n° 1

0-4 ANS : LA PETITE ENFANCE

La petite enfance est, nous l'avons vue, le moment où se construit l'adulte de demain. Je ne dirai sûrement pas, comme certains pédiatres, que « tout se joue avant six ans ». L'être humain est, Dieu merci, éminemment adaptable et bien peu d'erreurs sont irréversibles.

Mais comme la personnalité, le tempérament, le caractère se dessinent et s'accusent, les comportements alimentaires s'inscrivent dans la mémoire biologique d'où ils ne sortiront plus.

Pour des raisons indéfinissables, la plupart des parents n'osent pas intervenir pour corriger les anomalies et faire l'éducation alimentaire de leurs enfants et se contentent d'assister, impuissants et passifs, à des orgies de sucreries dont ils savent bien, pourtant, qu'elles sont la porte ouverte à tous les troubles possibles et imaginables. Mal nourris à la cantine, trop nourris le soir, habitués dès leur plus jeune âge aux yoghourts trop sucrés, aux bonbons, aux frites et au Coca-Cola, les enfants d'aujourd'hui, squelettiques ou obèses, souvent boulimiques, parfois anorexiques, déjeunent dans les cris et dînent à toute vitesse quand ce n'est pas, tout simplement, couchés devant la télévision...

Certes, il était temps que des psychologues cassent le jeu pervers du « tu manges, moi non plus » qui, pendant des générations, a opposé mères et enfants par-dessus des assiettes jamais terminées. Mais admettre qu'un petit a le droit de ne pas avoir faim ou de ne pas aimer les épinards, ne suppose pas forcément qu'on lui passe tous ses caprices, et le laxisme n'est guère plus positif qu'un autoritarisme primaire.

Nous pouvons apprendre à nos enfants à manger dans le calme, sans cris ni hurlements, et surtout sans sortir de table à chaque instant sous quelque faux prétexte.

Et parce qu'ils ont besoin de grandir, de développer leurs muscles et solidifier leur os, ils ont, plus qu'aucun adulte, besoin d'une alimentation *variée*, riche en tous ces aliments essentiels qui permettront à leur organisme de se construire sans fatigue.

Nourrisson, allaitez-le si vous le pouvez : aucun lait n'est aussi parfait que le lait maternel.

Si vous ne pouvez ou ne voulez pas le nourrir au sein, choisissez avec votre pédiatre un lait maternisé.

Bébé respectez les proportions fixées par le pédiatre qui le connaît bien : les plus beaux bébés ne sont pas les plus gros, quoi qu'en disent les grand-mères.

S'il refuse de s'alimenter ou s'il boit mal, parlez-en à votre médecin, il vous aidera à trouver le régime qui lui conviendra.

Enfant,il a d'énormes besoins énergétiques : équilibrez ses menus, favorisez les sucres lents (pâtes, riz, pommes de terre), les légumes et les fruits.

Mais surtout variez au maximum les menus. À défaut de lui apprendre à manger « de tout » il n'est pas difficile de le guider vers d'autres aliments et de lui donner la curiosité de goûter ce qu'il ne connaît pas.

Il a besoin de calcium : s'il refuse le lait, donnez-lui des yoghourts, du fromage, des petits suisses, du fromage blanc.
Ne salez pas trop les aliments : vous le préserverez de l'hypertension artérielle.

Mais surtout, n'en faites pas un petit gros, il serait, dans dix ou vingt ans, un adulte obèse et malheureux.

Palier n° 2

12-15 ANS : LA PUBERTÉ

12-13 ans pour les filles, 14-15 ans pour les garçons, la puberté est on le sait, un âge difficile. « Critique », dit-on. Et sans doute cette période d'arrivée à maturité sexuelle est-elle la plus traumatisante pour le corps et troublante pour l'esprit que l'être humain ait à traverser dans toute son existence. Déstabilisés, garçons et filles manifestent, chacun à leur manière, les bouleversements physiologiques et hormonaux qui vont faire d'eux des hommes et des femmes.

Les filles sont plus fragiles. Une fois par mois, l'arrivée de leurs règles les met en état de moindre résistance physique et psychologique. Et parce qu'elles grandissent beaucoup, et vite, en quelques mois, leur fatigue est accrue. Hyperémotives, souvent mal dans leur peau, agressives, en conflit avec elles-mêmes, leurs parents, la terre entière, elles sont aussi en état de moindre résistance morale. Pour compenser, elles se précipitent souvent sur la nourriture et ces crises de boulimie de l'adolescence provoquent des obésités momentanées, d'autant plus graves qu'elles enferment les jeunes filles dans un sentiment de culpabilité et d'angoisse. Incapables de se freiner, elles mangent de façon anarchique, refusent de se mettre à table pour vider, la nuit, le réfrigérateur ou la boîte de gâteaux. Trop grosses, elles se sentent rejetées et laides à l'âge où, pour la première fois, elles voudraient attirer le regard des garçons.

Les garçons ont moins d'états d'âme mais leur organisme manifeste aussi ses difficultés d'adaptation et on voit, vers 15-16 ans, autant de « grandes asperges » que de petits gros. Certains, passionnés de sport, passent mieux ce cap difficile où le corps hésite entre enfance et maturité.

Quoi qu'ils vous en coûte, sachez que tous ont avant tout besoin de votre amour et de votre aide. Évitez les conflits, les drames inutiles, la gifle trop vite partie et qu'on regrettera. Dialoguer devient plus important que d'éduquer au moment où ils sont au seuil de tous les dangers. Drogue, alcool, tabac, expériences sexuelles plus ou moins réussies, les risques encourus à l'adolescence sont gigantesques, et bien des drames naissent de l'incompréhension. La puberté est aussi l'âge du tragique, de l'excès, du repli sur soi. C'est à nous, adultes, d'être vigilants et de nous consacrer à l'essentiel : leur donner une vie saine, des heures aussi régulières que possible, une nourriture riche et variée, un sommeil suffisant. L'équilibre commence par des choses aussi simples, mais essentielles puisqu'elles conditionnent le bon développement physique et psychique des enfants.

Aidez-les à trouver un sport qui leur plaise : leurs muscles ont besoin de travailler pour se tonifier, et leur énergie de trouver parfois un exutoire.

Et sachez que s'ils passent sans troubles ces deux ou trois années terribles, si leur mutation est harmonieuse, leur vie d'adulte est déjà presque gagnée.

Reste que souvent, dans la vie quotidienne, il est bien difficile de résister à la pression constante d'un adolescent en crise. Aux drames, aux larmes, aux silences, aux refus. Dans ce cas, n'hésitez pas. C'est le moment où jamais de consulter un thérapeute. Extérieur objectif, il renouera un dialogue devenu impossible au sein de la famille. Détendu par les traitements, l'adolescent écoutera mieux les conseils et acceptera de se prendre en charge. La crise sera dénouée, et l'enfant retrouvera sa joie de vivre. Ce qui est le meilleur gage possible de sa santé et de son équilibre futurs.

Palier n° 3

17-19 ANS : L'INDÉPENDANCE

Cette troisième étape est aussi la plus courte : elle ne dure que quelques mois. Très exactement le temps, pour le garçon ou la fille, de couper, pour la deuxième fois, le cordon ombilical. De prendre son indépendance en quittant « la maison » pour aller vivre ailleurs. Seul ou pas, mais chez lui, avec ce que cela suppose de liberté, mais aussi de contraintes.

Certains partent pour faire leurs études, beaucoup pour entrer dans la vie professionnelle. Et il est d'ailleurs remarquable que cette crise puisse aussi se produire chez ceux qui passent brusquement du statut d'étudiants à celui de travailleurs, sans qu'ils quittent pour autant le toit familial. Car tous doivent s'adapter brutalement à une situation, à un mode de vie totalement différent de celui qui était le leur. D'abord grisés, ils en éprouvent ensuite une angoisse qu'ils n'osent pas montrer, par fierté. Si les filles n'ont pas de fiancé, ou les garçons de petite amie, ils découvrent durement la solitude. Habitués à être nourris par maman, ils n'ont guère le courage de cuisiner pour eux-mêmes. Les uns maigrissent et s'affaiblissent, les autres prennent, à coup de fast-food, sandwiches et sucreries, huit à dix kilos.

Et les parents, souvent, réagissent assez mal. Fiers de voir leur progéniture devenir enfin adulte et « se débrouiller », ils ignorent ces angoisses et croient que tout va bien alors que la séparation devrait, pour être bien supportée, se faire en douceur, progressivement. À moins qu'ils ne soient de ceux qui ne peuvent admettre que leurs enfants s'éloignent, et ne rendent, par leur refus et leurs jérémiades, les choses plus difficiles.

Un enfant qui entre dans sa vie d'adulte mérite notre respect. Et s'il est un service que nous pouvons lui rendre, c'est bien d'accompagner ce changement naturel avec compréhension.

Palier n° 4

20-25 ANS : LE MARIAGE

Aussi étonnant que cela puisse paraître, il est parfois des événements heureux susceptibles de créer des désordres physiques si l'on n'y prend garde. Ainsi en va-t-il du mariage qui a certes de nombreux avantages, mais cache aussi le risque, pour l'un comme pour l'autre, de grossir inconsidérément. J'ai vu des dizaines de jeunes hommes ou femmes, heureux, amoureux, mais si rondelets qu'ils frôlaient, pour ne pas dire plus, l'obésité. Tous avaient comme point commun d'être de jeunes mariés d'un ou deux ans à peine. L'explication est simple. Parce qu'ils ont peu d'argent, peu de temps, et, réellement, pas la tête à ça, les étudiants ou les jeunes célibataires oublient purement et simplement de manger normalement. Les restaurants universitaires sont généralement si mauvais que mieux vaut prendre une pomme, ou carrément sauter le repas, que d'aller y faire la queue. Les cantines diverses ne sont guère meilleures. Et le soir, les sorties, les discussions sans fin autour d'une bière ou d'un café, le ciné de huit heures, remplacent avantageusement le dîner.

Et puis on se marie... Et l'on sait bien qu'en France, un mari aime que sa femme fasse la cuisine. Si bien que la plus intellectuelle et la plus féministe des demoiselles, nantie de deux ou trois livres de recettes, se plonge avec délices dans ses casseroles toutes neuves. Malnutri pendant des mois, parfois des années, l'organisme assimile sans modération tous les aliments. Et le résultat ne se fait pas attendre !

Ainsi un changement de vie et d'alimentation se traduit-il immédiatement par une prise de poids parfois considérable dont les intéressés eux-mêmes comprennent rarement l'origine.

Un minimum d'hygiène de vie et de sagesse suffit heureusement à faire rentrer dans l'ordre ce trouble passager. À condition, bien sûr, de réagir avant qu'il ne soit trop tard.

Palier n° 5

LE PREMIER ENFANT

Personne, dans notre société abattue par la dénatalité, n'est aussi écouté, suivi, conseillé que les femmes enceintes. Pourtant rien n'a pu empêcher que malgré le bonheur d'être mère pour la première fois, une jeune femme ne connaisse, à ce moment de sa vie, un passage difficile dont le symptôme le plus évident est presque toujours soit une perte, soit une prise de poids anormale.

Cette crise est d'origine psychique bien plus que physique, et même s'il faut, physiologiquement, de neuf mois à un an pour retrouver exactement sa silhouette d'avant, la grossesse et l'accouchement sont rarement la cause directe des troubles que l'on peut constater. Aux yeux de tous, et à ses propres yeux, une jeune mère est la femme la plus heureuse du monde. Elle est donc d'autant plus désarmée lorsqu'elle se sent soudain fatiguée, déprimée, stressée. Au point qu'elle n'ose en parler à personne et refuse même de se l'avouer à elle-même. N'est-il pas « monstrueux » d'être triste et mal dans sa peau quand on a un si joli bébé et que tout le monde ne cesse de vous féliciter ?

Pourquoi ne pas admettre la vérité ? Dire qu'un bébé est, pour ses parents, et surtout pour sa mère quel que soit son amour, une contrainte et une source de fatigue. Soucieuses de ne pas perdre leur job, les femmes, négligeant la législation qui pourtant les protège, recommencent à travailler de plus en plus tôt après un accouchement. Crèche, travail, maison, biberons, nuits interrompues par des pleurs, week-ends où l'on ne peut pas se reposer vraiment... la vie est difficile. Avec, en plus, le sentiment enfoui mais présent que plus jamais on ne sera libre et insouciante. Alors on ne mange plus, ou on mange trop. On maigrit, ou on grossit. Mais dans tous les cas on est surmenée, et perturbée par l'idée qu'on n'est pas à la hauteur, mauvaise mère, épouse médiocre.

J'aimerais dire à ces jeunes femmes qui, trop souvent, souffrent en silence, sans oser se confier ni surtout consulter sous prétexte qu'« elles ne sont pas malades », qu'elles ne sont pas les seules à éprouver cette difficulté d'être et de s'adapter à leur nouveau statut de mère. Et qu'il faut bien peu de choses pour les aider à passer ce cap difficile : quelqu'un qui les écoute, un peu d'exercice (la natation reste le meilleur sport pour remodeler son corps) une hygiène alimentaire parfaite, un traitement manuel tous les quinze jours.

Et une organisation qui leur permette d'exister, de vivre leur vie de femme, et de ne pas devenir, du jour au lendemain, esclaves du métro-boulot-bébé.

Palier n° 6

FEMMES : LA QUARANTAINE
HOMMES : LA CINQUANTAINE

35-40 ans pour une femme, 40-45 ans pour un homme c'est, au sens propre du terme, l'âge de l'épanouissement. Morphologiquement la silhouette change, le squelette évolue.

Chez la femme les hanches et la carrure s'élargissent.

Chez l'homme les épaules s'étoffent, la cage thoracique se développe. Les vestons qu'on mettait il y a un an ou deux soudain ne nous vont plus.

Il est bien évident qu'il faut accompagner ce développement du corps, aider les muscles à reprendre leur place et leurs formes, construire cette charpente définitive. C'est le moment de suivre un programme d'exercices physiques cohérent et adapté, actif mais pas intensif pour éviter tout surmenage.

Car la fatigue est bien le risque le plus important à ce moment crucial de l'existence où, parce qu'on se sent fort en forme, on en fait trop. Où l'on s'épuise à travailler toujours plus alors qu'on devrait, au contraire, réduire d'un quart son activité. Il est sûrement important de réussir, mais pas à n'importe quel prix. Et je vois trop d'hommes atteints, vers la cinquantaine, de crises cardiaques, d'artériosclérose, de rhumatismes inflammatoires, de dépressions, de lombalgies, d'accidents vertébraux. Trop de femmes victimes de maladies infectieuses ou gynécologiques, de dépressions nerveuses ou, elles aussi, de maladies cardio-vasculaires.

Ces hommes, ces femmes ont, comme on dit, « trop tiré sur la corde », cru que l'on peut demander toujours plus à son çorps sans risquer d'en payer le prix. Et choisi leur carrière au mépris de leur santé physique, et parfois morale.

Pourtant de notre sagesse pendant un, deux, parfois trois ans, avant et après la dizaine fatidique, dépend pratiquement tout le reste de notre vie. Selon que nous aurons su écouter notre corps, le ménager, le fortifier, ou que nous l'aurons au contraire malmené, surmené, nous serons à la soixantaine en pleine forme ou perclus de douleurs. Faites-vous suivre par un bon thérapeute manuel : c'est à la quarantaine que naissent les raideurs, les blocages, les tensions.

Tous nos systèmes, tous nos organes doivent prendre à ce sixième palier un nouveau souffle sinon ils commencent, lentement mais inexorablement, à vieillir prématurément et à se détraquer. Et quelques années plus tard se déclarera une de ces graves maladies chroniques de la sénescence dont nous ne pourrons plus jamais nous guérir.

Palier n° 7

FEMMES : LA MÉNOPAUSE - HOMMES : 60-65 ANS

Pendant des générations, la vie des femmes s'est arrêtée à la ménopause. En quelques mois, elles devenaient vieilles. Problème physique ? Certes, mais aujourd'hui, si on la prépare avec son gynécologue, pratiquement tous les effets secondaires de la ménopause, de la nervosité aux bouffées de chaleur, peuvent être évités. Problème psychique ? Encore plus. Les progrès médicaux sont tels qu'une femme à la ménopause n'est vieille que si elle le veut bien. Autrement dit, si elle se laisse aller. Si elle grignote et se moque de prendre des kilos. Si elle renonce à faire du sport ou de la gymnastique. Si elle croit que sa vie est finie et qu'elle a cessé d'être désirable. Il est des femmes de cinquante ans aussi belles et séduisantes qu'une femme de quarante. Il en est qui semblent avoir soixante ans. Or aucune différence physiologique majeure n'explique que l'une soit jeune et l'autre déjà vieille. La réponse est toujours ailleurs. Dans l'activité, l'enthousiasme, la volonté de l'une, l'inactivité, l'indolence, la résignation de l'autre.

Là encore, avant de renoncer, n'hésitez pas à consulter un thérapeute manuel si vous en ressentez la nécessité. Il vous aidera à traverser, presque sans vous en apercevoir, ce cap qui, aujourd'hui, ne doit être rien de plus qu'un changement naturel d'où vous émergerez sans dommages pour devenir une de ces femmes dont on dit, un peu admiratif : « Je ne lui aurais jamais donné son âge ».

Les hommes ont aussi, vers la soixantaine, à prendre un tournant. Mais parce que les bouleversements hormonaux ne sont pas les mêmes, il ne s'agit pour eux que d'éviter les troubles nés d'un changement de vie. Sous le prétexte qu'ils travaillent moins, ou plus du tout, ils ont en effet tendance à compenser largement par la nourriture et l'alcool leur inactivité forcée. Ils s'enrobent, prennent du ventre, renoncent à tout exercice, et font de ces vieux messieurs bedonnants toujours un peu « patraques » ou rhumatisants dont le caractère s'aigrit en même temps qu'il perdent leurs forces et leur allant.

Pour eux la solution est relativement simple : un bon régime, un peu d'exercice et une occupation pour se maintenir en forme et ils garderont une allure et une vie de jeune homme.

N'oubliez pas

Bien peu de gens connaissent ces paliers, et encore moins l'enjeu qu'ils représentent. Autant ils sont sensibles aux événements qui bouleversent leur vie, autant ils négligent les mutations de leur corps. Il est vrai que rien, souvent, ne signale ces étapes à notre attention, ou du moins rien de suffisamment important pour que nous en tenions compte. Pourtant l'organisme a, lui aussi, ses exigences, ses rythmes, ses stades de développement, de maturation et de déclin. Aussi, même si vous ne « sentez » rien, connaissez-le suffisamment pour ne pas manquer ces moments importants. Cela en vaut la peine : chaque étape réussie vous procurera plusieurs années de tranquillité.

Surveiller sa forme, franchir haut la main ces paliers fatidiques, cela veut dire, tout simplement, être raisonnable. Un mot qui n'a, il est vrai, plus grand sens aujourd'hui où les conditions de vie sont souvent difficiles, stressantes, et, disons le mot, pathogènes. Si neuf personnes sur dix souffrent de troubles divers, de malaises plus ou moins chroniques, de douleurs diffuses et persistantes, c'est parce que nous avons oublié les règles les plus élémentaires d'un certain art de vivre. À courir après le temps, l'argent, une carrière, toujours un peu plus de confort, de standing, de vacances, on n'existe plus, on s'épuise. À manger en dépit du bon sens, n'importe où n'importe comment, une fois pas du tout une fois trop, on ne se nourrit plus, on se rend malade.

Or tout notre métabolisme dépend des aliments que nous apportons à notre corps. Privées d'éléments nutritifs, nos cellules meurent. Sans les éléments indispensables à leur mise en route, leur entretien, leur renouvellement, nos organes, nos glandes, nos viscères se dérèglent et s'abîment.

Et de toutes les thérapeutiques destinées à nous mettre ou nous remettre en forme, la plus efficace et la plus simple est un régime, ou plutôt une hygiène alimentaire équilibrée. Car il ne s'agit pas ici de se priver, au contraire.

Régime de croisière pour être bien portant et le rester

Il y a ceux qui se réveillent fatigués, et les autres. Les uns se nourrissent mal, les autres bien. Mais qui prête attention à cette lassitude qui nous cloue au lit à l'heure où nous devrions nous lever pour attaquer la journée ? Personne. On se dit qu'on s'est couché trop tard, qu'on a des soucis ou qu'on a mal dormi, et que ça ira mieux demain. Pourtant cette méforme au réveil est presque toujours le symptôme d'un dérèglement du système neuro-végétatif, donc d'une mauvaise alimentation. Elle signifie que le foie est encrassé et ne parvient plus à filtrer les toxines.

Ne vous dites donc jamais : « Ce n'est rien » si, le matin, vous vous sentez peser dix tonnes, le moral à zéro et aucune envie d'aller travailler. C'est en négligeant des signes en apparence aussi anodins que celui-ci que l'on permet à des troubles bénins de s'installer, se développer et devenir des pathologies plus ou moins sévères. Et il est un moyen de prévenir l'apparition des troubles fonctionnels, c'est de connaître les règles de base d'un régime équilibré.

La meilleure façon de se nourrir consiste tout simplement à manger de tout. Pas trop, ni même beaucoup, mais en variant suffisamment son alimentation pour profiter des propriétés spécifiques d'un maximum d'aliments. Dans ce domaine rien n'est pire que la monotonie puisqu'elle implique l'excès de certains éléments (ce qui a relativement peu d'importance) mais surtout la carence de nombreux autres. Le Professeur Creff a énoncé, en trois chiffres qui ressemblent à un jeu, la règle d'or d'un bon équilibre alimentaire : 421.

4 glucides, 2 protéines, 1 lipide : c'est la formule magique d'un repas équilibré. Et ce n'est même pas compliqué. À condition d'accepter de sortir un peu des sentiers battus et des habitudes bien de chez nous grâce auxquelles, si la France est le pays où l'on mange le mieux, c'est certainement aussi celui où l'on se nourrit le plus mal.

Le régime 421 du professeur Creff

Le meilleur régime alimentaire connu a été défini par le Pr Albert-François Creff, chef du service d'endocrinologie-nutrition à l'hôpital Saint-Michel à Paris. Il s'énonce en une formule :

421 = GPL

qui définit l'équilibre à respecter à chaque repas :

4 GLUCIDES DE LA FAMILLE G, qui comprend :
- les fruits
- les légumes
- les farineux
- les produits sucrés

2 PROTIDES DE LA FAMILLE P, qui comprend :
- les produits laitiers (laitages et fromages)
- les produits de boucherie (viande, charcuterie, triperie)
- les produits de la pêche (poissons, mollusques, crustacés)
- les œufs

1 LIPIDE DE LA FAMILLE L, qui comprend :
- les graisses animales
- les graisses végétales

Pour être équilibré, un repas doit donc comporter :

- 4 portions de glucides : une crudité
un légume cuit
une portion de farineux (pain...)
une portion de produit sucré
- 2 portions de protides : un laitage ou fromage
une protéine non lactée (viande, etc.)
- 1 portion de lipides : 1/2 portion de lipide animal (ex. : beurre)
1/2 portion de lipide végétal (ex. : huile)

La portion peut varier d'un individu à l'autre et chacun trouve la sienne en fonction de son appétit, étant entendu que nous mangeons à peu près toujours le même volume d'aliments, et qu'il ne faut pas supprimer un des aliments.

Le petit déjeuner : starter de la forme

Le petit déjeuner doit être le starter de la forme, fournir à l'organisme 25 % des apports énergétiques de la journée, être le repas le plus équilibré puisqu'il est aussi le plus important. Et l'on voit bien pourquoi nous Français sommes si désavantagés par rapport aux autres pays, et surtout aux Nordiques.

Le thé, le café, ou pire le café au lait-tartines sont un défi aux lois les plus élémentaires de la diététique.

Le café ne doit jamais être pris à jeun

Il cause alors une hypersécrétion des glandes stomacales qui déclenche des brûlures, des aigreurs, des maux d'estomac, et peut à la longue provoquer une gastrite.

Le café au lait et le thé au lait sont à proscrire

Ils sont indigestes. Je suis moi-même étonné du nombre de mes patients dont l'état s'est amélioré du jour où ils ont supprimé le thé ou le café au lait qu'ils prenaient tous les matins.

LE MATIN, PRENEZ :

— Un ou deux grands verres d'eau au réveil, avant de vous lever.
— Une ou deux tartines de pain beurré ou des céréales
— Une protéine : jambon, œuf à la coque, viande ou poisson maigre
— Un laitage : lait, ou un peu de fromage ou un yoghourt
— Une boisson chaude.

Si vous ne pouvez vous en passer, et après avoir mangé, prenez une seule tasse de thé ou de café nature que vous remplacerez de temps en temps par une infusion de thym ou de romarin.

Le café : pas plus de deux tasses par jour

Il existe deux grandes sortes de café :

L'ARABICA : Les deux tiers de la production mondiale.
Il est peu riche en caféine (donc plus digeste)
Son arôme est très fin.

LE ROBUSTA :
Il est deux fois plus riche en caféine.
Son goût est plus amer.

AVANTAGES :

Outre la caféine, le café contient naturellement de la vitamine PP, du potassium, et de la théobramine qui favorise la diurèse.
Il stimule l'effort intellectuel et favorise la digestion.
Il peut, dans certains cas et à des moments de crise, avoir un effet salutaire sur les migraines. Mais avant de l'utiliser comme « médicament », parlez-en à votre médecin.

INCONVÉNIENTS :

Le café stimule le système nerveux central. Il entraîne donc une hyperfonction des glandes, organes et viscères mis en état de surstimulation constante. À la longue, il s'ensuit une grande fatigue générale, mais aussi :
— une augmentation de l'agressivité, de la nervosité, de l'émotivité et de l'anxiété ;
— une accélération des battements du cœur ;

Pris à jeun : il entraîne à la longue une hypersécrétion des sucs gastriques, des maux et des brûlures d'estomac, des nausées, des aigreurs, et peut provoquer une gastrite.

LE CAFÉ EST INTERDIT

— aux émotifs, aux hypersensibles, aux anxieux, aux nerveux.
— aux coléreux, aux violents.

LE CAFÉ EST AUTORISÉ :

aux gens calmes et bien portants, mais à condition de *ne jamais en boire plus de deux tasses par jour.*

Le thé : il contient de la caféine

Le thé contient de la théine, autre nom de la caféine. C'est donc lui aussi un stimulant.

AVANTAGES :

Le thé contient de la théobramine, ce qui le rend légèrement diurétique, et du fluor.

Certains médecins lui auraient découvert des propriétés anti-cancéreuses, mais cela reste à démontrer.

INCONVÉNIENTS :

Pris à haute dose, il est aussi dangereux que le café.
Il ne faut donc jamais en boire :
— à jeun
— plus de deux tasses par jour.

SAVOIR PRÉPARER LE THÉ :

La préparation du thé est très importante, car d'elle dépend son degré de nocivité.
— Choisissez une théière en faïence
— Utilisez une eau douce : eau de source, Evian, Volvic
— Ne faites pas bouillir l'eau, elle doit être frémissante
— Versez un peu d'eau dans la théière pour la chauffer
— Mettez le thé, laissez infuser quelques secondes
— Versez le reste de l'eau
— Ne laissez jamais infuser plus de trois ou quatre minutes (le thé deviendrait âcre et plus fort en théine).

Composez vos menus

Respectez dans la mesure du possible, pour vos repas du matin, de midi et du soir, la règle 421.

À défaut de pouvoir le faire à chaque repas, tentez de respecter cet équilibre sur la journée.

On peut prendre de temps en temps un dessert, de préférence fait maison et pas trop sucré.

Un conseil : mangez des pâtes et du riz

Quelques régimes imbéciles ont largement répandu l'idée qu'il fallait à tout prix éviter les féculents. Rien n'est plus faux. Les pommes de terre, le riz, les pâtes, mais aussi les lentilles, les petits pois, les haricots blancs, les pois chiches sont des sucres lents tout à fait essentiels à notre alimentation. Parce que leur assimilation est lente, ainsi que leur nom l'indique, le corps met longtemps à les assimiler, dépensant beaucoup de calories pour qu'ils se transforment en glucose et apportent de l'énergie au système musculaire.

Contrairement aux sucres rapides, reconnaissables à leur goût sucré, dispensateurs d'une énergie utilisable, et utilisée immédiatement (pour fournir un effort par exemple) les féculents rechargent la réserve d'énergie de l'organisme. Ils sont d'ailleurs la base de l'alimentation des grands sportifs.

Si vous voulez maigrir, supprimez pendant quelques temps les sucres lents. Mais, en les diminuant, conservez à votre menu quelques-uns d'entre eux. Et lorsque vous aurez atteint le poids désiré, réintroduisez-les petit à petit dans votre alimentation.

L'appétit n'est pas la faim

La faim traduit une pénurie d'éléments nutritifs dans le sang, et il est donc normal de manger quand on éprouve cette sensation. Mais puisque hélas l'appétit peut se déclencher sans que l'organisme ait exprimé de besoin et n'être pas satisfait alors qu'on est en réalité suffisamment nourri, mieux vaut respecter ce principe : *pour ne pas trop manger, il faut sortir de table en ayant encore un peu faim*. Si on attend d'avoir atteint son seuil de satiété, on risque en effet de dépasser ses limites et de surcharger ses organes. Il se produit alors une coupure d'énergie qui ralentit la digestion.

3 ou 5 repas par jour

Pour un individu normalement constitué, travaillant raisonnablement et prenant un solide petit déjeuner, trois repas par jour constituent un nombre idéal.

Mais *il est conseillé d'ajouter à ces trois repas deux collations* vers 10 h et 17 h, si :

— on travaille intensément, physiquement ou intellectuellement, ou si on doit accomplir un effort important (sportifs, travailleurs manuels) et qu'il est nécessaire de compenser une perte importante d'énergie.

— on a tendance à prendre du poids : en fractionnant la prise alimentaire en cinq repas, on oblige l'organisme à brûler plus de calories (la digestion représente un travail).
On sera par ailleurs moins tenté de faire des excès à un repas si l'on n'attend pas d'être « mort de faim » pour passer à table.

— on traverse un moment un peu difficile : ces collations, en permettant de s'alimenter régulièrement sans à-coup ni coup de pompe, seront une compensation du même type que celle qui jette les boulimiques ou les grands anxieux sur la nourriture lorsqu'ils se trouvent face à un problème qu'ils sont incapables de résoudre. Mais avec un énorme avantage : prises à heures fixes et soigneusement équilibrées, ces collations auront un effet régulateur sur le système neuro-végétatif au lieu de le perturber.

Les grands sportifs ont bien compris l'intérêt de cette méthode et systématiquement, après un copieux petit déjeuner, répartissent leur alimentation en quatre, voire cinq petits repas au cours de la journée.

Une collation se compose de :

— yoghourts ou lait
— fruits (pomme, banane...)
— un morceau de chocolat (ne pas dépasser trois ou quatre carrés par jour)
ou un morceau de fromage.
Comme boisson : eau, thé léger, infusion, jus de fruits frais.

Mieux vaut dîner tôt

Il est déconseillé de se coucher juste après avoir dîné, surtout si on a fait un bon repas, et il suffit d'un peu de bon sens pour comprendre pourquoi : pendant le sommeil, l'organisme tout entier fonctionne au ralenti et il faut bien plus de temps pour digérer et assimiler. L'idéal est d'attendre une heure et demie ou deux heures pour se mettre au lit après le repas du soir et, à défaut d'exercer une réelle activité physique, de bouger ou de marcher un peu. Pourtant c'est toujours lorsqu'on mange le plus : lors de dîners entre amis ou au restaurant par exemple, qu'on dîne le plus tard. Surchargé, le foie élimine alors mal les toxines et on paye généralement ces bonnes soirées d'un mauvais sommeil et d'un réveil difficile.

Buvez beaucoup, mais de l'eau !

L'eau reste la meilleure des boissons et le seul vrai moyen d'hydratation du corps.

Tous les aliments en contiennent et une partie de l'eau dont nous avons besoin est donc absorbée en même temps que l'alimentation.

Mais cela ne suffit pas.

Il faut boire en dehors des repas, au réveil et au coucher.

Dans la mesure du possible, buvez entre 1 et 1,5 litre par jour. La quantité est également fonction de votre mode de vie : en cas d'effort soutenu, de fatigue, de séjour prolongé dans des pièces surchauffées... il faut évidemment boire plus.

La journée d'un enfant

Parce qu'ils grandissent, les enfants ont besoin d'une attention particulière. Et même si la mode est au laxisme et au laisser-faire, ne transigez pas : leur santé future dépend de la qualité de leur alimentation entre trois et douze ans.

Petit déjeuner : indispensable si l'on veut éviter coups de pompe et manque de concentration à l'école.

LAIT : Les enfants ont la particularité de très bien digérer le lait et il est conseillé de leur en donner le matin le plus longtemps possible car il leur apporte du *calcium*, élément indispensable à leur croissance.

Il arrive qu'à un certain âge (vers sept ou huit ans) ils n'en aient plus envie. On peut alors le remplacer par une autre source de calcium, comme le fromage, le yoghourt, les petits suisses...

CÉRÉALES : corn flakes ou flocons d'avoine, blé et riz soufflé ...

PAIN : blanc ou complet en alternance (évitez le pain trop frais et le pain de mie) avec du beurre ou de la confiture.

PROTÉINES : jambon, ou œuf coque, ou blanc de poulet de temps en temps.

CHOCOLAT : de temps en temps.

FRUITS : quelques fruits secs : trois à cinq amandes, noix ou noisettes non salées, ou quelques pruneaux.
Fruits frais ou jus de fruits.

Midi

Repas semblable à celui des adultes.

10 h et 17 h : des goûters intelligents

Parce qu'ils se dépensent énormément, les enfants ont absolument besoin de prendre quelque chose vers 10 heures le matin et 17 heures l'après-midi. La plupart ne s'en privent d'ailleurs pas et le goûter est un rite auquel sacrifient 99,99 % des petits Français. Mais quel goûter ? Bonbons, sucreries, pains au chocolat et autres biscuits et pâtisseries industriels sont généralement la base de ces petits repas qui devraient servir à recharger l'énergie et se transforment en overdose de sucres rapides. Résistez aux vitrines des boulangeries (mais un pain au chocolat n'est pas interdit de temps en temps).

Donnez-leur à emporter ou préparez, en alternance :
Banane écrasée, ou fruits, ou yoghourts, ou un bol de corn-flakes, ou pain et chocolat, ou un morceau de fromage.

Le soir

Un enfant doit dîner tôt et légèrement.

S'il fait un repas trop copieux, et a fortiori s'il dîne juste avant d'aller se coucher, on risque cris, cauchemars, insomnies, pipis au lit.

De surcroît l'enfant dormira mal, sera fatigué au réveil, et parce qu'il sera fatigué, il sera aussi plus sensible aux diverses affections infantiles (rhumes, rhino-pharyngites...).

Aliments : amis ou ennemis ?

LA BASE D'UNE ALIMENTATION ÉQUILIBRÉE	CONSOMMER AVEC MODÉRATION	ÉVITER
PROTÉINES VIANDES viande blanche (veau) *viandes maigres* volailles (poulet, pigeon, dinde, pintade) cheval gibier (perdrix, lièvre, lapin, faisan)	viandes rouges sans graisse visible *les viandes grasses* : oie (teneur en lipides 33%) porc (teneur en lipides 30%) canard (teneur en lipides 18%) mouton (teneur en lipides 17%) *Abats* : foie, rognons, cervelle, tripes (riches en cholestérol) jambon bien dégraissé	viandes grasses viandes pré-emballées et cuisinées charcuteries (trop grasses)
POISSONS *poissons maigres :* colin, cabillaud, raie, truite, daurade, sole, limande, sardine, rouget	*poissons gras :* anguille, thon, saumon, maquereau, anchois, murène *coquillages et crustacés* (contiennent beaucoup de cholestérol)	poissons conservés à l'huile (sardines ou harengs) poissons salés et fumés
ŒUFS Œufs mollets ou à la coque (2 à 6 par semaine)	Œufs durs	Œufs frits omelette
LIPIDES	beurre frais et margarine crème fraîche huiles : arachide, olive, maïs, tournesol, pépins de raisin, végétaline	graisses animales : saindoux, graisse d'oie bardes des rôtis charcuteries
GLUCIDES pain à base de farine complète bien cuit (pain de campagne, pain bis)	biscottes	pain congelé
NB : **le pain frais est plus difficile à digérer que le pain rassis** **la mie est plus difficile à digérer que la croûte**		
céréales non sucrées : flocons d'avoine, blé et riz soufflé corn-flakes, muesli pâtes riz (blanc ou brun)	chocolat pâtisseries maison miel sucre	pâtisseries industrielles confiseries

LAITAGES lait écrémé yoghourts natures fromage frais à 0 %	fromages (lourds à digérer et riches en lipides) yoghourts aux fruits (trop sucrés) lait entier (riche en lipides)	fromages gras *les pâtes cuites*, (les plus gras ; gruyère, comté...) crèmes et glaces industrielles à base de lait et de crème
FRUITS *NB :* **préférez les fruits de saison, les conserves de fruits dans leur jus sans supplément de sucre, les compotes et sorbets faits maison**		
banane (teneur en sucre 25%) raisin (teneur en sucre 17%) pomme, cerise, poire, groseille, mandarine (15%) orange, pamplemousse (10%) fraise, citron (6%)	fruits secs : raisins, abricots, noix, noisettes, amandes oléagineux : châtaignes, cacahuètes avocat confitures faites maison	fruits trop mûrs fruits secs salés (noisette, amande, cacahuète, noix de cajou) noix de coco confitures et sorbets industriels confiseries (pâtes de fruits, bonbons acidulés...)
LÉGUMES *NB :* **consommez rapidement les légumes frais pour préserver leur teneur en vitamines.** **Les conserves premier choix sans supplément de sel sont acceptables.**		
salades (toutes) herbes aromatiques (toutes) choux (verts, rouges, fleur) haricots verts épinards courgettes concombres fenouils radis	*légumes à teneur en glucides élevée :* carottes navets céleris betteraves tomates oignons pommes de terre *légumes en graines à haute teneur en glucides* (18 à 20 %) *et en amidons :* petits pois lentilles haricots blancs	légumes conditionnés sous plastique soupes instantanées purées instantanées chips olives

Boire

À VOLONTÉ	AVEC MODÉRATION	ÉVITER
eau Eaux minérales, peu minéralisées (Evian, Vittel, Volvic)	Eaux gazeuses Eaux fortement minéralisées (Perrier, Vichy, Contrexeville, Vittel, Hépar...)	Boissons gazeuses sucrées (sodas, limonades, Coca...)
jus de fruits frais jus de légumes frais	infusions ou tisanes traitantes café léger ou décaféiné thé (infusé trois minutes pas plus) chocolat au lait (préparé avec du cacao non sucré)	jus de fruits en conserve sirops
Infusions de feuilles ou fleurs aromatiques : verveine, camomille, romarin, thym	bouillons de viande(préalablement dégraissée)	café fort café au lait thé fort thé au lait
bouillons et potages de légumes (riches en sels minéraux)	vin (de préférence rouge) un verre par repas	apéritifs digestifs alcools blancs liqueurs

NB : **Évitez de boire glacé ou trop chaud**

VRAI

— les graisses cuites ralentissent la digestion
— les fromages gras sont difficiles à digérer (ex. : le gruyère)
— l'huile d'olive est plus difficile à digérer si on y ajoute de l'ail
— il faut éviter de mélanger au même repas féculents et légumes secs
— yoghourt et miel ne vont pas ensemble
— un plat de légumes secs peut remplacer la viande
— l'excès de graisses animales peut déclencher un infarctus
— la vitamine C est détruite par la cuisson
— le beurre est le moins nocif des corps gras animaux
— en grande quantité, les fruits font grossir

FAUX

— l'alcool aide à lutter contre le froid
— l'orange est le fruit le plus riche en calcium (le kiwi et le cassis en contiennent plus)
— boire à table aide à digérer
— le yoghourt est décalcifiant
— il faut manger de la viande tous les jours
— le lait est mauvais pour les adultes
— la viande donne des muscles
— l'épinard est l'aliment le plus riche en fer (c'est le chocolat)
— les légumes surgelés ou en conserves ne contiennent plus de vitamines
— quand il fait chaud, il faut boire froid

Les produits laitiers

LE LAIT

Riche en protéines et en calcium le lait est, sans conteste, l'un des meilleurs aliments pour les adultes comme pour les enfants.

Il apporte de surcroît du calcium, du phosphore, du magnésium, du soufre, du sodium, du potassium, du lactose, glucide qui favorise l'assimilation du calcium et des vitamines : B2 et (mais seulement dans le lait entier) A et D. En revanche, le lait contient très peu de vitamine C.

Certaines personnes sont allergiques au lait. Ce sont souvent les gens auxquels on a cessé de donner du lait trop tôt dans leur enfance.

Lorsqu'ils en boivent longtemps après, étant devenus adultes, ils manifestent leur intolérance, voire une réelle allergie. Ces troubles s'estompent souvent s'ils se réhabituent lentement et progressivement.

Le lait est déconseillé aux personnes souffrant de colite, de ballonnements, ou autres troubles neuro-végétatifs.

Il est préférable en ce cas de le supprimer complètement pendant un mois ou deux, puis de le réintroduire progressivement dans l'alimentation.

LE FROMAGE

Le fromage possède les mêmes qualités diététiques que le lait, mais :
— il fait grossir et est donc déconseillé aux personnes qui veulent maigrir ;
— il est lourd à digérer, et peut donc être mal toléré.

Dans tous les cas, il est conseillé de le consommer en dehors des repas.

LE YOGHOURT

Le yoghourt nature favorise l'assimilation du calcium et apporte la même valeur nutritive qu'un verre de lait, tout en étant peu calorique (60 calories).

Les féculents

Les féculents comprennent : le pain
les céréales
les légumes secs
les pommes de terre, les pâtes, le riz
les semoules.

Les féculents sont des glucides à assimilation lente, indispensables à une alimentation équilibrée.

Ils sont particulièrement recommandés aux grands sportifs et aux enfants.

Mangés lentement, ils sont particulièrement digestes et apportent à l'organisme, et au système musculaire en particulier, l'énergie nécessaire pour supporter des efforts soutenus. (Ils sont la base de l'alimentation des tennismen, danseurs, skieurs, coureurs de fond, etc.)

CONSEIL

Je conseille à mes patients, si leur système neuro-végétatif est fragile, de cuire les féculents dans *trois eaux différentes* pour éliminer au maximum l'amidon qu'ils contiennent et qui est difficile à digérer.

Au bout de trois minutes dans l'eau bouillante, les féculents rejettent une partie de leur amidon (l'eau devient blanchâtre).

Il faut alors les verser dans une passoire, les rincer à l'eau fraîche, et reprendre la cuisson dans une nouvelle eau.

Au bout de deux ou trois rinçages, les féculents auront perdu leur amidon, mais conservé leurs excellentes propriétés de protéines végétales.

Ils ne vous feront pas grossir, mais augmenteront votre potentiel énergétique, et auront une action bénéfique sur votre peau, vos cheveux et vos ongles.

LES FÉCULENTS SONT DÉCONSEILLÉS EN CAS

— d'obésité : demandez conseil à votre médecin ;
— de troubles neuro-végétatifs sévères : il faut les diminuer sérieusement, sans les supprimer tout à fait.

Le pain

Le pain est un élément de base de l'alimentation de l'enfant et de l'adulte.

À base de céréales, il apporte des glucides à digestion lente, mais aussi des protéines et des vitamines du groupe B.

Contrairement à ce que l'on dit souvent, *le pain ne fait pas grossir* et les nutritionnistes conseillent d'en consommer de 150 à 250 grammes par jour, même en cas de régime amaigrissant.

Le pain est très digeste si on le mastique bien pour qu'il se mélange intimement à la salive. Si on l'avale sans le mâcher, il peut provoquer des ballonnements, des flatulences, des gaz, des lourdeurs.

Il est préférable de consommer le pain le matin, au petit déjeuner. Les enfants peuvent le prendre aussi pour le goûter.

Tous les pains sont autorisés, mais :
la mie de pain blanc, le pain trop frais ou chaud, le pain complet et le pain au son, sont plus lourds à digérer que le pain légèrement rassis ou le pain de campagne.

On dit que le pain au son est efficace contre la constipation :
c'est vrai dans la mesure où il contient beaucoup de fibres, mais 2 ou 3 verres d'eau pris à jeun au réveil seront tout aussi efficaces et bien plus digestes.

Le pain est déconseillé en cas

— d'obésité ;
— de diabète ;
— de troubles intestinaux sévères.

La viande rouge

La viande est riche en protéines et en acides aminés essentiels, ainsi qu'en vitamines (toutes les vitamines B, et notamment la vitamine B 12) et en fer mais elle contient aussi des graisses, et il est préférable de ne pas en manger plus de deux fois par semaine.

Choisissez une viande maigre de première catégorie, et les morceaux pris dans les cuisses ou le dos de l'animal.

Si vous achetez de la viande hachée, exigez que le boucher la prépare devant vous et consommez-la dans les quelques heures qui suivent.

Évitez de cuire la viande dans des graisses : préférez les grillades, les rôtis, les cuissons à l'étouffée.

La viande rouge peut être remplacée par :

— une viande blanche ou une volaille (moins grasse) ;
— un poisson ;
— des légumes secs ;
— des œufs ;
— des céréales.

CONSEIL

Si vos enfants n'aiment pas la viande rouge, ne les forcez pas à en manger.

Les fruits

Les fruits sont riches en eau, en fibres et en sucre. Ils sont riches en potassium et pauvres en sodium. La plupart contiennent du calcium. Ils ont donc une bonne valeur énergétique, mais peuvent aussi présenter quelques inconvénients.

Médecins, nutritionnistes, naturophates... ont sur les fruits des avis différents. Pour certains, il faut les consommer au début du repas, pour les autres, cela n'a pas d'importance. Les uns déconseillent de les mélanger avec tout autre aliment, les autres préconisent de les prendre le matin à jeun.

Pour ma part, après avoir essayé, et fait essayer toutes les solutions possibles à des patients atteints de troubles neuro-végétatifs, j'ai pu observer que :

— les fruits pris à jeun le matin irritent l'estomac. Pour éviter cet inconvénient, boire deux grands verres d'eau dix minutes au moins avant le petit déjeuner. Mais une personne en bonne santé peut sans inconvénient prendre des fruits le matin.

— certaines personnes digèrent mal les fruits pris à la fin du repas.

Mais seule l'expérience permettra de juger si c'est votre cas.

Prenez alors des fruits en dehors des repas, et si possible dans la journée plutôt que le soir :

— un ou deux fruits par jour sont suffisants ;

— les fruits cuits ou en compotes sont plus digestes, mais perdent beaucoup de leurs vitamines.

Les œufs

L'œuf est sûrement l'un des aliments auxquels s'attachent le plus d'idées fausses.

Ainsi, et contrairement à ce que l'on croit le plus souvent :

— l'œuf est plus nourrissant que la viande (chaque œuf contient 8 g de protéines). Il contient également des sels minéraux et des vitamines.

— et bien plus digeste : il ne fait pas « mal au foie ».

On peut en manger de 2 à 6 par semaine sans aucun inconvénient. Les consommer de préférence mollets ou à la coque (le blanc doit être coagulé et le jaune encore fluide). Seuls les œufs durs sont difficiles à digérer car les sucs digestifs ont du mal à les attaquer.

— s'il est en effet riche en cholestérol, sa consommation n'est jamais suffisante pour expliquer une augmentation importante du taux de cette substance dans le sang.

Les légumineuses

Les légumineuses sont les petits pois,
pois chiches,
pois cassés
haricots
lentilles
fèves.

Ils sont si riches en protéines (souvent plus que la viande) qu'on les appelle les protéines végétales. Ils apportent aussi du fer, du phosphore, du magnésium, du calcium. En revanche il leur manque certains acides aminés essentiels.

Les légumes secs conviennent très bien aux organismes solides, aux travailleurs manuels, aux grands sportifs.

Consommés une ou deux fois par semaine, en petite quantité, ils sont excellents pour la santé et remplaceront la viande.

Mais n'en abusez pas : leur excès peut provoquer des intolérances, des fermentations intestinales, des migraines, des hémorroïdes, des rhumatismes, de la goutte.

Choisissez de préférence les légumineuses fraîches (petits pois) si vous avez tendance à avoir des problèmes digestifs.

Les graisses huiles : beurre, margarine

LE BEURRE

Contient des lipides (82 à 84 %) et de l'eau (12 à 16 %). C'est une excellente source de vitamine A. Mais il est riche en cholestérol et en acides saturés et il faut éviter d'en consommer plus de 30 g par jour.

Les obèses et les patients atteints de pancréatite doivent l'éviter le plus possible.

Il se digère mieux cru que cuit, car il se dénature au-dessus de 130°. Il faut donc l'utiliser avec modération. Méfiez-vous de la cuisine au beurre !

LA MARGARINE

Elle peut être d'origine animale ou végétale.

Donc, elle est moins digeste que le beurre, et tout aussi calorique.

Cuite, elle se dénature comme le beurre au-dessus de 130°, et ne supporte pas la friture. Il est déconseillé de l'employer dans les pâtisseries.

LES HUILES

Sont des corps gras pratiquement purs qu'il vaut mieux consommer en petite quantité.

Les huiles de maïs, de tournesol, de soja, apportent autant de calories que les autres (900 pour 100 g).

Le chocolat

On en dit du mal et pourtant... le chocolat est énergétique, tonique, riche en vitamine B, en magnésium, en potassium, en phosphore et en fer.

On a même découvert qu'il apaise les chagrins d'amour !

Malgré tout n'en abusez pas, car il est aussi :

— calorique : 500 calories pour 100 g.

— souvent enrichi en additifs divers (lécithine, vanille...)
et il ouvre l'appétit.

Plats en sauce

L'organisme ne peut digérer les plats en sauce ou trop gras.

Ceux-ci laissent donc à la longue sur les parois artérielles des dépôts de cholestérol. Les vaisseaux durcissent, la circulation se ralentit, et les maladies cardio-vasculaires apparaissent.

Un conseil

Si vous avez un faible pour les plats en sauce et les nourritures un peu riches, n'en prenez pas plus d'une fois par semaine. Et le lendemain, faites attention pour permettre à votre organisme de bien éliminer.

Charcuteries

Les charcuteries sont riches en protéines, mais surtout en graisses saturées, et il est peu recommandé d'en consommer très souvent.

Le jambon et certaines saucisses sont relativement peu caloriques, mais les pâtés et autres rillettes sont de toute évidence à classer dans les aliments qui font grossir.

Facile d'emploi, elle est souvent pratique.

Mon conseil : pas plus d'une fois par semaine.

L'eau

L'eau nous est indispensable.

Elle baigne nos fibres, transporte les éléments nutritifs dans l'organisme, participe aux échanges cellulaires, ralentit le vieillissement...

Il faut donc boire de l'eau chaque jour, en quantité suffisante et ne jamais attendre le moindre signe de déshydratation (bouche sèche, peau sèche, fièvre...)

Boire nous est donc aussi naturel que respirer.

Le matin au réveil, buvez un ou deux grands verres d'eau à jeun.

À table, un ou deux verres par repas suffisent.

Pendant la journée : 1 à 1,5 litre (cette quantité peut augmenter de manière importante en cas d'activité physique intense par exemple).

Buvez lentement, à petites gorgées : l'eau ne doit pas tomber lourdement dans l'estomac.

Buvez tempéré : l'eau glacée ou brûlante attaque brutalement la paroi stomacale.

Méfiez-vous de l'eau du robinet

L'eau potable l'est de moins en moins et les spécialistes s'alarment.

On y retrouve de plus en plus souvent des traces de nitrates (utilisés dans les engrais agricoles) en quantité supérieure à celle considérée comme acceptable. Dans les régions comme la Beauce, l'eau est carrément impropre à la consommation. Les nitrates provoquent un syndrome parfois mortel, dit « cyanose du nourrisson » et ils sont soupçonnés d'être cancérigènes. Si vous êtes dans une région « à risque », il est prudent de boire de l'eau minérale.

Les eaux minérales

Choisissez, si vous en consommez beaucoup, une eau peu minéralisée : Evian, Volvic...

Les eaux très minéralisées (Vichy, Contrexéville...) contiennent des principes actifs et seul votre médecin saura vous conseiller celle qui vous convient.

Les infusions
Les tisanes ont bonne réputation et certaines possèdent certainement des propriétés dont il faut tenir compte.

Personnellement, je considère qu'elles sont un bon moyen d'hydratation à condition

— d'éviter les infusions irritantes (amincissantes, laxatives, etc.) ;
— de choisir systématiquement des infusions de fleurs ou de plantes calmantes et adoucissantes :

camomille, verveine, romarin,thym, tilleul.

Un conseil : buvez l'infusion tiède, une demi-heure avant ou après le repas.

Interdits : les mélanges sauvages.

Chaque plante a des propriétés spécifiques et si on admet que, bien utilisée, elle soigne, il faut admettre aussi que prise dans de mauvaises conditions par un profane, elle aura l'effet inverse. On ne compte pas les irritations, diarrhées, brûlures, déminéralisations, gastrites... dues à une utilisation inconsidérée de plantes ou de fleurs sous prétexte que tel « auteur » célèbre en avait fait l'éloge.

Vin et alcool

L'alcool, sous toutes ses formes, est dangereux pour l'organisme.

Il attaque le système nerveux, diminue les réflexes. Il faut y renoncer totalement si on conduit, ou si on exerce un métier demandant une certaine vigilance (usine, chantier...).

Plus gravement encore : il détruit les cellules, provoquant un vieillissement prématuré de tous les organes et le flétrissement de la peau, et amoindrit nos défenses immunitaires.

En moindre quantité, il rend agressif, violent, anxieux, et, comme toute drogue, a des conséquences non seulement physiques mais psychologiques.

Faut-il supprimer totalement l'alcool ?

Il serait malgré tout dommage d'interdire l'alcool dans un pays qui produit les meilleurs alcools et vins du monde.

Mais il faut être intraitable sur les quantités : l'alcool peut être un plaisir, il peut aussi détruire un individu (il reste, aujourd'hui encore, une des principales causes de mortalité en France).

La règle d'or, pour l'alcool plus que pour tout autre aliment, doit être la modération ;

— ne buvez jamais d'alcool à jeun ;
— n'obligez pas votre organisme à assimiler et éliminer plusieurs doses d'alcool par jour : boire ne doit pas devenir systématique.
— méfiez-vous de cet alcoolisme insidieux, qu'on appelle « mondain » et qui s'installe sans que nous en ayons conscience, de cocktails répétés en dîners trop arrosés.
— Ne mélangez jamais les alcools :
le cocktail apéritif plus vin et digestif est explosif.

LE VIN

Mieux vaut boire un très bon vin de temps en temps (sans dépasser un demi-litre par repas) que tous les jours un vin ordinaire. Méfiez-vous des vins trafiqués ou coupés toujours acides.

Vous éviterez ainsi les inconvénients du vin pour profiter de ses qualités qui, bien utilisées, ne sont pas négligeables.

Le vin contient, outre 80 % d'eau, du glucose, du fructose, du potassium, du calcium, du magnésium, du sodium et (en petites quantités) des vitamines.

Grâce à son tanin, et à sa légère acidité, il facilite la digestion des viandes et du fromage et excerce une action tonique.

LA BIÈRE

Boisson fermentée à base d'orge germé, d'eau, de houblon, de levure, la bière contient des glucides (4 à 7 %), du sodium, du potassium, du magnésium et quelques vitamines du groupe B.

Sa teneur en alcool varie généralement de 2 à 5,5 %.

Comme toutes les boissons gazeuses elle peut provoquer ballonnements et coliques, et elle fait grossir.

Elle est déconseillée en cas de troubles neuro-végétatifs, d'ulcère, de gastrite, de colopathie, de hernie diaphragmatique et dans les régimes amincissants.

Chez les individus en bonne santé, bue ni trop vite ni trop glacée, et en quantité modérée, elle stimule les fonctions digestives.

21 jours de menus équilibrés

Composer des menus équilibrés est une habitude à prendre.

Pour vous y aider, nous en avons conçu 21 *à titre d'exemples.*

Avant de les préparer — ou de vous en inspirer — sachez comment :
— les composer et les erreurs à ne pas commettre
— choisir et acheter de bons produits
— cuire les aliments
— organiser votre cuisine idéale ;

Composer le menu

La seule règle importante à respecter pour qu'un repas apporte un maximum d'éléments nutritifs est d'en varier le plus possible les composants. Le reste est affaire de bon sens et consiste seulement à éviter les mariages trop gras, trop riches ou trop épicés qui perturberaient la digestion.

Un repas ne doit pas comporter

— plusieurs féculents : par exemple, une salade de pomme de terre en entrée et du riz pour légume ;
— deux plats riches en graisse : thon ou sardines à l'huile et friture ;
— plusieurs protéines : viande et œufs, ou viande et poisson ;
— un plat unique de légumes, sans entrée ni dessert ;
— plusieurs aliments hypercaloriques : charcuterie et frites ;
— plusieurs aliments susceptibles de provoquer des ballonnements ou des fermentations intestinales : concombre et chou farci, tomates et artichauts, frites et pain...
— plusieurs aliments à effet laxatif : melon, épinards et pruneaux.

Choisir et acheter

Une bonne alimentation commence au marché ou chez les commerçants de votre quartier, lorsque vous faites vos courses. Aussi, ne vous laissez ni séduire ni convaincre : de vos achats dépendent la qualité et la valeur nutritive de vos repas familiaux :

— Touchez et sentez les fruits et les légumes : une salade flétrie, une poire blette ne vous échapperont pas (un bon vendeur n'hésitera pas à vous faire goûter ses produits si vous le souhaitez).

— Tenez-vous en à votre liste et n'achetez pas de produits superflus dont vous n'auriez pas l'usage immédiat : si vous les gardez trop longtemps, ils perdront leurs éléments nutritifs.

— N'achetez pas, sous prétexte que c'est moins cher, de conditionnements trop volumineux (boîtes « familiales », lots de plusieurs paquets...). Ils vous obligent soit à une surconsommation, soit à les stocker au-delà de la date de péremption.

— Achetez toujours en fonction des saisons les fruits, les légumes, le poisson, et même certaines viandes.

— Méfiez-vous des produits dits « diététiques » : ils sont toujours plus onéreux et rarement meilleurs.

— Si vous achetez dans une grande surface, préférez les produits en vrac que vous pouvez choisir vous-même aux produits pré-emballés sous plastique.

— Évitez systématiquement les agrumes pré-lavés, pré-cuits, pré-coupés... Ainsi que les salaisons (jambon, saucisson...), les pains, et d'une manière générale, tous les produits préparés et conservés artificiellement.

— Regardez bien la date limite de vente lorsqu'elle est indiquée.

Votre meilleure garantie

Choisissez bien vos commerçants et soyez leur fidèle. S'ils vous connaissent, ils sauront vous conseiller judicieusement. Commentez la tendresse d'un rôti, la fraîcheur d'un poisson, le croquant d'une pomme, mais dites aussi franchement ce qui vous a déplu : vous n'en serez que mieux servie la prochaine fois.

Conservez sans abîmer

— Rangez au frais tous les produits laitiers,
les fruits (sauf les bananes)
les légumes
le poisson
la viande.

— Gardez les huiles à l'abri de la lumière et du soleil

— Si vous avez un congélateur, utilisez-le : il protège parfaitement les qualités de base des aliments. Et si vous ne pouvez faire votre marché qu'une fois par semaine par exemple, il conservera au mieux viande et poisson.

Une précaution toutefois : rangez-y tous les aliments dans les sacs spéciaux prévus à cet effet après les avoir hermétiquement clos.

Cuire les aliments :

Au gril

Cette cuisson a l'avantage d'éviter l'utilisation de matière grasse.

On peut cuire au gril dans un four (électrique, au gaz, à infrarouges...), sur une plaque de fonte simplement posée sur le gaz ou, comme autrefois, sur un feu de bois, ou avec un appareil spécialement conçu pour cet usage.

Parfumez viandes et poissons avec un mélange d'herbes : ciboulette, persil, ail écrasé, oignons, thym, laurier, romarin...

À la poêle ou en sauteuse

Utilisez un minimum de matière grasse (les revêtements anti-adhésifs actuels le permettent sans difficulté).

Saisissez d'un côté, puis retournez.

Si le morceau est trop gros, baissez le feu et couvrez quelques minutes.

Lorsque les aliments sont cuits, posez-les quelques instants sur un papier absorbant qui éliminera l'excès de graisse.

N'utilisez jamais une huile de friture plus de deux ou trois fois.

Filtrez l'huile après chaque usage.

Conservez-la dans un récipient fermé, à l'abri de l'air et de la lumière.

En papillote

L'aliment est emballé dans du papier d'aluminium et cuit au four, ou dans les braises. On peut ajouter des herbes (ciboulette, persil, estragon, basilic...), des aromates (thym, laurier...) ou des épices (cannelle...).

C'est un mode de cuisson particulièrement diététique puisqu'il évite toute matière grasse. Il garde tout leur goût aux aliments.

Au bain-marie

L'aliment est mis dans un plat, ou une casserole, lui-même mis dans un plat plus grand contenant de l'eau.

La cuisson se fait alors au four ou sur la plaque de la cuisinière.

Ce mode de cuisson un peu long est surtout utilisé pour les flans, crèmes, pâtisseries, mais il est aussi très pratique pour réchauffer un plat déjà préparé sans qu'il attache.

À la vapeur

Mode de cuisson de prédilection des poissons et des légumes.

Enveloppez le poisson d'algues, parfumez l'eau d'herbes ou d'aromates pour donner du goût.

C'est sûrement le plus diététique de tous les modes de cuisson.

À l'étouffée

Cuisson utilisée pour certains plats de viande (celle-ci doit être dégraissée au préalable) et de légumes.

Les aliments cuisent dans leur jus, qui, en s'évaporant, crée une condensation à l'intérieur de la marmite.

Cuisson parfaite si on ne rajoute pas de matière grasse.

Votre cuisine idéale

Une cuisine bien équipée n'est pas une cuisine sophistiquée.

Si vous avez l'envie ou les moyens de vous offrir les appareils les plus modernes, tant mieux. Mais quelques ustensiles suffisent à préparer la meilleure des cuisines, et le matériel indispensable se résume à peu de choses :

— *Une série de casseroles et de poêles anti-adhésives* qui n'attachent pas et permettent d'utiliser un minimum de corps gras.

  Attention : leur entretien exige quelques précautions :

  Ne les nettoyez pas avec des éponges ou tampons abrasifs.

  Évitez les instruments métalliques pour retourner les aliments en cours de cuisson.

— *un four ;*
— *un gril, ou le gril de votre four ;*
— *une cocotte pour cuisson à la vapeur ;*
— *une cocotte en fonte ;*
— *des plats pour le four ;*
— *quelques spatules en bois ;*
— *une écumoire ;*
— *une planche en bois pour découper ;*
— *un mixer pour les purées, soupes... ;*
— *une râpe électrique pour émincer les légumes ;*
— *un hachoir pour les fines herbes, les oignons, l'ail ;*
— *du papier d'aluminium ;*
— *des rouleaux de papier absorbant.*

Les menus jour par jour

1er Jour

PETIT DÉJEUNER

- fruit de saison à croquer sans la peau
- infusion de thym
- corn flakes au lait tiède demi-écrémé
- œuf à la coque
- pain grillé

DÉJEUNER

- carottes rapées assaisonnées au jus de citron, huile d'olive, persil
- rôti de bœuf
- endives braisées
- pain
- infusion de verveine

GOÛTER

- fromage blanc à 0 % de matière grasse, légèrement sucré

DÎNER

- salade verte et herbes
- poisson au court bouillon (lieu, colin, colineau, cabillaud)
- gâteau ou yoghourt

2e Jour

PETIT DÉJEUNER

- infusion de romarin
- blanc de poulet froid
- biscottes beurrées
- yoghourt nature
- compote de pommes à la cannelle

DÉJEUNER

- salade verte (assaisonnement : citron, huile, persil, ciboulette)
- spaghettis, basilic, beurre frais
- sorbet au cassis

GOÛTER

- fruit de saison

DÎNER

- jardinière de légumes, avec beurre frais et persil
- filet de poisson grillé, jus de citron
- flan maison au caramel

3e Jour

PETIT DÉJEUNER

- pamplemousse entier
- infusion de chicorée
- riz au lait
- biscuits secs

DÉJEUNER

- crudités (céleri en branche, radis, choux...)
- fromage blanc salé, poivré et parfumé aux herbes (ciboulette, persil)
- omelette nature aux pointes d'asperges
- infusion de verveine

GOÛTER

- tarte aux pommes

DÎNER

- haricots verts, beurre frais, persil
- poulet grillé à l'estragon
- compote de fruits de saison

4e Jour

PETIT DÉJEUNER

- thé léger
- sardines grillées ou en boîte sans huile
- pain complet grillé, beurré
- compote de fruits de saison

DÉJEUNER

- salade de choux rouge
- poisson grillé pommes vapeur, beurre frais et persil

GOÛTER

- fruit de saison

DÎNER

- salade verte : Batavia ou scarole (assaisonnement : citron, huile, herbes)
- jambon maigre
- flan maison au chocolat

5e Jour

PETIT DÉJEUNER

- chocolat au lait
- céréales (corn flakes ou flocons d'avoine)
- compote de pêches

DÉJEUNER

- salade d'endives et noix (assaisonnement citron, huile, persil)
- soufflé au fromage
- infusion de verveine

GOÛTER

- fruit de saison

DÎNER

- salade de laitue (assaisonnement : vinaigre, huile, herbes)
- escalope de veau grillée
- haricots verts et beurre frais
- yoghourt nature

6e Jour

PETIT DÉJEUNER

- orange pressée
- thé léger et citron
- tomme de Savoie ou Beaufort
- pain complet grillé, beurré

DÉJEUNER

- salade verte (batavia ou scarole)
- pot au feu dégraissé et ses légumes (céleri, carottes, poireaux, fenouil...)
- infusion de verveine

GOÛTER

- yoghourt nature

DÎNER

- riz blanc cuit à la vapeur beurre frais, persil
- courgettes
- pomme au four

7e Jour

PETIT DÉJEUNER

- infusion de verveine
- poisson cru, avec citron, persil
- pain grillé, beurré
- compote de fruits de saison

DÉJEUNER

- salade de lentilles (assaisonnement persil, citron, huile)
- salade verte
- crème caramel

GOÛTER

- fruit de saison

DÎNER

- haricots verts, beurre frais, persil
- escalope de dinde grillée
- infusion de tilleul

8e Jour

PETIT DÉJEUNER

- pain grillé, beurré
- confiture maison
- blanc de poulet
- café léger

DÉJEUNER

- crevettes grises ou roses fraîches
- poisson poché (colin, cabillaud, lieu...) assaisonnement beurre fondu, persil, citron
- petits légumes à la vapeur
- yoghourt nature

GOÛTER

- fruit de saison

DÎNER

- salade verte (batavia, scarole) assaisonnement vinaigre, huile d'olive, persil, ciboulette...
- jambon maigre
- compote de pommes
- infusion de verveine

9e Jour

PETIT DÉJEUNER
- jus de légumes (carottes, céleri...)
- infusion de chicorée
- poisson froid (assaisonnement jus de citron, persil)
- pain de seigle beurré
- yoghourt

DÉJEUNER
- salade d'endives et pommes vertes (assaisonnement huile d'olive, citron, persil)
- omelette aux fines herbes
- infusion de verveine

GOÛTER
- compote de fruits

DÎNER
- salade de mâche (assaisonnement citron-huile-herbes)
- poulet grillé au citron
- fromage blanc 0 % de matière grasse
- infusion de tilleul

10e Jour

PETIT DÉJEUNER
- fruit de saison
- lait tiède demi-écrémé
- riz blanc cuit à la vapeur
- œufs brouillés

DÉJEUNER
- crevettes grises
- 12 huîtres et citron
- salade verte (scarole, frisée...)
- tarte maison

GOÛTER
- yoghourt nature

DÎNER
- spaghettis, beurre frais et basilic
- salade de laitue, assaisonnement : citron et herbes
- infusion de verveine

11e Jour

PETIT DÉJEUNER

- jus de fruits
  1/3 pamplemousse
  1/3 orange - 1/3 citron
- infusion de thym
- viande froide
- pain complet beurré
- yoghourt

DÉJEUNER

- salade de laitue, (assaisonnement citron, herbes : ciboulette, persil)
- frites
- crème à la vanille

GOÛTER

- tarte aux pommes

DÎNER

- légumes à la vapeur
- sole grillée et citron
- infusion de tilleul

12e Jour

PETIT DÉJEUNER

- miel à jeun
- pain grillé beurré
- céréales au lait tiède demi-écrémé et aux fruits secs (raisins, abricots...)

DÉJEUNER

- salade de mâche (assaisonnement huile et citron, herbes)
- foie de veau grillé
- émincé de légumes (carottes, céleri, fenouil)
- infusion de verveine

GOÛTER

- fruit de saison

DÎNER

- salade de laitue aux herbes (persil, ciboulette)
- langoustines tièdes, jus de citron
- crème au citron

13e Jour

PETIT DÉJEUNER

- jus de pamplemousse
- infusion de verveine
- jambon blanc maigre
- pain de campagne beurré, persil
- petit suisse

DÉJEUNER

- radis
- jardinière de légumes (petits pois, carottes, oignons, céleri) beurre frais
- gâteau au chocolat

GOÛTER

- fruit de saison

DÎNER

- salade verte assaisonnement : vinaigre, huile, herbes ciboulette, persil
- gambas grillées et jus de citron
- infusion de tilleul

14e Jour

PETIT DÉJEUNER

- infusion de malt
- fromage blanc 0 % de matière grasse mixé avec fruit frais de saison
- œuf à la coque
- biscottes beurrées, persil

DÉJEUNER

- salade verte (frisée, scarole) assaisonnement citron, huile, herbes
- pintade aux choux (cuisson à la cocotte)
- sorbet à la fraise

GOÛTER

- biscuits secs
- infusion de verveine

DÎNER

- salade de poisson aux herbes (citron, coriandre, ciboulette)
- riz blanc cuit à la vapeur et beurre frais
- flan au caramel

15e Jour

PETIT DÉJEUNER

- orange pressée
- infusion de romarin
- fromage à pâte dure (gruyère, comté, beaufort...)
- pain de campagne grillé beurré

DÉJEUNER

- jardinière de légumes
- cervelle pochée (citron et persil)
- tarte maison

GOÛTER

- fruit de saison

DÎNER

- salade verte à la ciboulette
- poisson en papillote. Garniture : tomates sans la peau, oignons et aromates, laurier, thym, persil
- crème à la vanille

16e Jour

PETIT DÉJEUNER

- jus de fruits 1/2 orange 1/2 citron
- thé léger nature
- œufs brouillés, persil
- pain beurré

DÉJEUNER

- salade verte à la ciboulette
- gigot grillé
- haricots verts et beurre frais
- sorbet à la pomme

GOÛTER

- fruit de saison

DÎNER

- salade verte, assaisonnement citron, huile, coriandre
- poisson au court-bouillon (lieu, cabillaud, colin...) citron
- pommes de terre vapeur et beurre frais
- infusion de verveine

17e Jour

PETIT DÉJEUNER

- salade de fruits frais de saison
- lait demi-écrémé tiède
- jambon maigre
- pain de campagne beurré, persil

DÉJEUNER

- jarret de veau en pot-au-feu et ses légumes (choux, carottes, navets, céleri, poireau, fenouil)
- biscuits secs
- infusion de verveine

GOÛTER

- yoghourt nature

DÎNER

- salade verte, assaisonnement huile, vinaigre, basilic
- daurade grillée au four
- riz blanc cuit à la vapeur
- flan au caramel

18e Jour

PETIT DÉJEUNER

- thé léger
- flocons d'avoine au lait demi-écrémé
- pain grillé, beurré
- gelée de fruits

DÉJEUNER

- moules marinières
- riz blanc cuit à la vapeur
- compote de fruits de saison

GOÛTER

- fromage blanc 0 % de matière grasse

DÎNER

- salade de laitue, assaisonnement : citron, huile, herbes
- poulet froid, cornichons
- infusion de verveine

19e Jour

PETIT DÉJEUNER

- compote de fruits de saison
- infusion de verveine
- œuf à la coque
- semoule au lait demi-écrémé aromatisé à la vanille

DÉJEUNER

- choucroute garnie
- sorbet au citron
- infusion de tilleul

GOÛTER

- yoghourt nature

DÎNER

- salade cuite et beurre frais
- poisson grillé, jus de citron
- pommes au four

20e Jour

PETIT DÉJEUNER

- jus de légumes (carottes ou céleri)
- thé léger au citron
- crêpe au fromage

DÉJEUNER

- carottes rapées (assaisonnement jus de citron et herbes)
- grillade de bœuf
- broccolis et beurre frais
- salade de fruits parfumée à la fleur d'oranger

GOÛTER

- infusion de verveine
- biscuits secs

DÎNER

- filet de poisson à la vapeur
- coquillettes et beurre frais
- crème renversée

21e Jour

PETIT DÉJEUNER
- infusion de chicorée
- poisson froid (assaisonnement citron, persil)
- pain de campagne, beurré
- semoule de blé aux fruits secs

GOÛTER
- fruit de saison

DÉJEUNER
- asperges, assaisonnement : yoghourt ou fromage blanc aux herbes
- pommes de terre vapeur et beurre frais
- sorbet au citron

DÎNER
- salade verte assaisonnement citron, huile et herbes
- endives au jambon
- tartelette aux pommes

Eh bien bougez maintenant

Si La Fontaine, qui vécut bien avant le siècle de l'automobile, revenait aujourd'hui, il écrirait peut-être : « Vous mangez ? J'en suis fort aise... Eh bien bougez maintenant ! » Car l'homme est fait pour se mouvoir et l'on assimile mal — et on élimine plus mal encore — quand on passe assis ou couché 80 % de son temps, ce qui n'est hélas pas si rare : les gens qui travaillent dans un bureau ne me contrediront pas. Et si la vie moderne nous donne trop peu d'occasions de faire fonctionner nos muscles et nos articulations, et de stimuler par une activité physique notre cœur et nos organes, nous devons nous imposer de pratiquer régulièrement un sport ou des exercices.

Mais tout exercice n'est pas bon, tout sport n'est pas forcément bénéfique pour tous, et s'agiter ne veut pas dire s'entraîner intelligemment. Pratiqué inconsidérément, par à-coups, sans précaution, sport ou gymnastique peuvent provoquer l'effet inverse de ce qu'on en attend. J'ai déjà dit les ravages de l'aérobic et des méthodes de musculation forcenées, et tous les médecins connaissent l'infarctus du lundi du sédentaire pris soudain le dimanche d'une frénésie de jogging.

De l'enfance à l'âge le plus avancé, chacun doit trouver et suivre, le plus régulièrement possible, un programme adapté à ses conditions de vie et à sa morphologie.

Maîtrisés, choisis donc agréables à pratiquer, faits sans jamais forcer, sports, marche ou gymnastique deviendront les exutoires de nos tensions nerveuses et les garants de notre intégrité physique. Et leurs bienfaits iront bien au-delà de la simple satisfaction de se construire un corps d'athlète.

L'exercice, quelle que soit la forme sous laquelle on choisit de le pratiquer :

— fait travailler le cœur, et fortifie ainsi tout le système cardio-vasculaire ;
— améliore la circulation sanguine.
Les organes, mieux irrigués, fonctionnent mieux.
Les échanges, donc l'assimilation et l'élimination, sont accélérés.
— maintient l'élasticité des artères ;
— permet au corps de se développer harmonieusement ;
— procure une fatigue saine si elle reste légère, et favorise un meilleur sommeil ;
— est le meilleur remède contre l'angoisse, nous permettant d'être plus combattifs et plus aptes à affronter les mille et un problèmes de la vie quotidienne.

De 3 à 7 ans

Instinctivement les tout petits courent, sautent, trépignent... et font ainsi du sport à leur manière. Laissez-les faire, même si parfois vous les trouvez turbulents et avez bien du mal à les supporter. C'est en faisant travailler leurs muscles qu'ils les tonifieront, et en se dépensant physiquement qu'ils développeront leur système cardio-vasculaire.

Deux sports sont faits pour eux : le vélo
la natation.

C'est dès la petite enfance que l'on s'arme contre les maladies de l'âge adulte. Un enfant qui ne fait pas de sport aura un cœur plus petit (le cœur est un muscle qui a besoin de travailler comme les autres), son débit circulatoire sera plus faible, et son système de défense immunitaire, amoindri, ne le protègera que faiblement contre les agressions microbiennes, virales, voire psychologiques.

De 7 à 12 ans

Les meilleurs sports : la randonnée (1 à 2 heures de marche)
le vélo
la danse classique 2 fois par
la natation semaine

Tennis : attention !

Si un enfant commence à jouer très jeune au tennis, il faut compenser le côté déséquilibrant de ce sport (certains groupes musculaires travaillent trop tandis que d'autres s'affaiblissent) par la pratique régulière de gymnastique ou de natation.

On évitera ainsi toute déformation des articulations, et surtout de la colonne vertébrale, encore fragile et mal soutenue par les muscles.

Les sports violents : football, rugby, arts martiaux... doivent obligatoirement être pratiqués en même temps qu'un autre sport plus « équilibrant » : natation, gymnastique ou danse.

L'équitation : doit être pratiquée sans excès, car elle arque les jambes. Elle est en revanche sans inconvénient pour le dos, contrairement à ce que l'on croit souvent.

Là encore une bonne gymnastique compensera ces inconvénients.

Mon conseil :

Avant de choisir un sport pour votre enfant, faites-lui passer une visite médicale, de préférence avec un médecin sportif (il existe des services spécialisés dans les hôpitaux). Des tests, en particulier de résistance à l'effort, permettront de dépister toute anomalie cardiaque. De même on vérifiera qu'il n'existe ni scoliose, ni problèmes pulmonaires ou articulaires.

Laissez-les libres

Si votre enfant est passionné par un sport, et même s'il force un peu dans cette discipline, ne l'en empêchez pas, quoi qu'on vous en dise.

Un bon pédiatre n'interdira jamais à un enfant de s'épanouir dans un sport qu'il aime.

Comme pour le tennis ou l'équitation, compensez par la pratique régulière et parallèle d'une gymnastique bien conçue ou de séances de natation.

Ne confondez pas endurance et résistance

Il existe deux façons de pratiquer un sport : en résistance et en endurance. La première consiste à aller au bout de ses possibilités et joue sur l'intensité de l'effort. La seconde privilégie la régularité et la durée et consiste à pratiquer une activité le plus longtemps possible, sans à-coups, en gardant le même rythme, et donc les mêmes pulsations cardiaques. (voir page 169)

L'enfant, instinctivement, se met à courir lorsqu'il a marché pendant un moment. Il suffit donc d'organiser en quelque sorte ses réflexes pour que l'alternance endurance-résistance soit harmonieuse et ne prolonge jamais un moment intensif jusqu'au seuil de la fatigue.

Les adultes

Si vous avez pratiqué un sport depuis l'enfance, peu importe que vous décidiez à l'âge adulte de continuer celui-là ou d'en choisir un autre : vous êtes en forme, et apte à supporter l'effort.

Si vous n'avez jamais pratiqué régulièrement, si vous avez fait partie pendant votre scolarité des éternels dispensés de gymnastique, et même si vous n'avez que dix-huit ou vingt ans, il vous faudra entre deux et six mois pour « décrasser » votre organisme et arriver à votre meilleur niveau de forme pour démarrer une activité physique quelle qu'elle soit.

— Avant de choisir et de vous initier à un sport, passez une visite médicale où l'on testera notamment votre aptitude à l'effort.

Le manque d'entraînement implique un cœur plus faible, une cage thoracique moins développée, un essoufflement rapide. Il est donc nécessaire de fortifier d'abord les systèmes cardio-vasculaire et respiratoire.

— Commencez par un sport apte à développer harmonieusement les muscles et le squelette, comme la natation, le vélo, la marche et le footing alternés.

— Faites au début des séances de dix à quinze minutes, sans forcer. Vous augmenterez ensuite progressivement la durée des séances d'entraînement jusqu'à une ou plusieurs heures selon le sport, et accélérerez le rythme sans jamais forcer pour autant. Vous serez « au point » lorsque vous pourrez courir, nager ou pédaler pendant quarante-cinq minutes sans vous essouffler ni ressentir aucune courbature le lendemain.

Du sport, mais sans excès

Autant le sport est indispensable, autant son excès peut être nuisible. « Pourquoi courir quand on peut marcher ? » disait le professeur Dubos, pour qui une heure de marche par jour suffisait largement à combler les besoins essentiels du corps.

J'ajouterai : pourquoi s'obliger à faire de la gymnastique (qu'on déteste) quand on peut faire du tennis (qu'on adore) ?

Un sport qui vous convient est d'abord un sport qui vous plaît, et nul ne peut raisonnablement pratiquer des heures durant une activité pour laquelle il ne ressent aucune attirance.

Le programme idéal

— un sport deux fois par semaine ;
— un peu de gymnastique ;
— beaucoup de marche.

La règle : ne sacrifiez pas aux modes, qu'elles viennent d'Amérique ou d'ailleurs et ne confondez pas régularité et stakhanovisme.

S'épuiser pendant six mois à faire du body-building pour enchaîner avec le squash et continuer par le golf en attendant le prochain sport dans le vent vous laissera plus de frustrations et de courbatures que de force physique et attention aux ennuis cardio-vasculaires auxquels vous vous exposez tôt ou tard.

Persévérez malgré les inévitables petits incidents qui jalonneront votre vie de sportif. Une chute, une entorse, un claquage ne sont pas des catastrophes. Pourtant, prudents et plus soucieux de s'épargner des problèmes que de résoudre les vôtres, les médecins ont souvent tendance à interdire tout sport au moindre accident, même bénin. (De la même façon d'ailleurs, beaucoup déconseillent de pratiquer un sport aux enfants atteints d'une scoliose, alors qu'ils ont plus que d'autres besoin de se faire des muscles solides.) Passez outre et, dès que vous serez guéri, continuez. Dites-vous qu'on n'interdit pas à Noah de jouer au tennis ni à Bernard Hinaut de remonter sur un vélo parce qu'un jour ils se font mal. Ce que les médecins sportifs sont capables de faire pour un champion, un bon thérapeute doit savoir le faire pour vous.

J'ai soigné bien des sportifs amateurs auxquels on avait un jour interdit de pratiquer des disciplines dans lesquelles ils trouvaient un vrai plaisir. Tous ont repris, sans affres ni douleurs, avec des soins et un programme de gymnastique appropriés, et tous s'en sont très bien portés.

Profitez à plein des deux bienfaits essentiels du sport (il en est bien d'autres, mais ceux-ci me paraissent particulièrement importants) :

Le sport est une assurance contre le vieillissement

En dépensant de l'énergie, tout effort physique vous oblige à brûler des calories. Les aliments sont digérés plus vite, les graisses sont brûlées et utilisées au lieu d'être stockées, les toxines sont éliminées rapidement et complètement, les éléments « nobles » de l'alimentation sont aussitôt assimilés par les cellules qui se renouvellent plus vite, et le processus du vieillissement est ralenti.

Le sport est une arme anti-stress

Faire du sport n'évite ni les soucis, ni les chagrins, ni les épreuves que traverse, un jour ou l'autre, chacun de nous. Mais outre que dans l'effort « on oublie tout », le sport est un formidable moyen de régulation du système nerveux. Il nous rend donc plus résistants aux agressions, morales ou psychologiques, ainsi qu'aux états dépressifs. Et s'il ne vous rend pas heureux, il peut à coup sûr vous éviter parfois d'être malheureux.

Le sport est la clef de votre forme

Le sport développe force, énergie, équilibre. Il augmente la puissance de concentration, chez les enfants comme chez les adultes. Parce qu'il oblige à se dépasser soi-même, à se mobiliser vers un but toujours plus difficile à atteindre, il implique de soutenir et de calculer son effort, habitude qui se révèlera utile dans toutes les circonstances de la vie.

Mais le sport est aussi, quel que soit le niveau auquel on le pratique, une école du fair play et de la camaraderie. Vouloir gagner, et savoir perdre, c'est comprendre naturellement les simples lois de la vie et la force de la volonté.

C'est pourquoi le sport (associé à une bonne alimentation) est la clef de la forme, de la beauté, de la santé et d'une éternelle jeunesse.

Conseils aux sportifs

Il est difficile de parler des sportifs sans faire une distinction entre :

— les sportifs occasionnels : dilettantes et sportifs du dimanche ;
— les sportifs assidus, pratiquant régulièrement deux à trois fois par semaine ;
— les sportifs de compétition : champions auxquels toute erreur de nutrition peut être fatale.

À des degrés divers, les deux premières catégories ont à peu près les mêmes besoins. En effet, l'effort musculaire est le même, qu'on se lève de sa chaise, monte un escalier, fasse un jogging ou un match de tennis. Seule varie l'intensité de l'effort. Or la contraction musculaire brûle du glucose et de l'oxygène apportés par le sang. Lorsque l'effort est soutenu, il se produit donc une chute du taux de glucose dans le sang (hypoglycémie) et l'organisme puise dans ses réserves. Si l'on continue sans apport de glucose, on risque l'accident.

Il est donc très important de doser les apports en glucose de l'alimentation en fonction de ses activités physiques et sportives.

3 heures avant l'effort : manger normalement, en privilégiant les sucres lents.

Éventuellement, avant un match ou une séance d'entraînement, si l'on prévoit qu'elle nous demandera un effort intense, prendre un aliment sucré (miel, confiture ou un morceau de chocolat).

Après un effort important : l'organisme a besoin de 24 heures pour se défatiguer, se désintoxiquer et récupérer.

— Boire de l'eau gazeuse riche en (ou additionnée de) potassium pour favoriser l'élimination des toxines par les urines.
— Se reposer.
— Ne manger dans les heures qui suivent que si on en éprouve le besoin.

Choisir alors de préférence des glucides : pâtes, riz, pommes de terre avec un peu de beurre, fruits.

Réduire la ration de protéines animales, et préférer parmi celles-ci les œufs, le fromage et le lait à la viande.

Préparer un champion

Lorsqu'un joueur craque à Roland-Garros et que le match, jusque-là égal, semble basculer, c'est rarement parce que l'arbitre a sifflé une balle out, mais très souvent parce qu'il a une soudaine crise d'hypoglycémie.

Le vainqueur, à ce niveau de compétition, est toujours celui qui, au plus fort du match, a les meilleurs taux de glucose et de vitamines sanguins et conserve une bonne hydratation.

L'alimentation est si importante pour les sportifs de haute compétition que *tous* devraient être suivis par un médecin nutritionniste, comme c'est d'ailleurs le cas dans certains pays comme les États-Unis, la Suède ou l'Allemagne. Car à l'extraordinaire dépense physique que représente un championnat s'ajoute un important traumatisme psychologique. Tout grand sportif est un être fragile, hypersensible, parfois timide, souvent très émotif, qui subit pendant l'épreuve un véritable bouleversement émotionnel. Ces deux phénomènes entraînent une perte anormale d'eau, de sels minéraux et de glucose, en même temps que de graves perturbations métaboliques dues au stress de la compétition. Le nutritionniste chargé de la préparation et des soins d'un sportif doit donc être non seulement un as dans sa spécialité, mais aussi un fin psychologue, rassurant et protecteur.

— *Les sucres lents sont la base de l'alimentation d'un champion* et doivent composer 55 à 60 % de sa ration alimentaire : pâtes, riz, lentilles, petits pois, pommes de terre, céréales...
— *L'eau* doit être consommée en très grande quantité, avant, mais surtout pendant et après la compétition.

Le nutritionniste doit travailler en relation étroite avec un bon thérapeute manuel et l'entraîneur, et c'est de l'osmose de leurs compétences que naîtra un programme de préparation et d'entraînement susceptible de mener le sportif jusqu'aux médailles d'or. Je vois malheureusement rarement en France d'équipe de ce genre autour d'un espoir, et c'est bien dommage. Si l'on trouve généralement un médecin et un kinésithérapeute (encore heureux s'ils ne se dénigrent pas mutuellement !), il manque généralement le nutritionniste et toujours le psychothérapeute. Les grands champions de demain seront pourtant les hommes et les femmes qui auront autour d'eux la meilleure équipe pluridisciplinaire unie vers un même but : gagner.

Et ne croyez pas que ces histoires de champions ne vous concernent pas. Tout comme les voitures de Formule 1 ou de rallye permettent de tester les perfectionnements qui, demain, équiperont toutes les voitures de série, les performances obtenues par ces équipes dans le domaine sportif préfigureront les progrès nutritionnels dont nous profiterons tous un jour ou l'autre.

ENDURANCE OU RÉSISTANCE

Il est deux façons très différentes de pratiquer un sport : en endurance ou en résistance. Et sans doute l'une vous convient-elle mieux que l'autre. A condition de connaître les avantages et les inconvénients de chacune, vous saurez laquelle choisir et à quel moment.

L'ENDURANCE

Définition : Pratique d'un sport ou d'une activité physique quelconque pendant une durée assez longue (de trente minutes au moins à plusieurs heures) sans forcer, sans essoufflement ni contractures sur le moment, sans fatigue ni courbatures le lendemain.

Si vous courez par exemple, vous devez être capable de parler pendant toute la course avec un ami qui court avec vous sans être essoufflé.

Quand ? A tout âge.
Il est très important de pratiquer un sport d'endurance dès le plus jeune âge et le plus tard possible, au moins deux ou trois fois par semaine.

Les sports : Les meilleurs sports d'endurance sont la marche ou la course à pied, la natation, le vélo.

Avantages :
— *Elle est la clef d'un bon équilibre corporel :*
  ○ Elle développe harmonieusement le corps tout entier : muscles, squelette...
  ○ Elle fortifie le système cardio-vasculaire : le cœur d'un sportif d'endurance est plus développé et sa circulation est plus rapide.
  ○ Elle développe la cage thoracique et le système respiratoire.
— *Elle est la source d'un bon équilibre psychique :*
  ○ Elle est calmante, apaisante et apporte, outre une formidable énergie physique, un véritable « punch psychologique ».
  ○ Elle aide à lutter contre la nervosité, l'angoisse, la peur de l'échec, la timidité.
  ○ Elle est un remède infaillible contre les maladies psychosomatiques et l'insomnie.
  ○ Elle est une école de self-control et de maîtrise de soi, tout en étant dynamisante.

En un mot, c'est une source de joie de vivre.
— *Elle fortifie le système d'auto-défense immunitaire* de l'organisme, le rendant plus résistant aux maladies et agressions de toutes sortes. En effet, notre santé

dépend de la bonne circulation du sang mais aussi des flux énergétiques à travers notre corps. Or celle-ci dépend en grande partie du fonctionnement de notre système respiratoire que la pratique d'un sport d'endurance améliore considérablement.

LA RÉSISTANCE

Définition : Pratique d'un sport ou d'une activité physique de courte durée mais de forte intensité au cours de laquelle le rythme cardiaque s'accélère brusquement.

C'est le sprint (à la course ou en vélo), c'est-à-dire le moment où l'on accélère l'allure au maximum de ses possibilités.

Qui ? Il est indispensable d'avoir un cœur vigoureux et fortifié par la pratique d'un sport d'endurance pour supporter ce formidable effort. La résistance est donc réservée :
— aux sportifs entraînés : c'est seulement lorsque le cœur est capable de supporter longtemps une activité d'endurance que l'on peut accélérer son rythme par des sprints répétés qui accroîtront encore sa résistance à l'effort.
— aux gens jeunes, car elle implique d'être en parfaite condition physique.

Comment ? A chaud. Une activité de résistance se pratique lorsque les muscles sont déjà échauffés par une activité d'endurance. L'idéal : de courts moments de résistance (sprints) entrecoupant une activité d'endurance (randonnée à pied ou à vélo par exemple).

Attention :
Pratiquée sans échauffement ni préparation, une activité physique intensive provoque : fatigues musculaire et cardiaque, usure des articulations, atrophie des muscles, amoindrissement du système de défense immunitaire de l'organisme.

Le meilleur exemple des catastrophes provoquées par une pratique inconsidérée de la résistance reste l'aérobic mal pratiqué, dont les adeptes ont vite compris qu'ils n'obtenaient de leurs efforts que des courbatures et un intense surmenage. Dans le meilleur des cas la résistance sans entraînement peut provoquer des accidents bien plus graves, comme l'infarctus dont le pronostic est souvent fatal.

L'exemple le plus frappant, et le plus dangereux pour le futur est celui des sports pratiqués à l'école basés surtout sur la résistance et non pas l'endurance. Les enfants grandissent avec un grand corps et un cœur trop petit.

IV
DIS-MOI COMMENT TU MANGES

- Le plaisir des yeux
- Halte aux stress
- Déjeunez entre amis
- Riez !
- Mangez lentement
- Laissez parler vos sens
- Le tabac tue les vitamines
- Faites. Ne faites pas

Qui dit alimentation pense aliments. Et s'il est vrai que ce que l'on mange est bien l'essence même de la nutrition, la façon dont on le mange en conditionne le bon — ou le mauvais — emploi par l'organisme. Selon qu'ils seront pris dans le calme ou dans le bruit, en compagnie d'amis ou d'ennemis, lentement ou à toute vitesse, les mêmes mets mangés par la même personne seront bien ou mal assimilés, sources d'énergie ou au contraire générateurs de troubles digestifs divers. Et la meilleure des nourritures peut se transformer en poison si elle est avalée n'importe comment. Bien manger, c'est donc non seulement choisir les meilleurs aliments, mais aussi se mettre dans de bonnes conditions pour en retirer le plus grand bénéfice.

Le plaisir des yeux

Un cadre agréable, une table bien dressée, un couvert harmonieusement mis... et le plaisir de l'œil décuple celui, plus primaire, de passer à table. Au simple désir d'apaiser sa faim se mêle celui, plus subtil, de participer à une fête. Alors on n'a plus envie, seulement, de remplir le plus vite possible son estomac, mais de savourer à la fois la beauté du décor et le goût des mets.

Je sais bien qu'il est impossible de dîner chaque soir en famille aux chandelles sur une nappe blanche que les enfants se feraient une joie de salir aussitôt. Mais soigner le décor du dîner familial ne demande souvent qu'un tout petit effort. Les nappes et les sets plastifiés sont aujourd'hui aussi beaux que les vrais, l'esthétique a envahi nos cuisines, et des couverts aux passoires en passant par la vaisselle, on trouve les ustensiles les plus utilitaires dans toutes les couleurs et toutes les formes à des prix abordables, et même très bon marché dans les grandes surfaces.

La cuisine est — et c'est tant mieux — la pièce où dînent 99 % des Français. À vous d'en faire un lieu chaleureux à la table accueillante où tous les membres de la famille seront heureux de se retrouver dans un décor sympathique.

Halte au stress

Qui dit stress avant de passer à table dit repas raté et digestion quasi impossible. Physiologiquement l'angoisse, la nervosité, une contrariété même, créent une coupure entre l'hypothalamus et le plexus de l'assimilation-élimination. « Ça me reste sur l'estomac », dit la vox populi qui, en une image simple, exprime un phénomène réel et complexe. Nous avons vu que l'hypothalamus traduit pour notre corps les ordres et impulsions qu'il reçoit du cerveau. Si, pour une raison quelconque, notamment psychologique, notre cerveau est perturbé, les ordres seront mal transmis et nos systèmes — en particulier le système digestif — fonctionneront mal. Et si l'organisme assimile en partie, de façon réflexe, la nourriture qu'il ingurgite, les glandes feront mal leur travail et l'élimination sera bloquée.

Lorsqu'on se sent mal, on a souvent tendance :

— soit à ne rien manger : tout se passe alors comme si le corps, sachant qu'il est incapable d'assimiler correctement les aliments, adoptait instinctivement, par autodéfense naturelle, une attitude de rejet pur et simple ;
— soit à se précipiter sur la nourriture dans une crise de boulimie, aggravant ainsi le phénomène : on se sent gonflé, les graisses, mal éliminées, sont stockées et encrassent les organes, il se crée des foyers de putrescence intestinale et une inflammation cellulitique.

Ces deux attitudes sont évidemment à proscrire l'une comme l'autre.

La seule méthode efficace consiste à se détendre avant *de passer à table.*

Ma méthode de relaxation

J'ai mis au point une méthode simple de quatre exercices faciles qui, sans gêner en rien vos occupations hatituelles, vous permettront de vous calmer, et surtout de détendre tous les plexus de l'assimilation et de l'élimination (voir « Ma méthode de relaxation avant de passer à table »).

Efforcez-vous de les pratiquer régulièrement : ils constituent une véritable gymnastique anti-stress qui vous permettra d'éviter tous les troubles digestifs provoqués par l'angoisse et les énervements de la vie quotidienne.

4 bons trucs pour se détendre

Il existe aussi 4 « trucs » très efficaces, qui vous seront utiles, quand une contrariété imprévue vous aura mis les nerfs en pelote juste avant de vous mettre à table.

1. Buvez très lentement, avant le repas, un verre d'eau tiède non sucrée dans laquelle vous aurez mis une rondelle de citron.

2. Buvez doucement, à petites gorgées, avant de commencer à manger, un demi-verre de vin rouge ou un peu de whisky nature sans glace.

(Il est évident que si cette recette ne manque pas d'efficacité, elle ne constitue pas la meilleure des thérapies et qu'il vaut mieux ne pas en prendre l'habitude.)

3. Frottez votre visage, votre nuque et vos avant-bras avec un gant mouillé d'eau froide (si vous n'êtes pas chez vous, humectez-les d'eau froide avec la main).

4. Si vous être croyant, faites une courte prière avant de commencer votre repas.

Déjeunez entre amis

... ou déjeunez seul. Le stress étant, nous l'avons vu, l'ennemi de votre digestion, évitez de partager vos repas avec des gens que vous n'aimez pas, qui vous agacent ou vous dérangent.

Restent les enfants... Même si on les adore, il est parfois bien difficile de supporter le bruit, les cris, les : « J'en veux pas, j'aime pas ça »... et autres disputes entre frères et sœurs. S'ils sont plusieurs, encore jeunes, et de la race de ceux qui détestent rester assis plus de cinq minutes, faites-les manger avant (de toutes façons ils doivent manger tôt) et préservez-vous un repas au calme, seul ou à deux.

Riez !

Rire n'est pas seulement agréable, c'est aussi un excellent moyen de stimuler la digestion et une véritable thérapeutique préventive. Un Américain très connu : le Dr Norman Cousin, atteint d'un cancer et condamné par la Faculté, a expliqué dans son livre *La volonté de guérir* le rôle très particulier du rire, « véritable jogging intérieur qui stimule une petite glande située à la base du cerveau (le timex) et augmente les défenses immunitaires de l'organisme »... Aussi quand au dessert un convive entamera l'inévitable série d'histoires drôles, ne soyez pas agacé, riez de bon cœur.

Et saisissez dans la vie toutes le occasions de vous amuser. Entre deux spectacles n'hésitez pas : le comique est meilleur pour votre santé que le tragique.

Mangez lentement

Pour assimiler correctement les aliments, il est indispensable de manger lentement et de bien les mastiquer. Et de toutes les conditions à remplir pour éviter de souffrir de son alimentation au lieu d'en tirer des forces, c'est sans doute la plus importante.

— Si on mange trop vite, on ne mâche pas, on avale, et l'estomac reçoit des aliments insuffisamment broyés. Il doit fournir un excès de travail pour les transformer en cette bouillie qu'on appelle le chyme, ce qui ralentit la digestion et, très vite, provoque un encombrement des voies biliaires et gastriques. Fatigué, l'estomac aura de plus en plus de mal à résister et une gastrite se déclenchera à plus ou moins long terme.

— Le bol alimentaire doit être broyé par les dents pour se mélanger à la salive à l'intérieur de la bouche. Celle-ci contient en effet des enzymes qui commencent la digestion (c'est-à-dire la transformation) de certains aliments, en particulier les amidons, et favorisent l'excrétion de certains déchets (iodures, chlorates...). Or il est clair que si l'on mange trop vite, la salive n'a pas le temps de remplir son rôle.

Ces difficultés gastriques auront inévitablement des répercussions intestinales. Les aliments, mal digérés par l'estomac, arriveront encore mal digérés dans les intestins dont le rôle est d'en achever le broyage et d'en assurer la répartition, les éléments nutritifs passant dans le sang, les déchets et toxines étant éliminés. Eux aussi se fatigueront, et on éprouvera des douleurs et, si la situation ne s'améliore pas, une colite s'installera.

— Selon certains chercheurs, c'est par la bouche et pendant le travail de mastication des aliments que sont assimilés les vitamines et sels minéraux. En mangeant trop vite, on se priverait donc de ces éléments indispensables.

Laissez parler vos sens

Manger n'est pas seulement une affaire de goût. Cette fonction vitale met en jeu tous nos sens et si nous savons les écouter, nous retrouverons, outre des plaisirs oubliés, cet instinct infaillible que nous avons trop souvent perdu.

L'OUÏE : Il suffit parfois d'un bruit de casserole pour éveiller d''un coup notre appétit et Verlaine, dans un poème célèbre, évoque le bruit de l'œuf dur cassé sur le zinc quand il tinte dans la mémoire d'un homme affamé.

Mais s'il est des sons évocateurs, le bruit lui est perturbateur et il est impossible de profiter d'un repas pris dans un vacarme épouvantable. Un excès de décibels s'assimile très exactement à un stress et bloque inconsciemment nos facultés d'assimilation.

L'ODORAT : Chacun d'entre nous a salivé en humant le parfum d'une tarte chaude ou du pain frais dans une boulangerie. Mais l'odorat a un rôle bien plus important que d'éveiller en nous des souvenirs savoureux. Certaines papilles de nos sinus renseignent notre cerveau sur la qualité des aliments.

Faites ce simple test : respirez l'odeur du plat que l'on vous sert, au restaurant par exemple. S'il sent bon, si son odeur vous plaît et qu'il vous fait envie, vous pouvez parier à coup sûr que vous le digèrerez sans peine. Si son odeur vous déplaît, n'y goûtez pas : il vous rendrait malade. S'il semble sain mais fade, il ne vous convient pas et vous risquez, à le manger, des troubles neuro-végétatifs.

Au risque de faire sourire mes amis, j'ai pris l'habitude de sentir ce que l'on me sert. J'approche l'assiette de mon nez et respire profondément pendant quelques secondes l'odeur qui s'en dégage. J'ai souvent changé mon choix, commandé un autre plat, et me suis forgé une solide réputation de râleur. Mais je n'ai jamais été incommodé après un repas au restaurant. Et si j'ai un conseil amical à vous donner, c'est de suivre mon exemple.

Faites de même au marché et achetez le nez au vent. En choisissant toujours, entre deux produits, celui qui sent bon, vous saurez que vous ne vous trompez pas.

N'oubliez pas non plus de humer le parfum des vins : c'est ainsi qu'un véritable connaisseur choisit infailliblement les meilleurs.

LA VUE : Il suffit parfois de voir un plat ou un aliment, même à travers une vitre, pour en « sentir » le goût et l'odeur et en avoir envie. Car notre mémoire visuelle conserve nos bons et mauvais souvenirs culinaires depuis notre plus tendre enfance et, parfois sans que nous en ayons conscience, joue le rôle d'un starter ou d'un frein pour notre appétit.

LE TOUCHER : Au bout de nos doigts, des centres nerveux nous renseignent sur ce qui est bon ou pas. Mais nous l'avons oublié, et seuls les vrais cuisiniers savent encore sentir avec les mains la fraîcheur d'un légume ou le degré de maturation d'un fruit.

Essayez : il suffit d'un peu de patience pour rééduquer un sens endormi. Palpez doucement une tomate, une baguette de pain, une salade... et très vite vos doigts deviendront vos meilleurs conseillers.

LE GOÛT : C'est le plus évident des sens de l'alimentation puisqu'il se traduit par « J'aime », ou « Je n'aime pas ». Les récepteurs du goût sont des fibres sensorielles situées dans les deux tiers antérieurs de la langue et reliées, par l'intermédiaire de l'hypothalamus, à certains points du cortex où le goût de chaque aliment est immédiatement identifié. Mais pour que l'appareil gustatif remplisse son rôle, il doit être stimulé par des molécules contenues dans la salive, ce qui suppose que les aliments aient séjourné au moins entre dix et vingt secondes dans la bouche. On voit donc bien, encore une fois, à quel point il est important de ne pas avaler la nourriture à toute vitesse : on y perd tout le goût des aliments que le cerveau n'a pas le temps de reconnaître.

Le goût a pourtant une mission essentielle qui est de nous renseigner immédiatement sur certains aliments dangereux : un yoghourt aigre, une huître amère, une viande avariée sont si mauvais qu'instinctivement, vous les recrachez aussitôt. Ainsi ce sens n'est-il pas la simple expression du plaisir ou du déplaisir que peuvent vous procurer un goût sucré ou salé. Il est aussi le support d'un instinct qui vous attire vers ce qui est bon pour vous et vous détourne de ce qui peut vous nuire.

Seule l'habitude, ou plus exactement les mauvaises habitudes amoindrissent nos sens ou, ce qui revient au même, nous empêchent de les entendre et de leur obéir. Je ne reviendrai pas sur ce que j'ai déjà dénoncé par ailleurs : les fast-food, les repas sur le pouce avalés dans le bruit et si vite que l'on ne sait même plus ce que l'on mange. Mais j'aimerais, en guise de conclusion, vous raconter une simple expérience menée par des médecins auprès d'enfants et d'adultes.

Ils ont disposé sur des tables toutes sortes d'aliments et laissé leurs cobayes choisir ce qu'ils voulaient.

(suite page 183)

En règle générale : Faites

— Mangez à des heures régulières

— 3 repas par jour : matin, midi et soir
plus éventuellement deux collations à 10 H et 17 H

Privilégiez le petit déjeuner : il doit apporter 25 % des calories de la journée.

— Un « gueuleton » par semaine si vous avez envie de faire un écart

— Buvez le moins d'alcool possible, le plus d'eau possible (2 litres par jour)

— Fumez le moins possible

— Le soir, dînez légèrement (Idéalement, deux heures au moins avant le coucher).

— Aérez-vous, marchez, respirez, vous assimilerez et éliminerez mieux.

Avant le repas

— Détendez-vous ;
pratiquez pendant deux ou trois minutes des exercices de respiration-relaxation.

Pendant le repas

— Mangez dans le calme avec des gens que vous appréciez

— Pensez à ce que vous mangez

— Mâchez, mastiquez, broyez les aliments

— Mangez assis, détendu, sans vous presser

— Buvez de l'eau modérément : un verre, deux maximum

— Buvez tempéré

— Buvez un peu de vin, mais pas à jeun et modérément

— Quittez la table en ayant encore un peu faim

Après le repas

— Prenez un café si vous ne pouvez vous en passer.

— Fumez une cigarette si vous ne pouvez vous en passer.

— Marchez doucement pendant une dizaine de minutes, ou au moins détendez-vous.

En règle générale : Ne faites pas

— Manger irrégulièrement

— Sauter un repas et surtout le petit déjeuner (on a constaté qu'une grande proportion d'obèses et de malades atteints de troubles neuro-végétatifs sont des gens qui ne prennent pas de petit déjeûner)

— Deux repas copieux dans la même semaine : vous ne pourriez les éliminer et prendriez du poids

— Boire de l'alcool à jeun. Ne pas boire d'eau entre les repas

— Fumer à jeun

— Dîner juste avant de s'endormir

— Mener une vie sédentaire et manger sans faire attention : vous seriez très vite en situation de surcharge faute d'une élimination suffisante

Avant le repas

— Passer à table en étant stressé, tendu, angoissé ou agressif

Pendant le repas

— Manger dans une atmosphère bruyante et enfumée, ou avec des gens qui ne vous plaisent pas. Avaler n'importe quoi sans réfléchir

— Avaler « tout rond » : la salive n'aurait pas le temps de remplir son rôle et l'assimilation serait compromise

— Manger debout ou, pire, en marchant : le processus de la digestion serait bloqué. Il se produirait une fermentation intestinale.

— Boire beaucoup d'eau : un excès de liquide perturberait l'action des sucs gastriques. Boire sucré ou gazeux : la digestion serait ralentie

— Boire trop chaud ou trop froid

— Boire du vin à jeun ou en grande quantité

— Manger jusqu'à saturation

— Fumer en mangeant : le tabac détruit la vitamine C des aliments

Après les repas

— Prendre deux ou trois cafés à midi. Prendre un café le soir.

— Recommencer une activité stressante ou physiquement fatigante immédiatement après le repas.

Le tabac tue les vitamines

On connaît les méfaits du tabac sur les poumons, on connaît moins son incidence sur l'alimentation. Elle est pourtant considérable.

— *Le tabac détruit presque totalement la vitamine C des aliments que nous mangeons, et 50 % des autres vitamines*. Or aucune vitamine de synthèse, aucun « cocktail » artificiel ne peut remplacer une telle perte qui se traduira inévitablement en carences dramatiques pour l'organisme.

Même si vous êtes un fumeur invétéré, ne fumez pas à table et attendez cinq ou dix minutes après la fin du repas pour allumer une cigarette, si possible sans avaler la fumée : vous éviterez des troubles dont vous n'aurez peut-être pas conscience sur le moment mais qui, à coup sûr, apparaîtront vers 45 ans et seront alors irréversibles.

Pensez aussi que non content de vous empoisonner, vous empoisonnez les autres puisqu'ils respirent, eux-aussi, la fumée de vos cigarettes. Faites preuve d'élégance, évitez de fumer dans les endroits publics.

— *Le tabac surmène l'organisme* et les grands fumeurs éprouvent presque toujours une grande fatigue générale.
— *Le tabac rend irritable et coléreux* : les carences en vitamines dues au tabac ont pour effet secondaire un déséquilibre du système nerveux qui provoque irritabilité, agressivité et sautes d'humeur.

VOUS POUVEZ VOUS ARRÊTER DE FUMER

On fume généralement pour compenser un manque que l'on pourrait parfaitement compenser autrement :

— par une alimentation variée ;
— en faisant de l'exercice,
80 % de mes patients se sont arrêtés d'eux-mêmes après quelques semaines d'un régime alimentaire et sportif approprié. Ils n'ont pas éprouvé de manque.

Ils n'ont pas grossi : seuls ceux qui se mettent à manger immodérément pour combler le vide laissé par la cigarette prennent quelques kilos. *Physiologiquement, il n'existe aucune raison objective de grossir lorsqu'on s'arrête de fumer.* Mais il est vrai que la nicotine coupe la faim et qu'il vous faudra quelques semaines pour retrouver un appétit normal et ne pas éprouver de faims intempestives. C'est pourquoi il est important de pratiquer deux ou trois fois par semaine un *sport d'endurance* (marche, vélo, natation...) qui vous aidera à bien passer ce moment délicat en fortifiant votre organisme et en l'aidant à brûler ses calories et ses toxines.

Mais l'assurance de vivre mieux le reste de ses jours ne vaut-elle pas quelques semaines d'effort ?

Yul Brynner, être exceptionnel de bonté et de générosité que j'ai soigné longtemps, ne pouvait calmer son angoisse de jouer et sa timidité naturelle sans prendre, avant chaque scène, quelques verres de whisky ou de vodka. Je n'ai jamais pu l'obliger à y renoncer, pas plus qu'à ses deux ou trois paquets de cigarettes quotidiens. Quelques jours avant de mourir d'un cancer du poumon il a écrit : « **Buvez, mangez, faites tout ce que vous voulez, mais ne fumez jamais !** »

Ceux, jeunes ou vieux, qui avaient l'habitude de consommer des nourritures sucrées (gâteaux, bonbons, sucreries, pâtisseries...) se sont, dans un premier temps, précipités sur les aliments sucrés, à l'exclusion de tout autre.

Les autres, habitués à une nourriture plus saine et plus équilibrée ont choisi d'abord parmi les protéines, les légumes et les fruits.

Au bout de quelques temps, les premiers ont d'eux-mêmes délaissé les sucreries pour revenir à une alimentation équilibrée.

Ils avaient écouté leur instinct.

V

VOTRE BON POIDS POUR LA VIE

- Calculez votre poids… à 2 kilos près
- La barre des 5 kilos
- Régime pour perdre 2 ou 3 kilos
- Cellulite : Écoutez mesdames !

On a beau donner des recettes et la formule mathématique du poids « idéal » en fonction de la taille : dix kilos de moins que le nombre de centimètres au-dessus du mètre (par exemple, soixante kilos pour 1,70 m) chacun de nous connaît bien, sans avoir à faire de savants calculs ni même à monter deux fois par jour sur sa balance, son poids de forme, qui est celui où l'on se sent bien dans sa peau, où jupes et pantalons ferment sans forcer, et où l'on ose rentrer une chemise dans son jean au lieu de la laisser flotter par-dessus.

Ce poids de forme qui, pour chacun de nous, correspond à sa morphologie, à son tempérament, à sa personnalité, n'est pas si difficile à atteindre et à garder. À une condition expresse : renoncer une fois pour toutes aux miroirs aux alouettes, aux promesses fallacieuses, aux conseils plus ou moins bien intentionnés des amis et aux discours illusoires des charlatans.

Pour trouver *son poids* il faut trouver *son régime* et *son hygiène de vie*. Et avant de vous dire comment, je dois vous mettre en garde.

— Méfiez-vous des médecins qui vous promettent de vous faire maigrir trop rapidement. Ils y parviendront sûrement mais au prix de votre santé, de votre fatigue de votre équilibre nerveux, et généralement vous reprendrez les kilos perdus aussi vite avec, en prime, quelques uns supplémentaires.

— Ne prenez pas de médicaments : il n'existe *aucun* médicament « amaigrissant », les cocktails pudiquement baptisés « homéopatiques » que l'on fait préparer en pharmacie sont toujours des cocktails explosifs, à base d'extraits tyroïdiens et d'amphétamines. On ne compte plus le nombre de dépressions et même de suicides dont ils sont responsables.

— Renoncez aux régimes « miracles ». Tout régime qui vous fait perdre plus de deux kilos par semaine est inefficace et dangereux. Le Pr Creff a recensé depuis la guerre 540 livres sur des régimes, tous soit disant extraordinaires. « Je n'en ai, dit-il, pas trouvé un seul de valable ».

— Ne vous laissez pas aller : perdre deux ou trois kilos, ça va. Audessus chaque gramme pèse une tonne et s'en débarrasser est extrêmement difficile.

Calculez votre poids... à 2 kilos près

Notre poids varie et il n'est pas rare de prendre pour un seul repas trop copieux, un, deux, voire trois kilos du jour au lendemain. C'est *normal*.

Si vous faites un peu attention dans les jours qui suivent, vous reperdrez ces kilos en moins d'une semaine.

Notre métabolisme est ainsi fait qu'il admet des variations de ce genre tout à fait naturellement. Songez qu'un tennisman peut perdre 4 kilos en un seul match et les reprendre en 48 heures !

Simplement, tenez en compte. Et si votre poids est important pour vous, si vous vous êtes fixé une barre que vous ne voulez en aucun cas dépasser, maintenez-vous, en régime de croisière un ou deux kilos *en-dessous*. Vous éviterez les mauvaises surprises au premier dîner de fête.

Et lorsque vous parlez de poids, ne dites pas : je pèse 50 kg, mais entre 50 et 52 kilos. Ce sera plus juste.

Tirez là aussi la conclusion qui s'impose : si les écarts sont autorisés, et même conseillés pour le moral, ils ne doivent pas être trop nombreux. Un gueuleton par semaine c'est bien, deux c'est trop.

La barre des 5 kilos

De l'embonpoint au début de l'obésité, la frontière est fragile et bien des problèmes de poids pourraient être évités si l'on connaissait mieux cette règle, vérifiée par tous les spécialistes : autant il est facile avec un régime approprié et un peu d'exercice de perdre deux ou trois kilos superflus, autant il est difficile de maigrir lorsqu'on a dépassé la barre des cinq kilos. Personne jusqu'ici n'a pu trouver d'explication scientifique à ce phénomène. Pourtant il se confirme chaque fois, comme si le corps, passé cette frontière, continuait à grossir anarchiquement sans que rien, ou presque, ne puisse l'arrêter. De cinq on passe très vite à six, sept, voire huit kilos et si on en reperd un ou deux, on les reprend presque systématiquement. Si bien qu'il faut souvent des mois d'effort surhumains pour retrouver enfin un poids normal.

Encore cette victoire n'est-elle pas totale : comme un alcoolique, même guéri depuis de longues années, peut « replonger » avec un seul verre d'alcool, un ex-gros peut regrossir, des années après, en faisant quelques écarts, anodins pour d'autres. Car quelque part dans notre mémoire biologique sont inscrits ces huit ou dix kilos perdus mais prêts à être regagnés à tout moment.

Lorsqu'on a pris ainsi plus de cinq kilos il faut, sans hésiter, se faire aider par un nutritionniste, admettre que l'on ne peut s'en sortir seul, éviter à tout prix de faire des régimes fatigants, inutiles et mal adaptés, et savoir que toute sa vie on devra, désormais, faire très attention. Mieux vaut évidemment s'arrêter avant et réagir dès que l'on a deux ou trois kilos à perdre, ce qui est facile avec un peu de volonté, un régime adapté et quelques exercices.

Pour perdre deux ou trois kilos

Perdre deux ou trois kilos n'est rien. L'important est de ne pas les reprendre. J'ai mis au point une méthode simple qui vous permettra à coup sûr d'y arriver. Il n'y faut qu'un peu de volonté.

Or il arrive justement que l'on manque de volonté lorsqu'on est mal dans sa peau et un peu déprimé.

N'hésitez pas dans ce cas à faire appel deux fois par semaine à un bon thérapeute manuel. Il vous massera pour vous détendre et vous apprendra à masser vous-même vos plexus, à respirer, et quelques mouvements de gymnastique douce indispensables.

Le programme

AU RÉVEIL : Étirez-vous doucement, comme un chat, pendant trois à quatre minutes.

— Nettoyez vos gencives avec un peu de pâte dentifrice que vous passerez doucement avec un doigt. Rincez-vous la bouche.
— Buvez doucement un grand verre d'eau (1 1/2 si vous pouvez).
— Réveillez votre corps par une douche tiède (terminez à l'eau froide si vous en avez le courage). Séchez-vous.
— Frictionnez-vous au gant de crin pour réveiller votre organisme.
— Buvez encore un verre d'eau (ou 1 1/2).

L'eau prise à jeun le matin est la meilleure hydratation possible : le corps étant au repos depuis sept ou huit heures, elle atteint très vite les cellules et facilite l'élimination des toxines.

— Faites deux ou trois minutes de mouvements très doux d'élongation et d'assouplissement.

PENDANT LA JOURNÉE

Toutes les deux heures, faites deux ou trois minutes d'exercices de détente-relaxation (voir page 243). Ils vous apporteront un regain permanent d'énergie.

LE SOIR

Massez vos plexus (voir page 228).

Ne prenez aucun médicament, sauf éventuellement un léger tranquillisant que vous prescrira votre médecin.

Suivez pendant 2 semaines le régime (voir page suivante) que j'ai mis au point.

Vous perdrez vos kilos et ne les reprendrez plus jamais.

Régime pour perdre 2 ou 3 kilos et ne jamais les reprendre

Mon conseil : mangez lentement et dans le calme.

Ne prenez ni pain ni aucun féculent pendant les deux premiers jours.

Buvez chaque jour un à deux litres d'eau entre les repas.

1er jour

PETIT DÉJEUNER	bouillon de légumes 1 verre de lait écrémé
10 H	un fruit ou un jus de fruits
MIDI	1/4 de poulet sans la peau endives (cuites à l'eau)
17 H	2 yoghourts nature sans sucre
SOIR	un bol de bouillon de légumes

2e jour

PETIT DÉJEUNER	2 œufs à la coque thé léger
10 H	un fruit ou un jus de fruits
MIDI	viande blanche, haricots verts (cuits à la vapeur)
17 H	fromage blanc (à 0 % de matière grasse)
SOIR	un bol de bouillon de légumes

3e jour

PETIT DÉJEUNER	fromage blanc (à 0 ou 20 % de matière grasse)
10 H	un fruit
MIDI	poisson (grillé ou à la vapeur) broccolis (cuits à la vapeur)
17 H	2 yoghourts nature sans sucre
SOIR	potage de légumes

Pendant ces trois jours, ne faites aucune activité sportive fatigante, mais des étirements. La gymnastique douce, la marche, la natation, sont recommandées.

AU BOUT DU 3e JOUR, VOUS AUREZ PERDU 1 KILO.

Ne vous dites pas : c'est gagné. Vous pouvez les reprendre en 24 heures.

4e jour

PETIT DÉJEUNER	riz blanc cuit à la vapeur, thé léger (pas obligatoire)
10 H	un fruit ou un jus de fruit
MIDI	viande rouge grillée-haricots verts
17 H	2 yoghourts nature sans sucre
SOIR	potage de légumes

5e jour

PETIT DÉJEUNER	jambon blanc, ou œufs
10 H	thé léger avec une ou deux biscottes beurrées
MIDI	haricots verts ou broccolis
17 H	fromage blanc (à 0 ou 20 % de matière grasse)
SOIR	poisson (grillé ou à la vapeur) salade verte ou endives cuites compote de fruits

6e jour

PETIT DÉJEUNER	poisson cru, ou jambon blanc, ou œuf à la coque, thé léger ou infusion de romarin, deux biscottes beurrées
10 H	fruit ou jus de fruit
MIDI	légumes (à volonté)
17 H	2 yoghourts nature sans sucre
SOIR	potage de légumes

LE 6e JOUR VOUS DEVEZ AVOIR PERDU ENTRE 1,5 ET 2 KILOS sans fatigue, et sans aucune carence alimentaire.

Recommencez le régime pendant une semaine, en augmentant peu à peu les quantités. Vous pourrez notamment manger des légumes à volonté si, ce qui est sûrement le cas, vous avez faim.

AU BOUT DE CES QUINZE JOURS VOUS SEREZ EN PLEIN FORME ET VOUS AUREZ MAIGRI DE 2 À 3 KILOS.
De plus, vous aurez une peau impeccable.

Pendant les 15 jours suivants, revenez *petit à petit* à une alimentation normale en réintroduisant progressivement les aliments sans faire d'excès. Après ce laps de temps, vous serez totalement stabilisé.

Cellulite écoutez mesdames !

Parce qu'il est bien connu qu'on pardonne volontiers à un homme ses rondeurs, tandis qu'on fustige les femmes pour quelques grammes en trop, la cellulite est devenue pour elles l'ennemie N° 1.

L'horreur. Le stigmate qui les rend haïssable à leurs propres yeux et à ceux des autres. Si bien que pour perdre celle qu'elles ont — ou croient avoir — elles sont prêtes à tout. Et comme des vampires, des charlatans de toutes sortes leur promettent (à prix d'or) des miracles hypothétiques.

J'ai vu dans mon cabinet tant de femmes détruites, à la peau cartonnée, durcie, aux placards cellulitiques si inflammés qu'au moindre effleurement elles hurlaient de douleur, que je voudrais crier aux autres, à celles pour qui il est encore temps : « Halte là !»

Faux médecins, inventeurs de méthodes bidons apparus un soir à la télévision ou interviewés par un magazine en mal de copie qui fait vendre, gourous du modernisme ou herboristes surannés, stakhanovistes du muscle ou tenanciers d'instituts aux noms ronflants... les femmes ont marché, et marchent dans toutes les combines, tombent dans tous les pièges au simple espoir irraisonné de perdre un peu de cette cellulite qui les rend malheureuses au point d'obérer leur jugement.

Aspiration, jet, aérobic, ionisation, pilules, laser, massages, plantes, acupuncture, jambes gonflables, drainages, médicaments dangereux prescrits par de soi-disant homéopathes... j'en oublie sûrement : les méthodes sont aussi nombreuses que les escrocs prêts à faire fortune sur le malheur des femmes et leur crédulité.

J'ai vu les résultats de ces « thérapeutiques » dans mon cabinet. Contemplé les dégâts souvent irréversibles sur des femmes jeunes et belles au corps déformé par ces « soins » intensifs. Et assisté, impuissant, aux larmes tardives et inconsolables de ces femmes pour qui nul ne pouvait plus rien.

Leur course effrénée ne les avait conduit qu'à laisser traumatiser, atrophier, casser le tissu conjonctif des parties de leurs corps soumises à des agressions permanentes. Par un système naturel d'auto-défense, la circulation capillaire s'était ralentie, les toxines s'étaient accumulées, s'ajoutant aux résidus graisseux caractéristiques de la cellulite. Celle-ci, loin de régresser, s'était aggravée, étendue, enkystée. Et leur état était bien pire que celui dans lequel elle étaient avant de tenter, à tout prix, de se débarrasser d'une petite culotte de cheval ou de quelques grammes de graisse aux chevilles ou aux mollets.

La cellulite existe : toutes les femmes en ont, même les plus minces, parfois les plus maigres. Ce n'est pas une tare, c'est une maladie dont le symptôme est une polymérisation des molécules graisseuses de la substance fondamentale. En clair, ces molécules s'unissent pour former de grosses molécules qui font gonfler le tissu conjonctif et en altèrent les fibres.

Il existe bien des facteurs déclenchants ou aggravants de la cellulite. De l'hérédité au stress en passant par l'insuffisance veineuse, ils sont connus et un bon médecin de médecine générale ou un bon thérapeute manuel sauront en chercher les causes avant de s'attaquer à leurs effets.

Car la cellulite est avant tout l'effet d'un dérèglement du système nerveux, et d'une prise anarchique et trop rapide de l'alimentation. Celle-ci provoque une intoxication intestinale permanente qui perturbe les fonctions d'assimilation et d'élimination.

Il n'existe donc pas cent, ni même dix moyens de combattre et de soigner la cellulite. Il faut d'abord apprendre à vivre et se nourrir sainement, et calmement. Détendre le système nerveux par la pratique d'une activité d'endurance douce et progressive, des massages ou des séances de relaxation.

Il faut ensuite soigner les troubles intestinaux dont elle n'est qu'un symptôme et, en traitant les plexus, rétablir les circuits énergétiques du ventre et du dos.

Il faut enfin refuser d'admettre, au nom d'une mode imbécile, que votre vie toute entière dépend d'une centimètre de plus, ou de moins, sur vos hanches.

VI
À CHACUN SA DIÉTÉTIQUE

- Qui êtes-vous ?
- Ces moments peuvent être dangereux pour votre équilibre :
  - Grossesse et allaitement
  - Convalescence : après une maladie, un accident, un choc psychologique
  - Déprime physique : si on arrête brutalement le sport
- Calculez votre ration alimentaire quotidienne
- Bien manger :
  - au restaurant, au café, dans un fast-food, dans un cocktail
  - en avion
  - en voiture
  - en croisière
  - conseils pour l'aventure

Même si nous appartenons tous à la race humaine, et obéissons donc aux lois d'une nature commune, physiologique et biologique, **chacun de nous est unique.** Et comme nous avons un visage, un tempérament, des comportements qui n'appartiennent qu'à nous, nous avons aussi une manière de vivre, de nous nourrir, d'aimer ou de détester tel goût ou telle odeur, de rejeter ou d'assimiler tel aliment, de grossir ou de ne pas grossir, différente de celle des autres. Si bien que le régime le plus équilibré, la diététique la plus élaborée, peuvent être bénéfiques pour l'un et nocifs pour l'autre.

Nous avons aussi notre vie, qui n'est jamais semblable à celle du voisin, ni de nos proches, ni même des membres de notre propre famille. Nos joies, nos drames, nos angoisses, nos bonheurs nous sont intimes, personnels et incommunicables. Or ils ont, nous l'avons vu, une influence immédiate et profonde sur nos réactions organiques et notre métabolisme.

Avant de savoir ce qui vous convient et de suivre à l'aveuglette un régime, un conseil ou même un avis médical, **connaissez-vous vous-même**. Et songez qu'une bonne alimentation n'est pas seulement une alimentation équilibrée et conforme aux règles et aux normes de la nutrition, mais aussi **une alimentation adaptée à votre personnalité** et aux circonstances de votre propre vie.

Qui êtes-vous ?

On ne peut sonder l'âme et le corps d'un lecteur comme on le fait de ceux d'un patient. Mais deux facteurs au moins sont essentiels pour établir votre carte d'identité nutritionnelle :
— votre hérédité
— le type de mangeur auquel vous appartenez.

L'hérédité : un héritage, pas une fatalité

Il existe des gens qui prennent deux kilos à chaque repas un peu copieux et ne supportent pas l'alcool, ou les graisses, ou le foie de veau...

Il en existe d'autres qui mangent n'importe quoi sans grossir, boivent, fument, et vivent jusqu'à 90 ans sans être jamais malades. Ceux-là font partie des 5 % de Français qui ont, comme on dit, un « terrain » (c'est-à-dire une hérédité) exceptionnel.

Si votre hérédité est difficile, si vos grand-parents avaient du diabète ou vos parents du cholestérol, si votre mère était petite et ronde et votre père plutôt rembourré, inutile d'imiter ces bons vivants : vous n'y gagnerez qu'une obésité et, à plus ou moins long terme, un diabète ou un excès de cholestérol.

En un mot, le vieil adage qui conseille de regarder la mère avant d'épouser la fille, repose sur un postulat scientifiquement établi : plus on avance en âge, plus on ressemble à ses ascendants. Il y a des familles de gros comme il y a des familles de maigres et si l'histoire peut ne pas se répéter, c'est au prix d'un gros effort et d'une rigueur absolue.

L'inné étant irrémédiable, on peut néanmoins agir sur l'acquis en étant vigilant. Pour soi-même, en connaissant ses propres facteurs de risques. Et surtout pour ses enfants : **l'éducation joue dans nos comportements alimentaires un rôle essentiel** et nous avons le devoir de protéger au maximum nos enfants de nos propres handicaps. Des parents gros tous les deux, par exemple, doivent dès les premiers jours de leur bébé respecter certaines règles : ne pas augmenter inconsidérément les biberons, ne pas les enrichir de farine... Plus tard, soyez intraitables sur les sucreries : il ne s'en portera pas plus mal, et vous êtes bien placés pour savoir qu'à l'âge adulte, il payerait ce petit plaisir bien plus cher qu'un autre.

Si vous êtes porteur d'une hérédité difficile, n'hésitez pas à faire appel à un médecin, pour vous ou pour vos enfants : seul un bon spécialiste saura vous conseiller et vous éviter des erreurs qui pourraient se révéler dangereuses. Soyez surtout attentif, et n'attendez pas qu'il soit trop tard. Deux ou trois kilos de trop, des douleurs suspectes, des malaises inexpliqués doivent vous alerter. Si vous réagissez rapidement, vous apprendrez qu'hérédité n'a pas exactement le même sens que fatalité.

Quel genre de mangeur êtes-vous ?

Il est une autre inégalité à laquelle on n'échappe guère : c'est notre appartenance à l'un des types de mangeurs qu'ont définis les nutritionnistes. Et certes là encore on peut, à défaut de changer de type, modifier son comportement. A condition de savoir pourquoi on éprouve certaines pulsions ou certains rejets, et d'où nous viennent des attitudes qui nous paraissent individuelles et spontanées, mais nous rattachent pourtant à une catégorie d'individus.

Le mangeur normal :
Mange régulièrement trois repas par jour, parfois accompagnés d'une légère collation vers 17 heures.

Ses goûts le portent vers une nourriture simple et variée, et il est en parfaite santé s'il mange lentement.

Le gros mangeur :
Mange de tout et régulièrement : il ne souffre donc d'aucune carence nutritionnelle. Mais mange trop, ce qui l'expose aux troubles et maladies de surcharge (diabète, cholestérol, maladies cardio-vaculaires, etc.).

Le boulimique :
Mange par crises, et à toute vitesse, tout ce qui lui tombe sous la main.

Est généralement anxieux.

Exposé à tous les troubles fonctionnels (ballonnements, spasmes, gonflements, colite, somnolence...), aux problèmes de comportement (agressivité, instabilité, fatigue, irritabilité...) et à des maladies plus sévères (obésité, infarctus, diabète...).

L'anorexique :
Refuse de s'alimenter et se laisse maigrir, au point de mettre sa santé en péril, ce qui implique une hospitalisation.

Cette attitude alimentaire est en fait le symptôme d'une grave pathologie psychiatrique, et ressort exclusivement d'un traitement médical.

Le grignoteur :
Ne se met pratiquement jamais à table, mais grignote par ci par là, toute la journée, bonbons, gâteaux, chocolat, produits laitiers... Est généralement angoissé, nerveux et irritable. Dort mal, digère mal et souffre de troubles neuro-végétatifs divers.

On note que les trois quarts des grignoteurs sont des femmes.

Le « bouffe tout » :
Mange et boit de tout, beaucoup, de façon désordonnée et en toute occasion. Souffre de troubles neuro-végétatifs : ballonnements, spasmes, aigreurs d'estomac, constipation ou diarrhée, colite...
Risques d'obésité et de diabète.

L'obsédé du régime :
Fait — aussi bien à tort qu'à raison — une fixation sur son poids et expérimente régime après régime sans toujours, heureusement pour lui, avoir le courage de les suivre jusqu'au bout. Souffre naturellement d'un grave déséquilibre nutritionnel. Névropathe qui a plus besoin d'un psychiatre que d'un nutritionniste (de toutes façons, il n'écoute personne).

Là encore, la vérité oblige à dire que l'on trouve dans cette catégorie, largment plus de femmes que d'hommes.

Il est possible, au cours d'une vie, de passer d'un type à l'autre, ou du moins d'un comportement à l'autre. Une adolescente boulimique peut devenir une mangeuse normale, de même qu'un gros mangeur peut soudain se transformer en obsédé du régime. Tout dépend de votre état psychologique ou des influences que vous subissez... **J'aimerais vous avoir convaincus qu'avant de dépendre des autres, vous dépendez de vous-même.**

Ces moments peuvent être dangereux pour votre équilibre

Les aléas de notre vie personnelle ont, de manière visible ou secrète, une incidence importante sur la santé de notre organisme. Et comme il existe des paliers, sortes de portes de slalom par lesquelles nous passons tous à un moment de notre vie, certaines circonstances particulières peuvent nous affecter, ou simplement nous fragiliser. C'est à ces périodes là que nous devons faire attention. Et j'ai remarqué que l'alimentation prend alors une importance vitale, puisqu'elle est le seul moyen naturel de compenser les désordres dus à un événement extérieur.

Je pense profondément que chacun de nous se porterait mieux s'il prenait la peine, lorsque quelque chose de brutal ou d'inattendu arrive, de penser aussi à son corps au lieu de se laisser envahir par ses seules émotions. Et si je ne prends que trois exemples pour illustrer mon propos, c'est parce qu'ils ont une portée générale : ils font partie de ce qui peut arriver à n'importe qui, à n'importe quel moment. Ils vous montreront pourtant que si nous sommes les héros ou les victimes d'événements dont nous ne sommes pas toujours responsables, nous pouvons néanmoins ne pas en être les jouets. Nous avons même toutes les cartes en main pour supporter au mieux les coups du sort et dominer les situations.

Grossesse et allaitement

Contrairement aux idées reçues, un bonheur aussi peut parfois perturber l'organisme. Et si je commence par la grossesse, c'est que la joie d'enfanter et l'envie d'allaiter, pour joyeuses qu'elles soient, n'en constituent pas moins un traumatisme physique. Une jeune mère doit se protéger, accroître ses apports énergétiques, compenser certaines carences et respecter certaines règles pour ne pas pâtir des efforts qu'elle supporte.

Avant la grossesse :
Si vous programmez une naissance, préparez votre corps plusieurs mois à l'avance.

— Mettez vous en bonne condition physique.

Si vous avez quelques kilos en trop, faites l'effort de les perdre. Il n'est pas question de faire un régime amaigrissant en étant enceinte, et vous risqueriez alors une surcharge pondérale telle que vous auriez le plus grand mal à revenir ensuite à un poids normal. Une femme débutant sa grossesse avec trois kilos de trop et grossissant alors de 12 kilos pèsera au moment de son accouchement 15 kilos de plus que son poids normal. Elle perdra 6 ou 7 kilos... et se retrouvera au-dessus de la barre fatidique des cinq kilos superflus, dont nous avons vu qu'ils sont très difficiles à perdre (voir page 189).

— Fortifiez vos muscles abdominaux et ceux du périnée par des mouvements de gymnastique spécifiques (voir page 247).

— Supprimer : le tabac
l'alcool
les excitants
et évidemment toute drogue, quelle qu'elle soit...
c'est votre bébé qui en serait la victime.

Pendant la grossesse :
Nourrissez-vous normalement : il est inutile de « manger pour deux ».

On estime normal de prendre un kilo par mois, avec une tolérance de deux à trois kilos, si bien que vous pouvez grossir de 9 à 12 kilos maximum.

Si vous grossissez exagérément, c'est probablement parce que vous mangez trop. Vous risquez :
— des troubles circulatoires (jambes lourdes, varices...)
— des difficultés lors de l'accouchement
— des problèmes esthétiques (vergétures)
— des douleurs articulaires (surtout lombaires).

Mais parallèlement, une femme enceinte ne doit pas maigrir. Si vous perdez du poids au cours de cette période, vous risquez :
— une déminéralisation de l'organisme
— une fatigue intense
— un accouchement prématuré
— d'avoir un bébé de taille et de poids inférieurs à la normale.

Dans les deux cas : prise ou perte de poids anormale, consultez votre médecin sans attendre.

Pour prévenir les vergétures :
Massez-vous vous-même chaque jour avec une crème spéciale anti-vergétures (vendue en pharmacie). Insistez sur les parties du corps les plus délicates : seins, ventre, hanches, cuisses, fessiers. Faites-vous masser régulièrement par un bon kinésithérapeute pour améliorer votre circulation sanguine.

Préférez les douches aux bains.

Pour prévenir les varices :
Les varices ont souvent quatre causes :
— l'hérédité
— une surcharge pondérale qui fatigue les jambes
— le manque d'activité physique
— l'excès de certains sports en force (haltérophilie, jogging intensif sur des sols trop durs).

Des massages réguliers (hebdomadaires) sont nécessaires pendant toute votre grossesse pour améliorer votre circulation sanguine.

Vous pouvez remédier à un problème de poids en surveillant votre alimentation et en évitant les stations debout trop prolongées.

Nagez et marchez (en choisissant avec soin vos chaussures !). Ces sports sont à la fois les plus doux et les plus complets.

Si vous éprouvez des malaises ou des nausées :
Ne vous inquiétez pas : ils disparaissent généralement au début du quatrième mois. S'ils persistent ou s'ils sont violents, parlez-en à votre médecin.

Si vous éprouvez des envies ou des dégoûts alimentaires :
Ecoutez vous : il n'y a aucune contre-indication à supprimer ce qui vous dégoûte et prendre ce qui vous fait envie.

Attention toutefois aux fringales qui vous conduiraient tout droit à l'excès de poids, et aux envies effrénées de sucreries pour les mêmes raisons.

Outre une alimentation saine et variée, une femme enceinte a besoin de *calcium* supplémentaire.

Si vous allaitez :
Buvez beaucoup : de l'eau d'abord, mais aussi des jus de fruits et du lait.

Pour le reste mangez normalement, et surtout sans vous forcer.

Après l'accouchement :
Soyez patiente : s'il faut neuf mois pour faire un enfant, il faut neuf mois aussi en moyenne pour retrouver sa silhouette d'avant. C'est le moment où jamais de consulter un thérapeute manuel : vous y gagnerez quelques mois.

Convalescence :

Après une maladie, un accident ou un choc psychologique

Après un choc important, physique (maladie ou accident) ou psychologique, le métabolisme est perturbé et l'organisme traumatisé. On peut alors être confronté à deux sortes de réactions :

— *Une augmentation de l'appétit :*
Le sujet compense par une véritable boulimie que l'organisme, déjà en état de moindre résistance, ne pourra évidemment assumer. La prise de poids sera extrêmement rapide à un moment où on n'aura ni la force, ni la volonté de compenser par une activité physique sportive intense, et peut atteindre, en deux mois, dix à douze kilos qu'il sera extrêmement difficile de perdre par la suite.

Mon conseil : faire, dans un premier temps, dès que l'on se sent un peu mieux, le régime pour perdre deux ou trois kilos (voir page 189), puis les 21 jours de menus équilibrés (voir page 150).

— *Une perte totale de l'appétit :*
Le sujet est si abattu qu'il ne peut plus manger et s'affaiblit terriblement.

La perte de poids peut être spectaculaire : de 5 à 12 kilos en quelques semaines.

Il faut alors procéder à une véritable rééducation alimentaire. Se réhabituer à manger de tout, mais peu à chaque fois : faire 5 petits repas, le matin, puis à 10 H, 12 H, 17 H et le soir, en évitant les plats trop riches, les sucreries et tous les excitants (épices, alcool, café...).

Dans les deux cas : faites des sucres lents la base de votre alimentation (riz, pâtes, pommes de terre en petites quantités). Choisissez par ailleurs des aliments (poissons maigres, volailles, légumes) et des modes de cuisson (bouillis ou à la vapeur) particulièrement digestes.

Réhabituez-vous petit à petit à manger de tout : votre organisme est mal en point, votre système neuro-végétatif fonctionne au ralenti, et il faut le remettre en route avec précaution.

Lorsque vous serez revenu tranquillement à votre poids initial, vous pourrez, peu à peu, reprendre une alimentation normale.

Attention : **Vous devrez vous surveiller pendant encore deux ou trois mois pour maintenir ce poids et le stabiliser définitivement.** Vous risqueriez de payer cher vos erreurs et de reprendre, ou reperdre, les kilos gagnés.

N'oubliez jamais que votre corps a de la mémoire : si vous avez été, pendant un temps assez long, au-dessus ou au-dessous de votre poids normal, il tentera de lui-même de rester ou de revenir à ce niveau.

Déprime physique :
Si on arrête brutalement le sport

Le sport est indispensable. Formidable. Agréable. Mais si on en pratique un — ou toute activité physique — de façon régulière, voire intensive, pendant des années et que, brusquement, parce qu'on vieillit, ou parce qu'on en a assez, on arrête sans précaution, on grossit de cinq ou dix kilos avant même d'avoir eu le temps de s'en rendre compte.

Je le sais pour l'avoir observé sur mes patients. Et encore plus pour en avoir fait moi-même la triste expérience. Il y a environ un an, un grave accident de vélo m'a cloué au lit pour trois mois avec plusieurs fractures et un traumatisme crânien. Très affaibli, j'ai d'abord maigri à vue d'œil. Puis j'ai commencé, peu à peu, à reprendre une vie normale. A ce détail important près qu'assez déprimé de ne pouvoir retravailler aussi vite et autant que je l'aurais voulu, je ne me suis senti ni la force ni le courage de reprendre le sport.

Je n'ai jamais été un champion, mais j'ai fait de la compétition jusque vers trente ans, et aussi loin que je me rappelle, je n'ai jamais vécu sans faire de sport. Aujourd'hui, à quarante-six ans, je fais du footing (huit à dix kilomètres une ou deux fois par semaine), je marche, je fais de la gymnastique deux ou trois fois par semaine, et je joue au tennis régulièrement. Ce n'est pas, comme on le voit, un programme forcené et je ne dépasse jamais mes limites, mais je n'imagine pas de vivre sans rien faire, assis dans mon fauteuil. Je ne l'imaginais pas du moins jusqu'à cet accident qui m'a laissé sans forces.

Pour compenser — le choc, mon malaise de me sentir si faible, mes frustrations — j'ai mangé. Peut-être pas beaucoup plus que d'habitude, mais des choses que je ne mangeais jamais auparavant ou seulement par hasard : du chocolat, une pâtisserie par ci par là... J'ai repris les kilos perdus pendant mon immobilisation, puis j'ai commencé à grossir. Des 77 kilos d'avant mon accident je suis monté à 80, puis à 83. A chaque repas un peu copieux, je prenais deux kilos supplémentaires. Moi qui, depuis l'âge de 20 ans, n'avais jamais changé de poids, j'ai compris l'angoisse que l'on éprouve quand on se sent, soudain, devenir un autre.

Un jour, sur la balance, l'aiguille a grimpé jusqu'à 90 kilos. Alors j'ai dit Stop !

Il faut savoir qu'un sportif a un débit cardiaque plus rapide, une dépense énergétique plus grande, et qu'il supporte donc des apports de nourriture plus importants puisqu'il brûle plus de calories. S'il s'arrête, son appétit reste le même mais, parce qu'il ne fait plus d'efforts, son corps n'est plus en mesure d'assimiler le même volume ni la même qualité d'aliments. Les muscles s'atrophient et s'entourent des graisses mal assimilées, et surtout non éliminées. Or tout se passe très vite, et sans que le sujet puisse réellement analyser ce qui lui arrive.

Si vous êtes sportif et cessez de pratiquer pour une raison ou pour une autre, l'idéal est de vous faire suivre pendant quelques semaines par un bon nutritionniste.

A défaut : diminuez votre ration quotidienne
fractionnez-la en plusieurs petits repas
supprimez l'alcool
évitez les graisses, les pâtisseries, les plats trop lourds.

Mon conseil :
Il vaut évidemment mieux, quand on le peut, réduire progressivement son activité sportive que de l'arrêter brutalement. En laissant à votre organisme le temps de s'habituer à une nouvelle situation, vous éviterez ces inconvénients. Si vous n'êtes ni malade, ni victime d'un accident, mais simplement fatigué ou lassé, ayez cette sagesse. Sinon, tirez-en les conséquences alimentaires qui s'imposent.

Pour vous rassurer, je vous dirai que j'ai repris à la fois mon poids et la pratique de mes sports préférés. Mais au prix d'un régime draconien et d'une solide volonté.

Je n'en ai aucun regret. Un intellectuel qui ne met pas le nez dehors n'aura certainement jamais à subir ce genre de difficultés, mais il en aura d'autres, plus graves, et je ne changerais pas ma place contre la sienne.

Nous avons évoqué là quelques-uns des grands moments de rupture qui peuvent se produire dans une vie et, momentanément, en changer les habitudes.

Nous allons maintenant, cas par cas, montrer comment chacun peut se construire un régime individualisé en fonction de sa profession ou de son mode de vie.

Calculez votre ration alimentaire quotidienne

J'ai dit et je ne le répéterai jamais assez : *chaque cas est particulier.*

Néanmoins, il est clair que si la ration alimentaire idéale n'est pas la même pour chaque individu, elle ne varie pas tout à fait sans raison. Elle doit tenir compte de :

— **Sa dépense énergétique quotidienne**, c'est-à-dire son activité musculaire. Ainsi, selon que vous êtes un peu, moyennement ou très actif, vous pourrez brûler plus ou moins de calories.

Le sédentaire, dont le travail musculaire est limité aux gestes quotidiens, dépense en moyenne en 24 heures : 2 200 calories.

Le travailleur modéré qui exerce une profession assise (secrétaire, fonctionnaire, employé de bureau...) dépense à peu près 2 400 calories.

Le travailleur manuel dont le métier fait qu'il reste souvent assis (horloger, couturière...) dépense 2 600 à 2 800 calories.

Le travailleur qui se déplace (médecin, facteur...) brûle environ 3 000 calories.

Le travailleur de force, dont le travail manuel est dur physiquement (travailleur du bâtiment, maçon, agriculteur, jardinier, mais aussi kinésithérapeute ou dentiste...) a besoin de 3 000 à 5 000 calories selon les cas.

Ceux qui exercent une profession épuisante : bûcherons, athlètes de compétition, dockers... peuvent aller jusqu'à 7 000 ou 8 000 calories.

(Ne comptez pas au plus juste : faute de l'énergie nécessaire à compenser votre activité physique et vos dépenses, votre organisme serait obligé de puiser dans ses réserves, ce qui vous conduirait vite à une intense fatigue.)

— **La température** du milieu dans lequel il vit.

— **Sa carte d'identité personnelle :**
âge
morphologie
tempérament
hérédité
rythme de vie.

— **Conditions extérieures :** stress, surmenage...

Bien manger

AU RESTAURANT

N'oubliez pas que c'est *vous* qui composez votre menu.

L'ENTRÉE : Évitez les entrées lourdes : pâtés, charcuteries, feuilletés...

Choisissez un légume en salade.

Eventuellement, demandez la sauce à part ou une sauce huile d'olive, citron et fines herbes (ce sont elles qui contiennent les vitamines).

LE PLAT :
Choisissez de préférence un poisson, grillé, poché, ou rôti, sans sauce ni crème, ni mayonnaise, ou une grillade ou une volaille rôtie.

En accompagnement, demandez des légumes cuits à la vapeur ou du riz.

Si vous ne prenez qu'un plat, ajoutez aux légumes un peu de féculents : riz, pâtes, pommes de terre vapeur, petits pois, lentilles.

FROMAGE :
À éviter, comme toujours après la viande.

DESSERT :
Évitez les pâtisseries, glaces ou entremets si vous n'êtes pas sûr de leur fraîcheur.

Mon conseil : Ne vous précipitez pas sur le pain en attendant d'être servi, et attendez d'avoir mangé pour boire un peu de vin.

AU CAFÉ

ÉVITEZ : les charcuteries, rillettes, pâtés, saucisson...
les sandwiches à la mayonnaise
les croque-monsieurs, hot-dogs...

CHOISISSEZ : Une assiette anglaise, une salade composée
Une crêpe au sarrazin (œuf, jambon, gruyère) si vous êtes dans une crêperie.
Comme dessert : un flan, un yoghourt, un fruit, ou une tarte maison.

QUELQUES ASSOCIATIONS HEUREUSES :

Salade verte ou crudités (carottes, endives...)	*+ tarte ou flan ou yoghourt ou fromage blanc*
Assiette anglaise	*+ tarte ou flan ou yoghourt*
Sandwich (jambon-beurre) + salade (verte ou endives)	*+ yoghourt ou fromage blanc*

(Ne prenez jamais sandwich + tarte ou pâtisserie : vous auriez une double ration de glucides.)

De même, si vous prenez une pizza, choisissez de préférence un yoghourt ou du fromage blanc pour le dessert.

LES FAST-FOOD

Les inconvénients des fast-food sont, il faut bien le dire, largement plus nombreux que leurs avantages.

— On y mange souvent debout, et vite.

— Les hamburgers :
contiennent trop de graisses saturées (dans la mayonnaise, la viande, pas toujours bien choisie, et en raison de la cuisson) ;
manquent de vitamines, d'autant qu'ils sont généralement accompagnés non de crudités ou de légumes, mais de frites ou de chips.

— On n'y propose comme boisson que des boissons gazeuses et sucrées, et comme dessert que des pâtisseries industrielles.

Si vous y allez, pour faire plaisir à vos enfants par exemple :
— Mangez assis et calmement
— Choisissez un fast-food (il en existe) qui propose des sandwiches au pain complet ou au pain de campagne.

Commandez : salade et frites
salade et yoghourt ou fromage
salade et viande grillée

— Équilibrez votre menu par un produit laitier : yoghourt et, s'il n'y en a pas, un verre de lait.
À défaut, prenez un fruit frais ou un flan.

DANS UN COCKTAIL

Il est rare de passer sa vie dans les cocktails mondains, mais pas si inhabituel de se retrouver dans un de ces 5 à 7 ou 7 à 9 où les « amuse gueule » remplacent le dîner... pas toujours avantageusement.

Or ce que l'on sert généralement dans ces réceptions-buffet est le plus souvent anti-diététique au possible et l'on peut en une heure (et en ayant l'impression de ne rien manger !) prendre un ou deux kilos si l'on n'y prend garde. Aussi, faites bien attention.

ÉVITEZ :
— de boire de l'alcool dès votre arrivée, c'est-à-dire à jeun. Mangez d'abord quelque chose
— les alcools coupés de sirop sucré (vodka orange, kir, champagne framboise...) et la sangria
— de mélanger plusieurs alcools : choisissez-en un pour la soirée, et si vous avez soif, prenez de l'eau ou un jus de fruits
— les canapés au pain blanc, les biscuits salés, les feuilletés (chauds ou froids)
— les amandes et noisettes salées, très caloriques
— les petits gâteaux.

CHOISISSEZ :
— Les canapés au pain complet ou au pain de campagne (aux œufs ou œufs de poisson, au jambon, au saumon fumé, aux légumes)
— les crudités de toutes sortes
— le jambon, le poulet, une viande blanche
— les fruits frais ou sorbets.

IDÉES COCKTAIL À FAIRE CHEZ VOUS :
Assiette de poissons crus
Asperges
Salade de haricots verts
Panier de crudités
Poulet froid
Taboulé
Flan
Sorbets

Proposez en accompagnement :
— une sauce au yoghourt ou au fromage blanc assaisonnée d'herbes
— une vinaigrette à l'huile d'olive et au citron assaisonnée d'un peu d'estragon ou de basilic.

EN AVION

FAITES	NE FAITES PAS
AVANT LE DÉPART	
— Manger raisonnablement	— Un gueuleton la veille du départ
— Se préparer au moins deux jours à l'avance en évitant toute surcharge alimentaire ; ajoutée au stress inévitable du départ, elle aboutirait à bloquer votre système neuro-végétatif avec, pour conséquences, outre des troubles digestifs, des phénomènes de transpiration excessive, nausées, migraines, insomnie, diarrhée ou constipation, éruptions (urticaire, herpès...)	— Partir stressé énervé en catastrophe
— Boire de l'eau ou des jus de fruits frais.	— Boire de l'alcool ou des boissons gazeuses et sucrées.
PENDANT LE VOYAGE	
— Choisir une place en zone non fumeur	— Fumer
— Emporter des fruits (oranges ou mandarines, pommes, pêches)	— Grignoter des fruits secs (amandes, noisettes salées, dates, figues, raisins secs)
— Prendre des petits repas Manger le plat principal servi sur le plateau, laisser le reste, en particulier fromage et dessert	— Consommer des aliments lourds ou gras : charcuteries, mayonnaise, gâteaux à la crème...

— Boire beaucoup (l'atmosphère en avion est très desséchée) : 2 à 3 litres d'eau sur un long courrier. Rafraîchir le visage, le cou, les bras avec un gant humecté d'eau froide.	
— Porter des vêtements confortables et souples (survêtements)	— Porter des vêtements serrés : ceintures, chaussures serrées... En avion on a tendance à gonfler. Faire attention particulièrement au ventre, au plexus solaire, aux aisselles, à l'aine, aux chevilles, aux pieds.
— Marcher pour se dégourdir les jambes	— Rester vissé sur son siège tout le long du vol
— S'organiser pour dormir	— Prendre des excitants (thé ou café)
— Se déchausser	
— Au décollage et à l'atterrissage : bâiller, sucer des bonbons ou du chewing-gum	
À L'ARRIVÉE Prendre une légère collation à l'heure normale de votre repas en France. Faire un repas léger à l'heure locale	— Manger comme un ogre à l'heure normale de votre repas en France... et recommencer à l'heure locale.
— Éviter les excès (de nourriture ou d'alcool) pendant les cinq ou six premiers jours, surtout si le décalage horaire est important.	— Se précipiter sur une nourriture très différente sans aucune préparation. Il s'ensuivrait des troubles digestifs (diarrhée, constipation, ballonnements) et une grande fatigue générale.

EN VOITURE

Bien conduire nécessite avant tout une bonne faculté de concentration, des réflexes et une bonne acuité visuelle.

Si vous êtes conducteur de profession (taxi, routier, chauffeur de car...) ou simplement si vous devez accomplir un long parcours :

— Ne partez pas le ventre vide.
Si c'est le matin, prenez un bon petit déjeûner, sinon un repas équilibré.

— Nourrissez vous régulièrement au cours du voyage.
Conduire fatigue et vous risquez, si vous ne mangez pas correctement, une crise d'hypoglycémie, donc un coup de pompe qui pourrait être dangereux.

- Augmentez (jusqu'à 20 %) votre ration de protéines animales quotidienne.

- Arrêtez-vous au moment des repas.
  Si vous n'avez pas le temps, arrêtez-vous et mangez dans votre voiture le sandwich que vous aurez emporté.
  Mais ne grignotez pas au volant.

— Ne prenez pas d'alcool avant ni pendant le voyage : il diminue considérablement les réflexes et provoque une somnolence.

C'est une cause notoire d'accidents mortels.

— Ayez toujours à votre portée une bouteille d'eau minérale. Buvez beaucoup.

Si vous êtes fatigué, prenez : un thé ou un café léger
un Coca-Cola (c'est un stimulant).

— Contrôlez l'aération et la ventilation de votre véhicule pour éviter de trop vous déshydrater.

— Prenez des aliments riches en vitamine A qui augmente l'acuité visuelle (carottes, œufs...).

— Toutes les 45 minutes, la concentration baisse :
Levez le pied, écoutez la radio, parlez pendant quelques minutes pour vous détendre et vous reprendre.

— Au bout de deux heures, les réflexes diminuent, la fatigue se fait sentir. On éprouve une sorte de somnolence, mais on s'est habitué à conduire et on a tendance à poursuivre sa route. Arrêtez-vous toutes les deux heures. Marchez un peu pour prendre l'air. Faites quelques exercices d'assouplissement.

— Portez des vêtements amples, souples, confortables, jamais serrés.

Choisissez des chaussures où vous vous sentez à l'aise (pas de talons hauts pour les femmes) et dont les semelles ne glissent pas (tennis, mocassins...).

LE MAL DES TRANSPORTS :
Il touche particulièrement certains enfants : ils vomissent, transpirent... Très souvent, ces malaises sont liés à une mauvaise aération du véhicule et à une déshydratation. Arrêtez-vous, faites prendre l'air à l'enfant, faites lui boire de l'eau.

S'il est souvent malade, prévoyez un repas très léger toutes les heures, en évitant les laitages et boissons sucrés. En revanche s'il vomit, donnez-lui une cuillère à café de Coca-Cola glacé toutes les dix minutes.

EN CROISIÈRE

La plaisance se développe de plus en plus, et il n'est pas rare aujourd'hui de partir en croisière, non sur ces paquebots de luxe qui eurent leur heure de gloire au début du siècle, mais sur des embarcations nettement plus sportives !

Préparez votre croisière : ce n'est pas un voyage comme un autre, et vous n'en profiterez que si vous êtes parfaitement en forme.

Sur un bateau, les conditions climatiques : vent, soleil maximal, embruns, chaud ou froid... demandent une condition physique à toute épreuve. De même les malaises : nausées, vomissements, fatigue ou nervosité, auxquels certaines personnes sont sensibles, seront plus faciles à éviter si, au moins deux semaines avant le départ, vous avez pris la précaution de mener une vie régulière et de vous alimenter sans excès, et de pratiquer un sport d'endurance.

AVANT LE DÉPART :
La plupart des bateaux sont aujourd'hui parfaitement équipés (cuisine, réfrigérateur ou glacière, congélateur...) et vous achetez vous-même une bonne partie des provisions nécessaires avant le départ. Il faut donc choisir soigneusement les aliments les plus adaptés à l'aventure qui vous attend :

Sucres lents : ils seront une des bases de votre nourriture. Emportez : pâtes, riz, lentilles, petits pois, céréales.
Œufs (ils se gardent au réfrigérateur une dizaine de jours sans problème).
Fruits et légumes (choisissez-les à peine mûrs, vous les consommerez au fur et à mesure)
Lait (longue conservation)
Viande (elle se conservera au congélateur)
Poisson : il serait dommage de ne pas manger le produit de votre pêche ou, au moins, d'acheter au port du poisson frais. Profitez de ce voyage sur l'eau pour faire une cure de produits de la mer.
Alcool : inutile de prévoir plus d'une demi-bouteille de vin par personne et par jour.

MES CONSEILS :
Quelques aliments vous aideront à lutter contre le froid :

— La vitamine C (faites une cure de fruits frais ou de jus de fruits)

— Les lipides végétaux (beurre, margarine au tournesol, pâtes de fruits, fruits secs...)

— Boissons chaudes : préparez des tisanes ou du thé léger que vous pourrez conserver dans une bouteille Thermos, afin d'en avoir toujours à portée de main.

Contre le mal de mer :
Le mal de mer est souvent provoqué par une inadaptation aux changements de température. On éprouve d'ailleurs des frissons, et des sensations de froid.

Si vous êtes sensible au mal de mer :
Couvrez-vous : on ne part pas en bateau sans emporter cirés, pull-overs et bonnets. Même l'été les nuits sont fraîches et les coups de vent imprévisibles.

Reposez-vous et détendez vous.
Supprimez de votre alimentation les graisses animales (fromage, beurre, lait...) et les charcuteries et pâtisseries.

Certains vont mieux en ne mangeant pas, d'autres en se nourrissant au contraire plus copieusement que d'habitude : écoutez votre instinct, il sera votre meilleur guide.

Contre la chaleur :
Méfier vous du soleil : en bateau la réverbération est très forte et la peau brûle très facilement.

Buvez beaucoup : l'excès de transpiration provoque une désydratation et une perte de réserves en sels minéraux (2 à 3 litres d'eau par jour).

Protégez vous : mettez une crème solaire haute protection dont vous renouvellerez souvent l'application, portez lunettes et chapeau pour éviter l'insolation.

CONSEILS POUR L'AVENTURE

Longues courses en montagne, escalades, ski de fond et ski hors-pistes, randonnées, safaris, traversées du désert... la mode est à l'aventure, mais l'aventure se prépare. Et avant de partir en expédition, il est indispensable de vous forger un physique et un moral d'acier... sans oublier de choisir avec soin le matériel dont vous aurez besoin.

RENSEIGNEZ-VOUS
Ne confondez pas aventure et risque inconsidéré. Avant de partir, renseignez-vous sérieusement sur ce qui vous attend : conditions atmosphériques, trajet, moyens de transport et d'hébergement...

VOTRE ALIMENTATION
Quelle que soit votre envie d'exotisme, il n'est pas évident que vous supportiez du jour au lendemain un changement brutal de nourriture, ni surtout des plats trop épicés ou des produits mal cuits. Vous risqueriez intoxications, diarrhée ou constipation, ballonnements, maux de ventre...

Consultez un diététicien ou un médecin sportif : il vous conseillera les produits diététiques (produits vitaminés, déshydratés, emballés sous vide) les plus adaptés à votre cas.

N'oubliez pas que les efforts physiques augmenteront vos besoins nutritionnels et hydriques.

Prenez un petit déjeuner copieux et emportez des collations (fruits secs, pâtes de fruits, biscuits, chocolat).

Sur place, consommez les légumes, fruits et céréales du pays. Si vous mangez des produits de la pêche ou de la chasse, méfiez-vous des conditions d'hygiène dans lesquelles ils seront conservés et préparés.

Faites cuire tous les aliments (viandes, poissons, légumes).

Évitez les crudités lavées à l'eau du robinet.

Buvez de l'eau minérale et si ce n'est pas possible, ajoutez à l'eau locale des pilules désinfectantes (vendues en pharmacie).

AVANT LE DÉPART

Pratiquez : des exercices d'assouplissement et de musculation
des sports en endurance (marche, footing, natation, vélo)
la gymnastique de l'imagination.

Prévoyez :

Des vêtements
- adaptés aux intempéries
- pour vous protéger du soleil.

VII
TOUT LE MONDE PEUT GUÉRIR

- Comment guérir les troubles fonctionnels
- Le régime des troubles fonctionnels
- Ma méthode de soins pour guérir les troubles fonctionnels
- Les plexus
- A chaque vertèbre correspond un organe
- Mon traitement
- Méthode de relaxation avant de passer à table
- Gymnastique de l'imagination
- Gymnastique pour perdre votre ventre
- Autres thérapies :

  La thalassothérapie
  Les manipulations
  Les massages
  L'acupuncture
  L'oligothérapie
  Les clubs de sport
  Les Fermes de beauté
  Les instituts de beauté
  Les plantes

Nous avons longuement parlé des troubles fonctionnels, causes de multiples malaises et surtout de ces maladies chroniques qui sont le lot de trop de nos contemporains.

Au cours de mes longues années de pratique, j'ai pu mettre au point une méthode douce pour guérir ces troubles fonctionnels.

Chacun de vous peut en bénéficier et même devenir son propre thérapeute.

Car si, tout au long de ce livre, je vous ai, du moins je l'espère, aidés à comprendre comment vivre bien, j'aimerais maintenant vous offrir le fruit de mon expérience. Et vous apprendre quelques moyens simples et efficaces pour vous soigner et vous guérir.

Comment guérir les troubles fonctionnels

De même que certains comportements favorisent l'apparition des troubles fonctionnels, d'autres permettent de les éviter ou de les guérir. L'ensemble de ces attitudes n'est autre que la base d'une bonne hygiène de vie.

- Mangez lentement en broyant bien les aliments.
- Mangez assis et dans le calme.

- Évitez :

  — de passer à table en étant contrarié, stressé ou irrité. (Faites les exercices de relaxation et de respiration décrits page 238).

— de manger avec des gens que vous n'aimez pas, les disputes, les discussions.

— de regarder la télévision en mangeant.

- Ne buvez pas plus d'un ou deux verres d'eau pendant le repas. (Buvez une demi-heure avant et une heure après).
- Ne buvez pas plus d'un verre de vin par repas en règle générale.
- Ne fumez pas à table.
- Fractionnez votre prise alimentaire en 5 repas par jour (vous ne serez plus tenté de faire des repas trop copieux).

ATTENTION aux médicaments qui estompent les symptômes sans soigner les causes : emplâtres et pansements gastriques, bismuth, bicarbonate de soude, laxatifs, tranquillisants... Ils soulagent mais ne guérissent pas et les troubles s'aggravent sans que nous puissions nous en rendre compte.

Seul un changement de comportement alimentaire peut permettre de guérir les troubles fonctionnels.

Le régime des troubles fonctionnels

AU REVEIL : Boire, avant de se lever, deux grands verres d'une eau minérale peu minéralisée.

choisir	supprimer jusqu'à disparition des troubles
BOISSONS	
Eau : un verre à chaque repas	Alcools
deux litres entre les repas	Liqueurs
Vin : un verre par repas	Apéritifs
(à la fin)	Boissons alcoolisées : bière, cidre
Infusions après ou entre les repas :	Boissons sucrées gazeuses
verveine, tilleul, camomille	Thé, café
	Le soir en cas d'insomnies :
	Le pain, la viande rouge, les œufs,
	le fromage, les fruits crus

choisir	supprimer jusqu'à disparition des troubles
PETIT DÉJEUNER	
Lait écrémé ou en poudre	Lait entier
	Lait concentré
Infusion (thym, romarin)	Thé, café, jus de fruits à jeun
Pain rassis, croûte de pain	Pain frais, pain de mie
	Pain de seigle, pain complet
	Pain de son
	Croissants, brioches
Gelées	Confitures
Confitures sans les graines	Miel
	Céréales complètes
Jambon maigre, poulet	Jambon fumé
Poisson (chaud ou froid)	Poisson fumé
Œufs à la coque	Œufs frits
Yoghourts et	Fromages gras ou fermentés
Fromage blanc à 0 %	
10 H ET 17 H	
Fruits frais et mûrs épluchés	Fruits secs ou oléagineux
	La peau des fruits
Compote de fruits sans sucre	Compote sucrée, fruits au sirop
Yoghourt ou	Yoghourts aux fruits, fromage gras
fromage blanc à 0 %	Toutes les autres pâtisseries
Biscuits secs	Lait entier
Lait écrémé	Thé, café
Infusion	Boissons sucrées et gazeuses
DÉJEUNER ET DÎNER	
Poisson maigre poché, à la vapeur,	Poisson gras, fumé, salé
en papillotte, au four,	Soupe de poissons
au court bouillon	
Crustacés : crevettes, crabes	Coquillages, escargots
huîtres (12 par semaine)	
Vinaigrette à base d'huile (olive,	Mayonnaise

choisir	supprimer jusqu'à disparition des troubles
maïs, arachide, soja) et citron,	
persil, fines herbes.	
Sauce au yoghourt ou au fromage	
blanc additionnée d'herbes	
aromatiques	
Beurre frais	Graisses animales : saindoux,
	lard, graisse d'oie…
Jambon maigre	Charcuteries
Viandes dégraissées	Viandes grasses
rôties ou grillées	
Viandes maigres	Viandes en sauce
Volaille	Pot-au-feu, bouillon de viande
Œufs, mollets ou à la coque	Œufs frits
(de 2 à 6 par semaine)	
Légumes cuits à l'eau	Choux, choux fleurs, broccolis
ou à la vapeur :	petits pois, champignons, tomates,
haricots verts, endives, celeris,	carottes, concombres
courgettes, aubergines	Légumes secs
Pâtes, riz	Epices irritantes
Toutes les fines herbes	Poivre, cornichons, moutarde,
	vinaigre
Yoghourts et	Fromages gras ou fermentés
fromage blanc à 0 %	Tous les produits glacés,
Compote de fruits sans sucre	pâtisseries et confiseries
Fruits cuits	industrielles
Flans faits maison	
au lait écrémé	
Biscuits secs en petite quantité	

Ma méthode de soins pour guérir les troubles fonctionnels

Si un régime alimentaire approprié est la base indispensable du traitement des troubles fonctionnels, il est tout aussi important, lorsque les troubles sont installés, de pratiquer pendant environ deux mois une thérapie manuelle, seule capable de remettre en état de bon fonctionnement l'ensemble du système neuro-végétatif.

Vous pouvez vous adresser à un thérapeute manuel. Mais un (ou une) ami, votre femme (ou votre conjoint) peuvent devenir votre thérapeute s'ils suivent attentivement ces quelques conseils.

Les précautions à prendre :

1. Ne traitez jamais un ventre pendant la digestion. Traiter avant ou 3 heures après le repas.
2. Traitez sur une table (de cuisine, de salle à manger...) ou sur le sol en ayant soin de mettre une couverture pliée en quatre sous votre patient.
3. Traitez dans une pièce chaude : votre patient ne doit jamais avoir froid.
4. Traitez dans le calme : votre soin ne doit pas être interrompu.
5. Concentrez-vous sur votre patient en éliminant tous vos problèmes. Restez naturel et détendu intérieurement.
6. N'employez pas de crème de massage pour les plexus ou les traitements en profondeur.
7. Employez des huiles essentielles pour les massages de détente et de relaxation.
8. Vos mains doivent être douces, calmantes et vos manœuvres lentes.
9. Trois conseils pour avoir une bonne main :
   — Faites de la pâte à modeler
   — Malaxez une balle de tennis
   — Entraînez-vous sur de la pâte à tarte.
10. Le traitement ne doit pas faire mal, ni laisser de bleus.
11. Le traitement complet peut durer entre 30 mn et 1 H. Si vous n'avez pas le temps, pratiquez un massage d'une seule partie du corps (ventre, dos ou un plexus).

12. Après le traitement, votre patient doit rester 10 à 15 mn bien au chaud sous une couverture (il peut même essayer de dormir).

Au début du traitement

Le patient est allongé sur le dos, jambes fléchies afin de détendre les muscles du ventre.

Les soins

Le traitement est l'ensemble de différentes manœuvres. Vous pouvez toutes les utiliser dans l'ordre que vous voulez : seuls l'expérience, les connaissances et l'instinct du thérapeute décident du traitement en fonction de chaque patient.
Selon la partie du corps que vous traitez et son état (elle peut être plus ou moins spasmée, tétanisée, congestionnée...) la manœuvre peut durer de deux à cinq minutes.

L'effleurage

Technique : Glisser légèrement les mains sur la région à traiter.
But : Détendre. Stimuler légèrement la circulation locale.

Le malaxage

Technique : Saisir la peau à pleines mains, la pétrir et la malaxer doucement, comme une pâte.
But : Décongestionner et « déspasmer » un organe, un muscle.

Le pincé roulé

Technique : Prendre la peau entre le pouce, l'index et le majeur, la décoller légèrement et la rouler entre les doigts en douceur. (Cette manœuvre peut être douloureuse si les organes sont congestionnés depuis plusieurs années.)
But : Dépister et traiter les infiltrations du tissu conjonctif enflammé (cellulite). L'épaisseur de la peau ne doit pas dépasser 1 cm. Cette manœuvre renseigne sur la bonne ou mauvaise santé des organes sous la peau. Excellente manière pour traiter les plexus.

Les percussions

Technique : Tapoter régulièrement du bout de deux doigts le pourtour de l'articulation ou d'un muscle tétanisé.
But : Traiter un blocage sans manipulation.

Les pressions

Technique : La manœuvre s'effectue avec la pulpe d'un ou plusieurs doigts (digitopuncture) ou avec la paume de la main sur les endroits à traiter. Les pressions peuvent s'accompagner de vibrations, de rotations ou de « glissés ».
But : Décontracter les muscles, assouplir les articulations, calmer et tonifier les organes.

Les vibrations

Technique : Avec la pulpe d'un ou plusieurs doigts (digitopuncture) ou avec la paume de la main, vibrez 10 à 12 secondes sur la partie à traiter, puis déplacez votre main de quelques centimètres et vibrez à nouveau.
But : Le même que pour les pressions, mais cette technique est relaxante.

Les bienfaits du traitement

- Détente du corps et de l'esprit
- Guérison des troubles neuro-végétatifs
- Amélioration des circulations sanguine et lymphatique
- Assouplissement des muscles et des articulations
- Stimulation du fonctionnement des organes et des glandes
- Recharge d'énergie
- Elimination des toxines
- Embellissement de la peau

NB : Vous commencerez à sentir les effets du traitement au bout de trois à cinq séances.

On peut ajouter à ces manœuvres des **tests de mobilité** dont le but est de redonner une amplitude physiologique normale aux articulations vertébrales ou autres sans manipulation donc sans danger.

Les plexus

Un plexus est un point très précis, le plus souvent minuscule, situé le long d'un méridien. Il correspond à une glande ou à un organe, qui lui-même appartient à un système (neuro-végétatif par exemple).

C'est le Dr Henri Jarricot, spécialiste de médecine interne, ostéopathe, acupunteur et pionnier de l'auriculothérapie, qui a découvert et dénombré les plexus et défini précisément le rôle de chacun d'eux. Car chaque plexus « commande » l'organe, le viscère ou la glande situé tout près de lui. Si bien qu'en traitant un plexus gros comme une tête d'épingle, on peut décongestionner, stimuler, fortifier cet organe ou cette glande, et ainsi agir sur tout le système dont il dépend.

Comment détecter les plexus ?

On détecte un plexus du bout des doigts : en faisant une manœuvre de pincé-roulé, on sent sous la peau une petite granule. Si la glande ou l'organe qu'il commande est congestionné, spasmé ou fonctionne mal, le plexus est extrêmement douloureux (on l'appelle le « point exquis » !) et souvent enrobé d'un amas cellulitique.

Le traitement

Il faut d'abord faire disparaître l'amas cellulitique, ce qui ne peut se faire qu'en plusieurs séances si on veut éviter de trop faire souffrir le patient. La technique consiste à faire trois ou quatre manœuvres de pincé-roulé de vingt à trente secondes chacune. On peut obtenir le même résultat avec l'acupunture, mais la digito-puncture est parfois plus précise. Lorsque la cellulite localisée aura disparu, on continuera le même traitement sur le point précis du plexus correspondant à l'organe ou au système que l'on veut traiter.

Les résultats

Décongestionnés et stimulés, les organes retrouveront un fonctionnement normal. En traitant tous les plexus, on rétablit tous les circuits énergétiques de l'organisme.

Soignez vous-même vos plexus

Un bon acupuncteur ou un kinésithérapeute sérieux vous indiqueront les points précis des plexus. Vous pourrez alors vous traiter vous-même, soit en plantant une aiguille à l'endroit indiqué, soit en pratiquant des manœuvres simples de pincé-roulé. Seuls de peu glorieux motifs financiers peuvent pousser un médecin à vous faire venir des dizaines de fois à son cabinet au lieu de vous apprendre à vous traiter vous-même, comme le font très bien des millions d'orientaux. J'ai toujours obtenu des résultats éphémères, notamment dans les cas de troubles fonctionnels, lorsque j'ai soigné mes patients sans traiter en même temps leurs plexus. Et j'aimerais dans ce livre rendre un hommage particulier au Dr Jarricot dont les découvertes nous permettent, chaque jour, de mieux guérir nos patients.

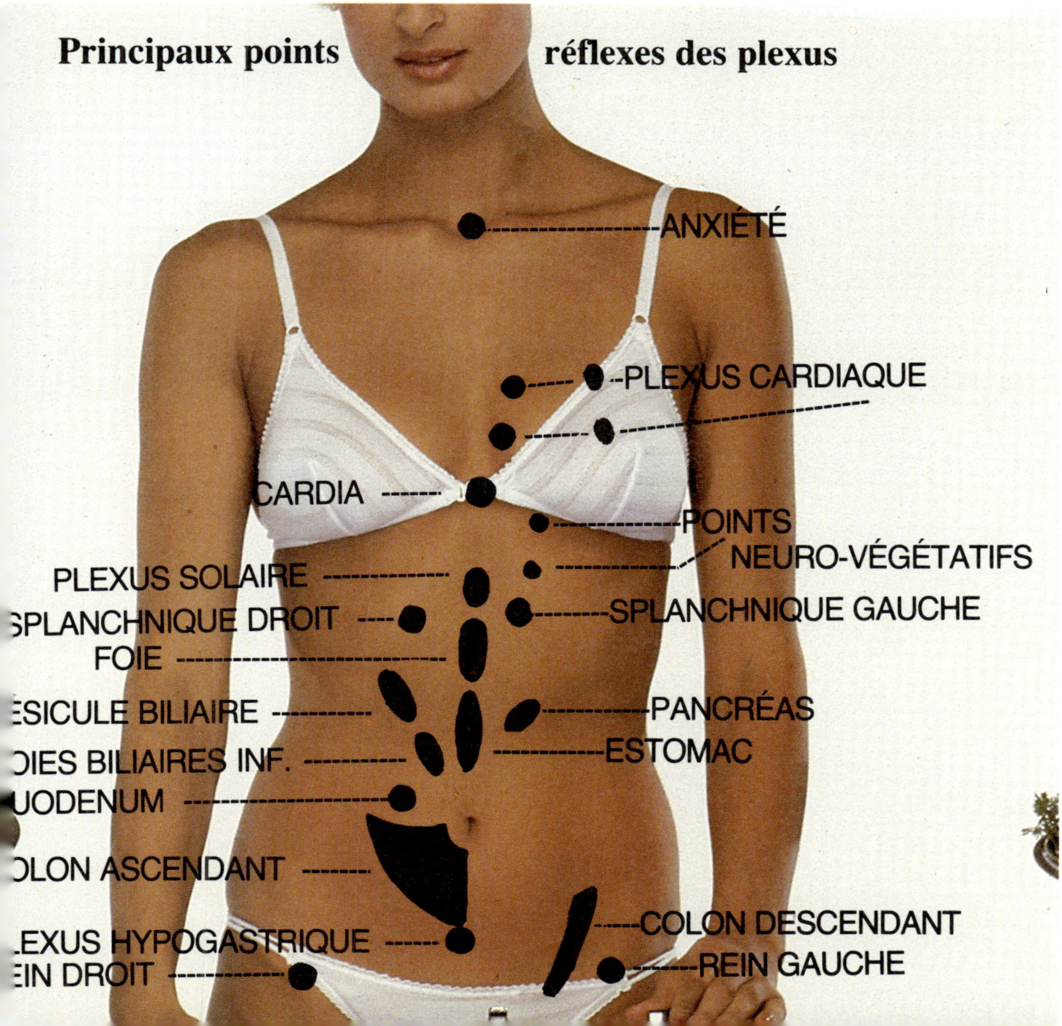

À chaque vertèbre correspond un organe

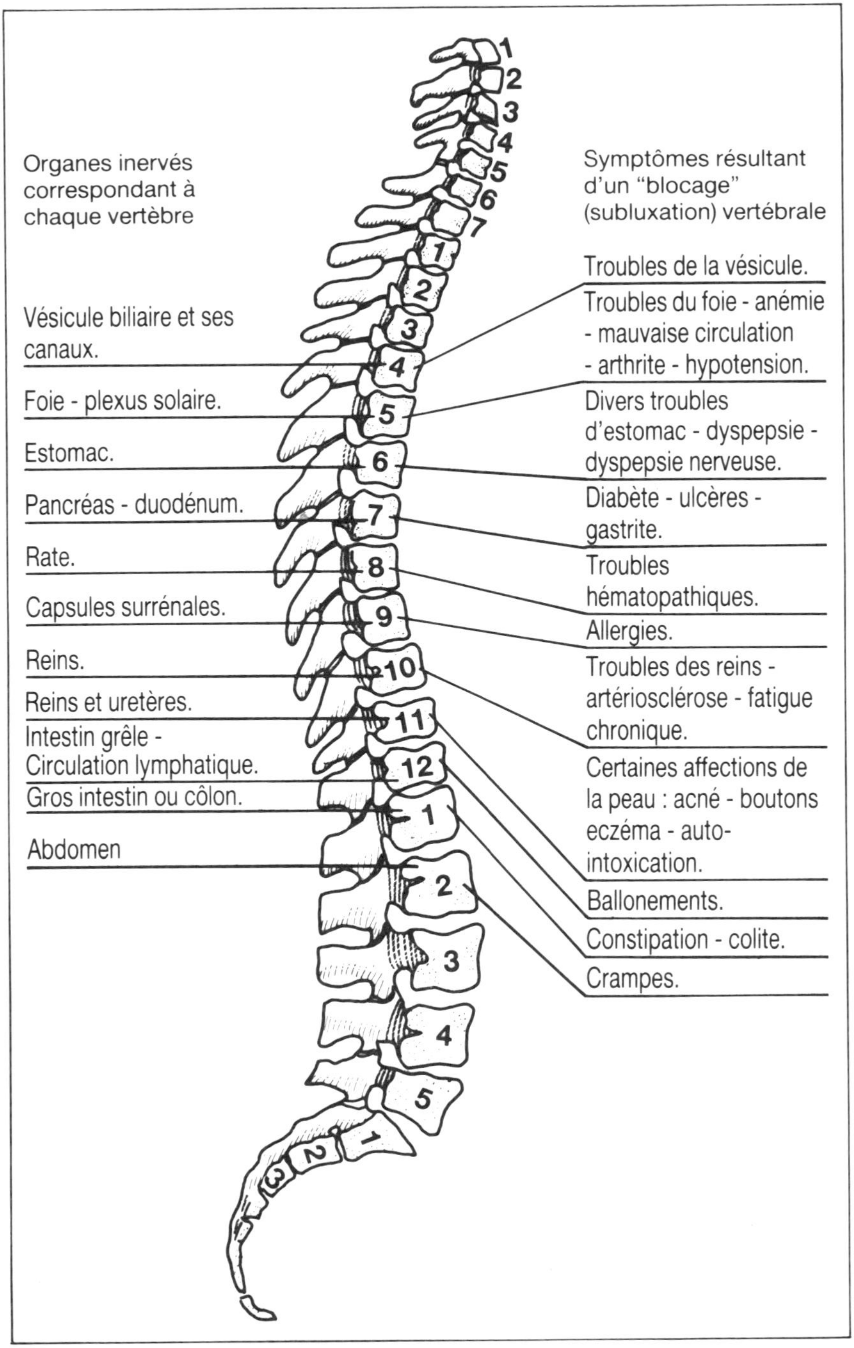

Mon traitement

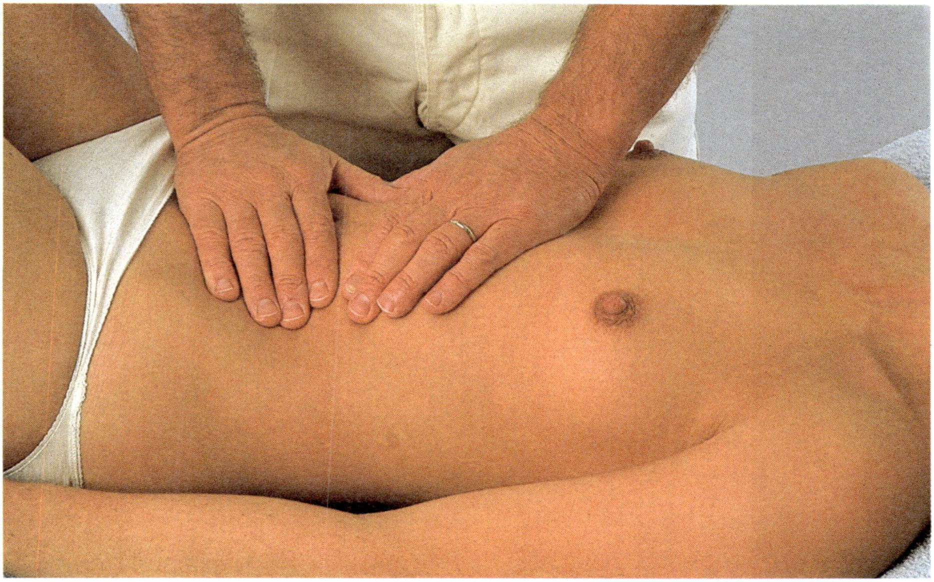

Les mains se posent doucement sur le ventre, restent quelques minutes sans bouger pour sentir les réactions du ventre et sa vie propre. Puis elles glissent légèrement dans une manœuvre d'effleurage.
But : Détendre le patient. Le préparer au traitement.

Je déplace mes mains et traite tout le ventre par un travail de malaxage très doux en profondeur.
But : Décongestionner et détendre un organe spasmé. Assouplir le ventre.

J'appuie doucement les mains sur les côlons en glissées profondes. Elles peuvent agir par pressions, vibrations ou déplacements. J'utilise pour cette manœuvre une crème ou une huile.
But : Améliorer le transit intestinal.

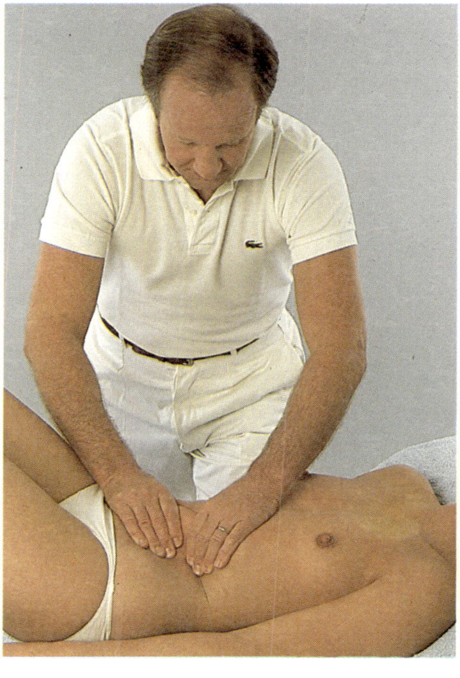

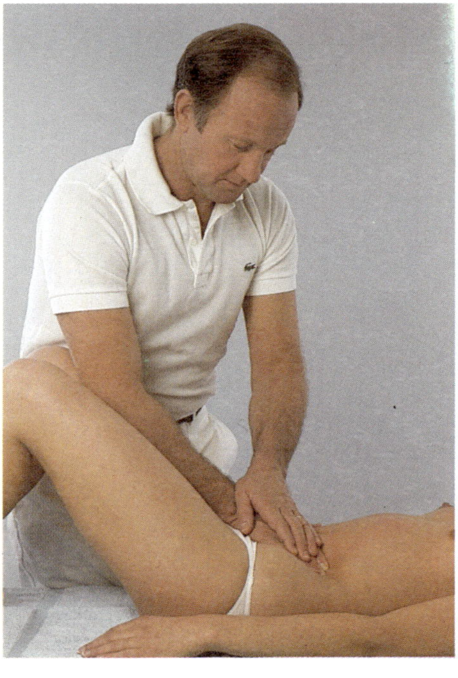

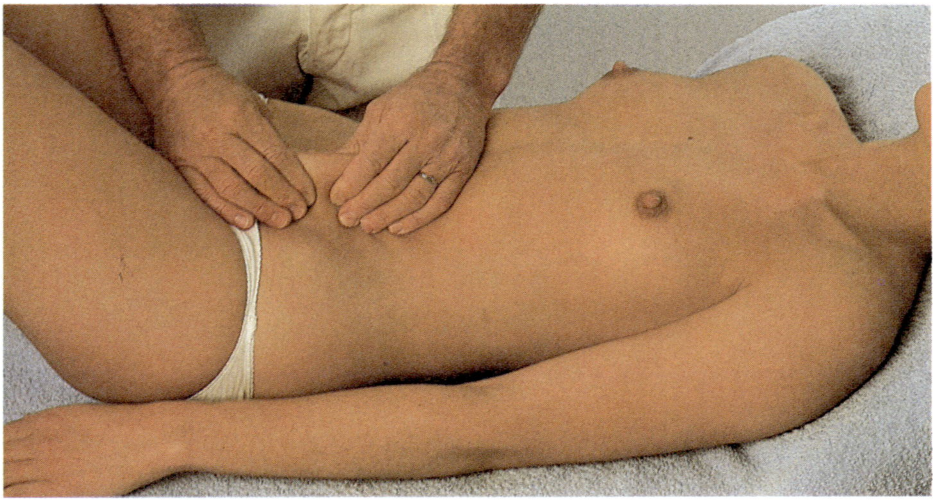

Pincé-roulé sur le plexus du côlon descendant 20 à 30". Je marque un temps d'arrêt, puis je refais la manœuvre 2 à 3 fois.
But : Etre renseigné sur le bon ou mauvais fonctionnement de l'organe sous vos mains. Stimuler et fortifier le côlon descendant (même manœuvre sur les plexus, les côlons ascendant ou transverse).

Sur une respiration très profonde mes pouces s'enfoncent sous les côtes et travaillent la rate en pressions, et vibrations.
But : Décongestionner, stimuler et fortifier la rate, (mêmes manœuvres sur le pancréas, le foie, la vésicule biliaire).

Digito-puncture sur le plexus solaire. Avec la pulpe du pouce, de l'index ou de tous les doigts, pressions et vibrations rythmées sur plusieurs inspirations et expirations.
But : Calmer l'angoisse, relaxer. Prendre conscience de la respiration. Fortifier les systèmes cardiaque et neuro-végétatif.

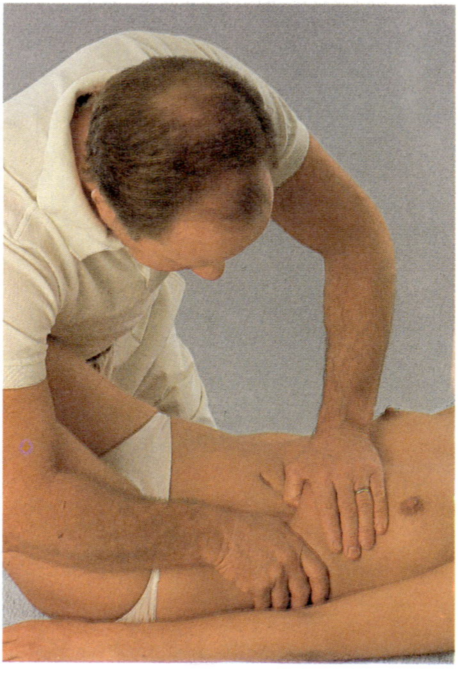

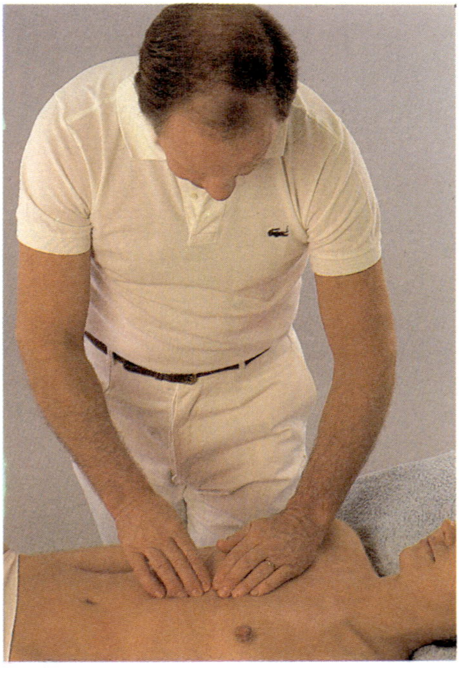

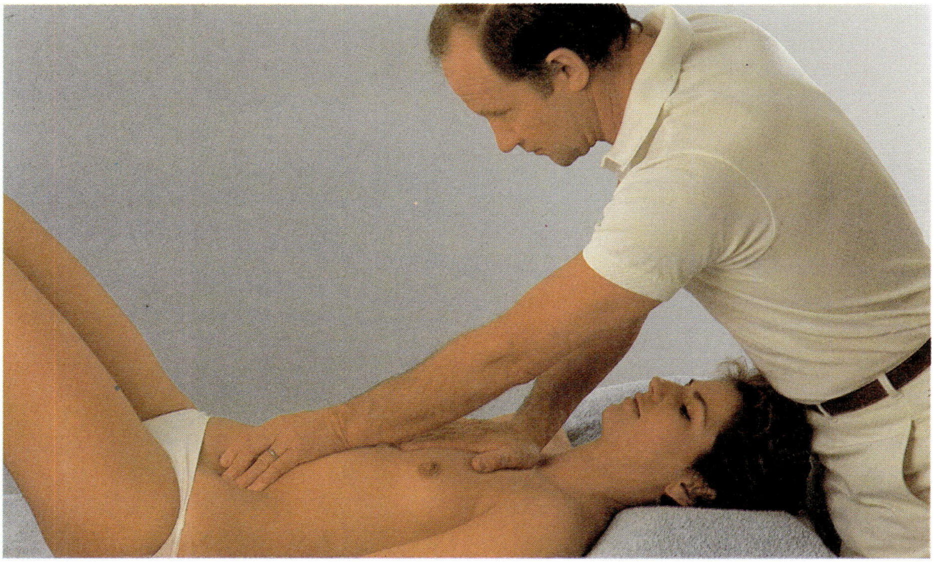

Sur les plexus (anxiété, cardiaque, solaire, neuro-végétatif, hypogastrique), pressions douces et profondes, rythmées sur 3 à 5 inspirations et expirations.
But : Détendre, régulariser le transit intestinal, décongestionner glandes et organes sous les mains.

Pressions rythmées par des inspirations et expirations maximum pour « ouvrir » la cage thoracique.
But : Augmenter la capacité respiratoire. Chasser l'angoisse et l'anxiété. Fortifier le système cardio-vasculaire.

Digito-puncture avec la pulpe des pouces entre les articulations sterno-costales (autour du sternum). Pressions de quelques secondes, puis les pouces se déplacent de haut en bas et de bas en haut.
But : Le même que précédemment.

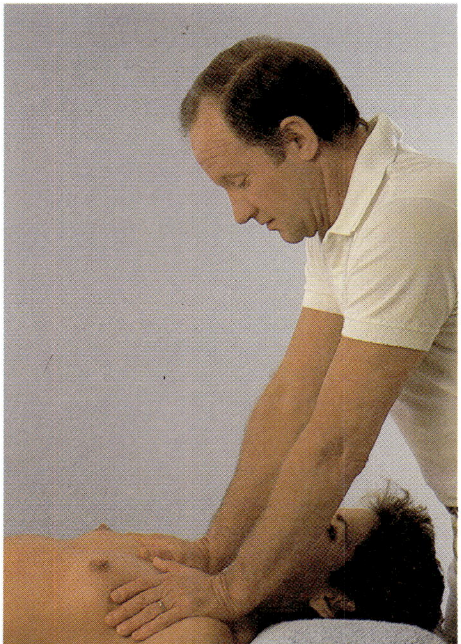

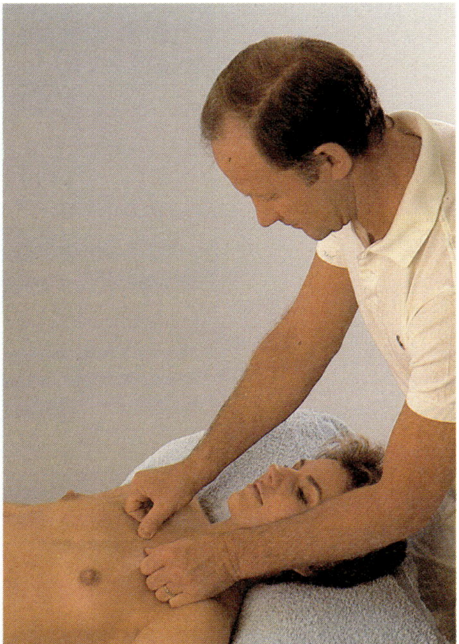

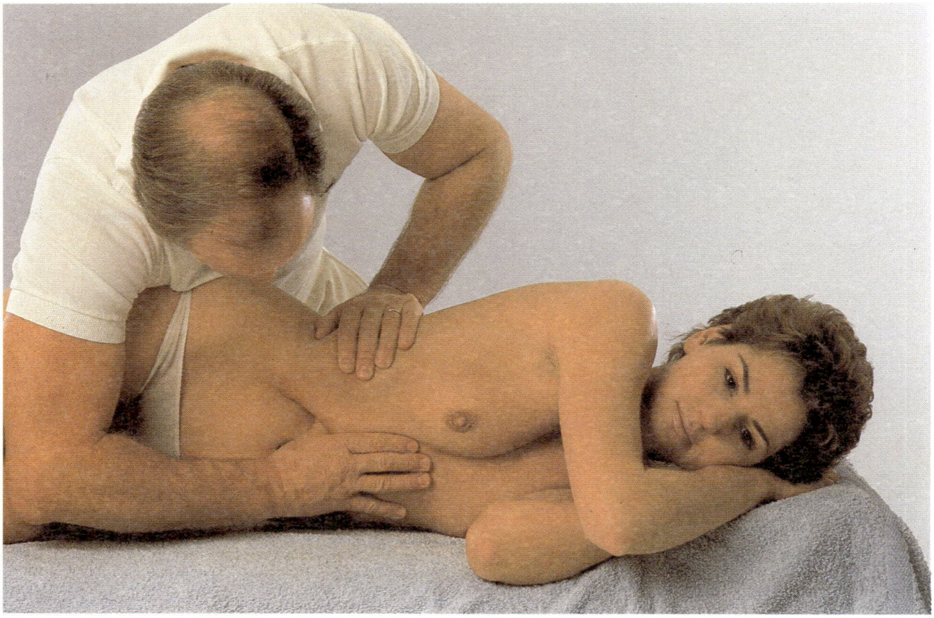

Traitement en profondeur du foie et de la vésicule biliaire.
Pressions et vibrations avec le pouce ou le bout des doigts enfoncés sous les côtes. Les manœuvres se font au rythme de la respiration du patient.
But : Stimuler le foie et la vésicule biliaire.

Manœuvre de glissées profondes. Partant de la colonne vertébrale jusqu'au sternum, les doigts légèrement écartés suivent le trajet naturel des côtes.
But : Décongestionner et fortifier le foie.

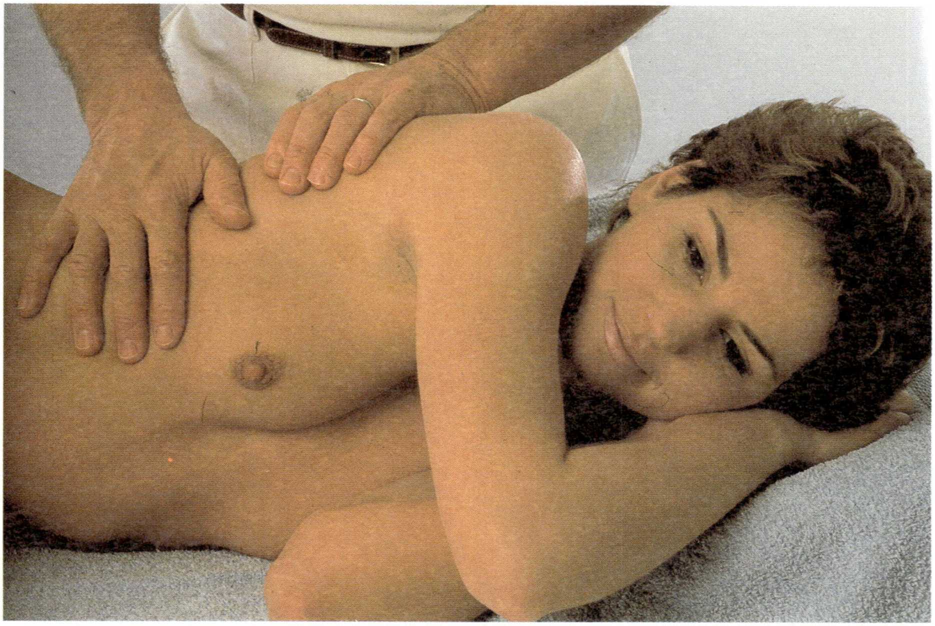

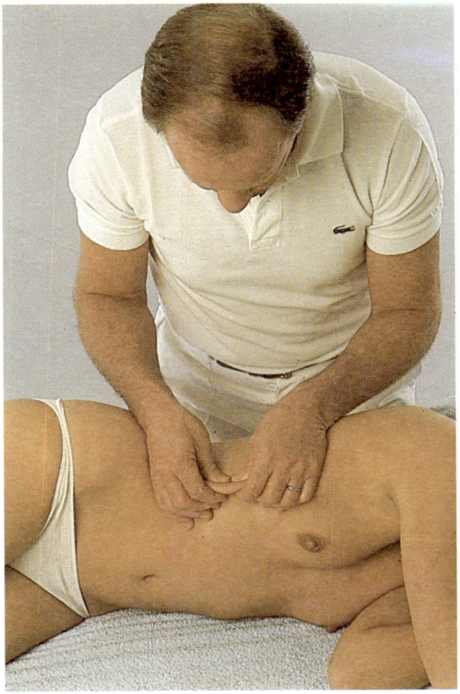

Pincé-roulé de la colonne vertébrale au sternum et nombril, à effectuer avec grande douceur.
But : Décongestionner et fortifier le foie et la vésicule biliaire.

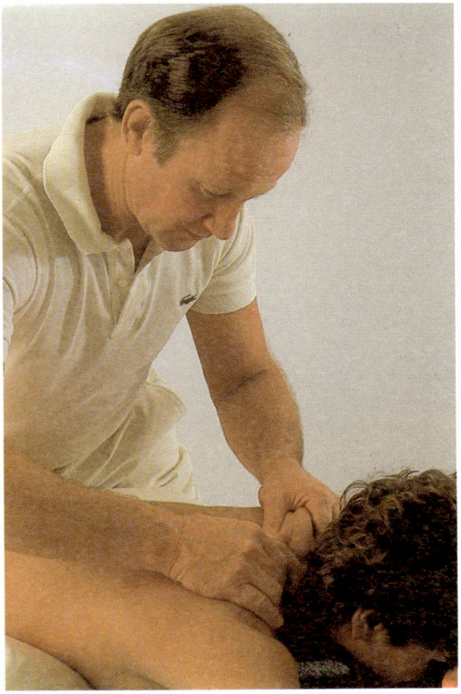

Malaxage très doux de la nuque, puis digito-puncture sur tous les points douloureux en profondeur.
But : Assouplir la nuque. Rendre aux vertèbres leur mobilité. Chasser l'inflammation cellulitique.

Malaxage, en profondeur et en douceur. Ma patiente inspire doucement par le nez en gonflant le ventre, et expire à fond par le nez en rentrant le ventre au maximum.
But : Décongestionner et calmer les intestins. Régulariser en douceur le transit intestinal. Tonifier tout le système neuro-végétatif. Rétablir les circuits énergétiques.

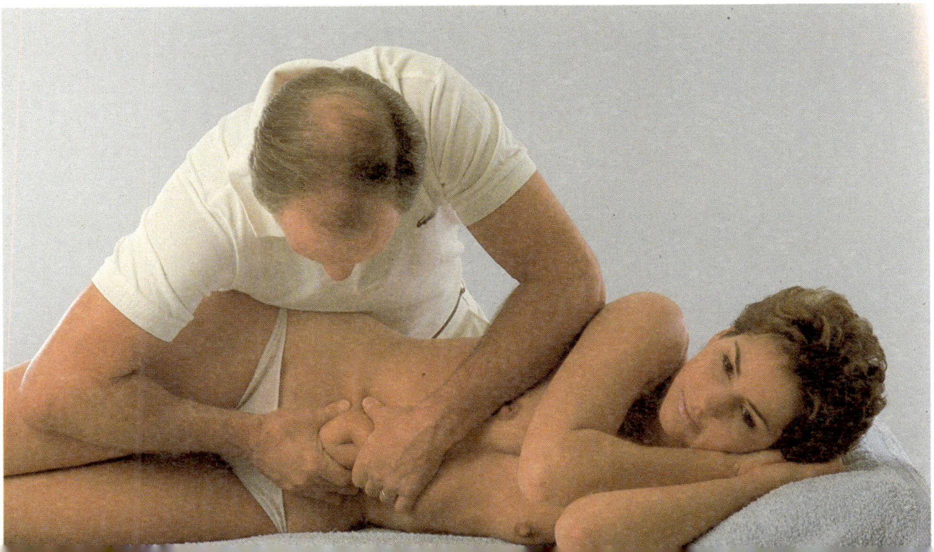

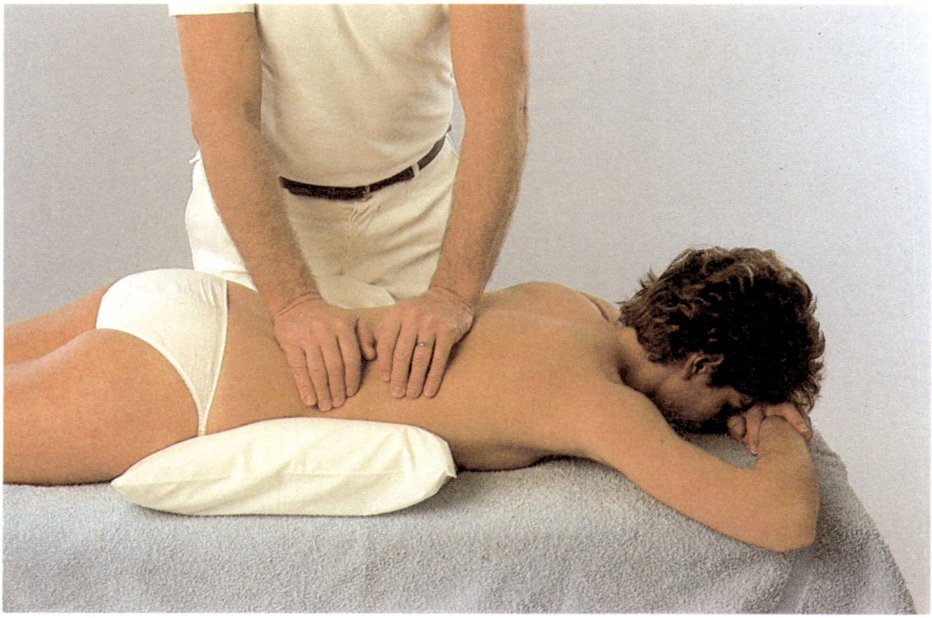

Un coussin sous le ventre de ma patiente, je traite sans crème, avec les paumes des mains sur la masse musculaire des para-vertébraux (muscles qui soutiennent la colonne vertébrale) de haut en bas et de bas en haut par pressions profondes sans glisser. J'insiste sur les régions lombaire et dorsale.
But : Détendre et assouplir le dos. Rendre aux vertèbres leur mobilité. Libérer les nerfs qui commandent le système neuro-végétatif.

Je crée une élongation naturelle de la colonne vertébrale. Une main reste fixe sur le sacrum pendant que l'autre étire la colonne par des pressions profondes vers le haut.
But : Assouplir les muscles du dos. « Détasser » les vertèbres les unes par rapport aux autres. Détendre le patient (répercussion directe sur le système neuro-végétatif).

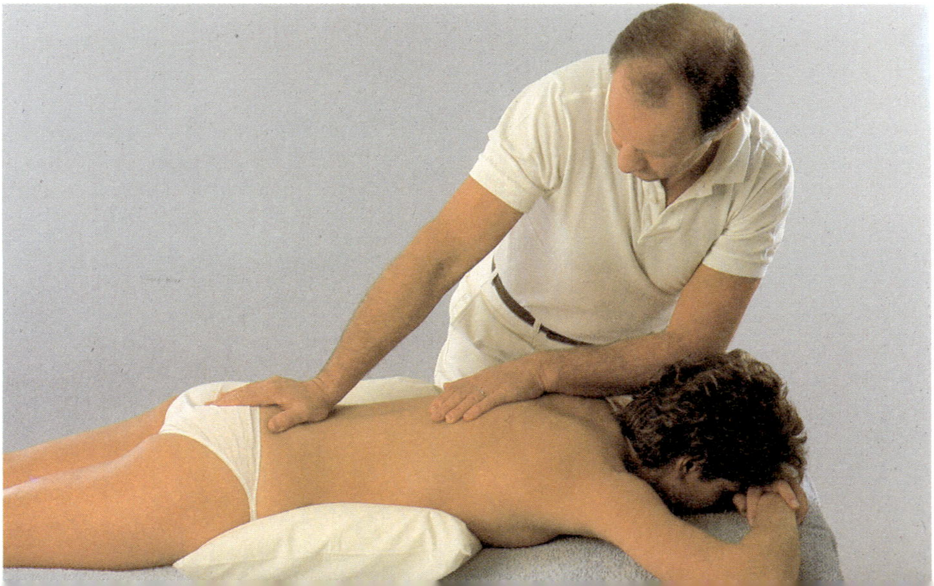

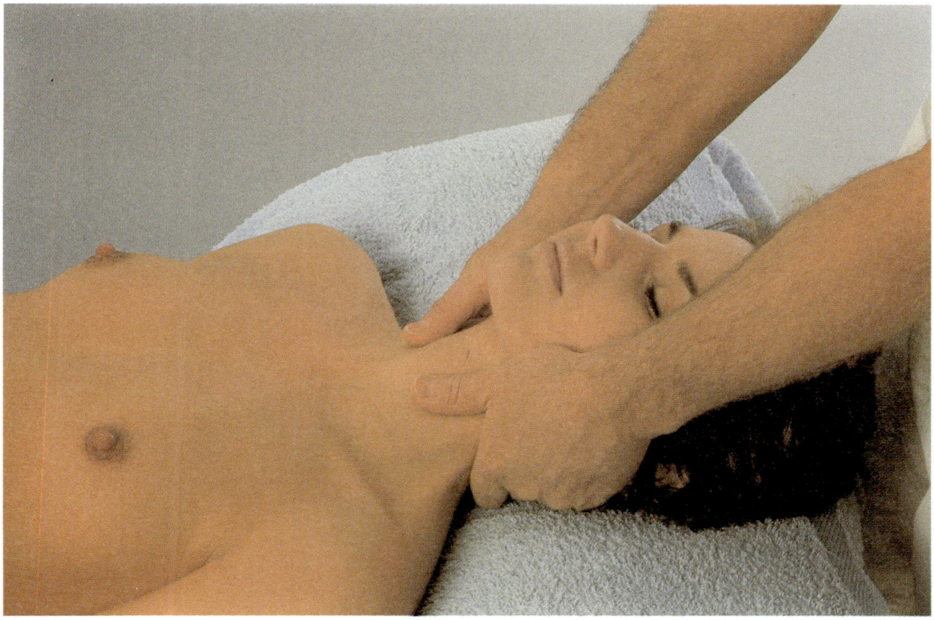

J'épouse la nuque avec les paumes de mes mains et fais de très légères élongations en douceur, et sans forcer. La manœuvre est rythmée par la respiration du patient. On peut choisir : de tirer sur l'expiration ou l'inspiration, de rester en élongation sur plusieurs respirations ou de conjuguer l'ensemble.
But : Relaxer le patient, assouplir la nuque, améliorer la vascularisation de la tête, détendre tout le système neuro-végétatif.

J'enveloppe la tête de mes mains, et travaille sur place en pressions et rotations légères avec le bout des doigts. Surtout pas de frottements. Puis, je déplace mes mains sur toute la tête.
But : Calmer les nerveux, détendre tout l'organisme, recharger l'énergie, stimuler le système neuro-végétatif, assouplir le cuir chevelu

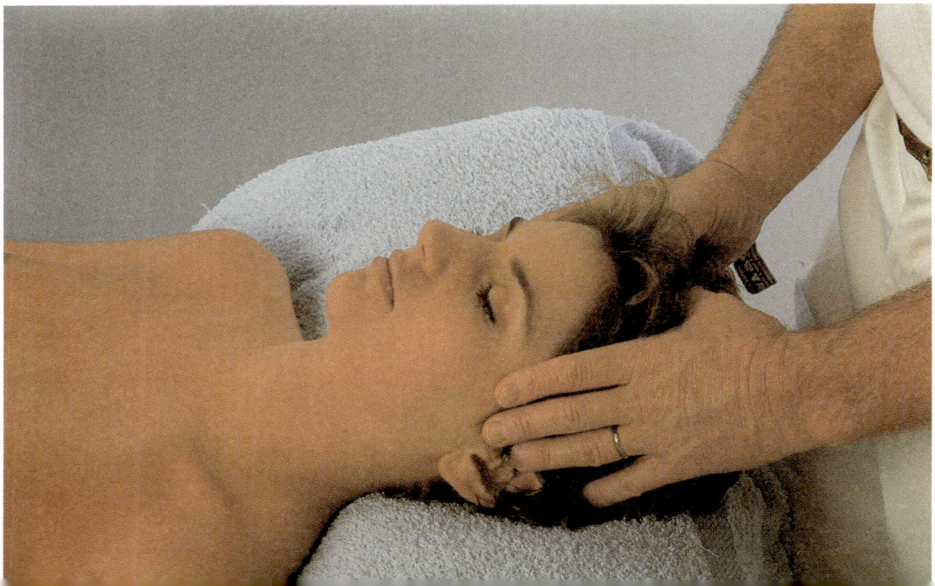

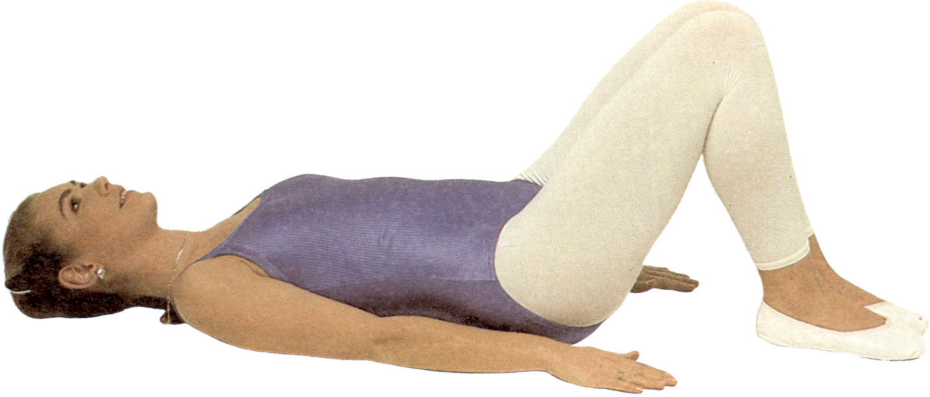

Chez vous ou dans un endroit calme, allongez-vous sur le dos, jambes fléchies, pieds au sol, bras le long du corps. Inspirez tout doucement par le nez, en gonflant le ventre, puis la poitrine. Gardez l'air 2 à 3 secondes puis expirez tout aussi doucement par le nez en rentrant le ventre au maximum, comme si vous vouliez enfoncez vos reins dans le sol. Relâchez la contraction de vos abdominaux, puis inspirez à nouveau. Recommencez dix fois, en gardant un rythme lent.

Assis en tailleur, mains posées sur les genoux, inspirez tout doucement par le nez en gonflant le ventre puis la poitrine.
Tirez sur les bras et grandissez le dos vers le haut.

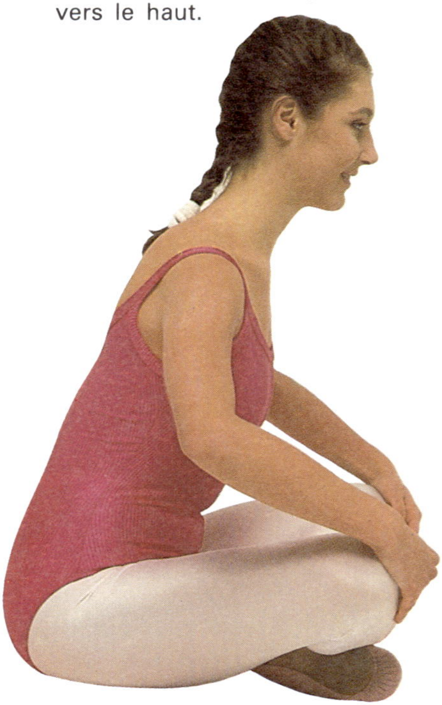

Gardez l'air 2 à 3 secondes puis, tout en expirant par le nez, arrondissez votre dos, laissez tomber la tête, rentrez le ventre au maximum. Relâchez la contraction.
Recommencez dix fois, très lentement.

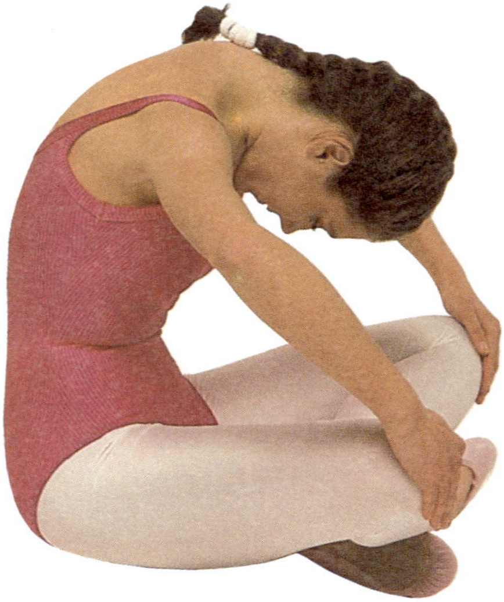

Méthode de relaxation avant de passer à table

Ces exercices ont pour but de calmer votre angoisse ou votre émotivité, de vous « déstresser », de détendre votre système neuro-végétatif afin d'avoir une parfaite assimilation et élimination des aliments et de vous préserver de troubles fonctionnels.

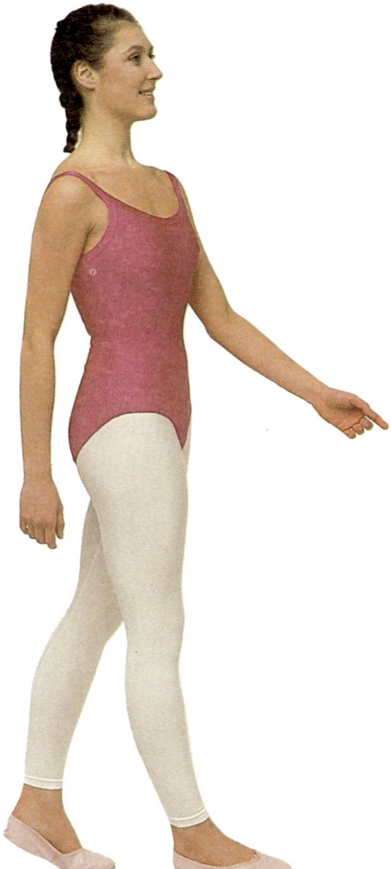

En vous rendant au restaurant, à la cantine, détendez-vous en marchant. Inspirez tout doucement par le nez, gonflez le ventre, puis la poitrine en rentrant le ventre au maximum.
Continuez, sur un rythme lent pendant tout le trajet.

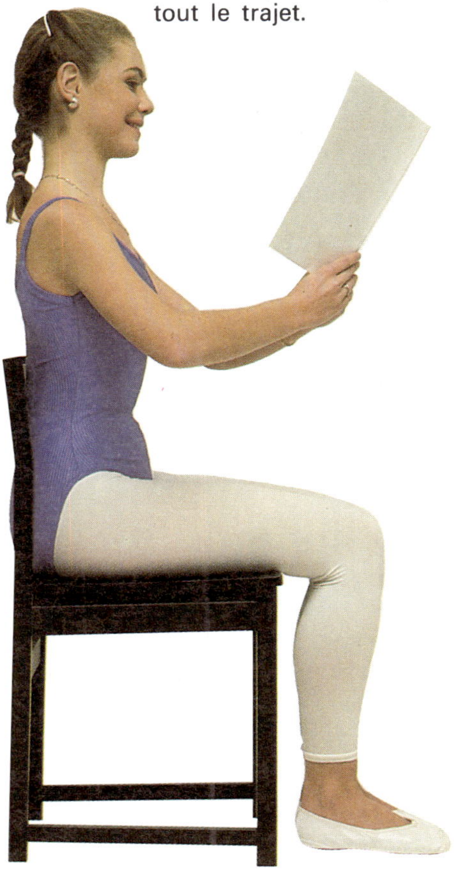

Au début du repas ou en lisant la carte assis bien droit (ne croisez pas les jambes), inspirez tout doucement par le nez, gonflez le ventre, puis la poitrine, gardez l'air 2 à 3 secondes puis expirez tout doucement par le nez en rentrant le ventre au maximum. Cet exercice, pratiqué en douceur, passe complètement inaperçu.
Recommencez dix fois, très lentement.

Gymnastique de l'imagination
ou la gymnastique de la prévention

Comment la pratiquer

Chaque mouvement doit être *pensé* et parfaitement *contrôlé*. Le geste est continu et lent. *La contraction des muscles est volontaire.*

— *A partir de cette contraction, l'exécutant imagine* : qu'il pousse, qu'il tire, qu'il soulève *une force* ou *des forces* de plus en plus lourdes (de la plume à quelques centaines de kilos) dans une direction exacte selon que l'on veuille travailler ou fortifier tel muscle (long ou court) ou groupe musculaire et ses antagonistes.
Chacun travaille suivant sa propre force, son énergie du moment, son désir de modeler son corps.

Le corps est séparé en 2 parties :
La partie fixe (point fixe)
— les pieds et les jambes s'enfoncent dans le sol
— les fessiers sont serrés très fortement pour bloquer le bassin basculé, pubis vers le haut
— le ventre est rentré légèrement tout en restant souple
La partie mobile
— dos en position de légère cyphose ou droit
— poitrine bien dégagée vers l'avant
— les bras et les épaules sont très souples et vont pouvoir exécuter tous les mouvements dans l'espace (tirer, soulever, pousser...).

La respiration
Elle joue un rôle primordial dans l'exécution des mouvements. Le cœur travaille en endurance et ne doit pas monter à plus de 130-140 pulsations par minute.

Inspirez doucement par le nez pendant tout le temps de l'étirement.
Expirez par la bouche ouverte très détendue en revenant à la position de départ.
La respiration suit très exactement le mouvement et le soutient. Quand on reste en étirement, l'effort devient très intense, le rythme respiratoire doit s'accélérer pour permettre au cœur de conserver le même débit.

Conseils :
— Ne jamais forcer.
— Stopper tout mouvement déclenchant la moindre douleur.

En soumettant chaque mouvement du *corps* au contrôle de l'*esprit*, cette gymnastique apporte un *véritable équilibre* et une *énergie* nouvelle.

Pourquoi la gymnastique de l'imagination ?

— *Pour détendre les muscles*, aérer, « détasser » tous les disques intervertébraux.
— *Pour renforcer les articulations* et le tonus musculaire.
— *Pour assouplir* la colonne vertébrale et lui redonner une parfaite mobilité.
— *Pour remplacer, ou compenser, le manque d'exercice physique :*
30 minutes de pratique de gymnastique de l'imagination équivalent à :
6 à 7 km de course à pied, mais en évitant la fatigue des articulations et le tassement des disques inter-vertébraux, 30 minutes de natation, ou une heure de vélo sans forcer.

Pour qui la gymnastique de l'imagination ?

Ma méthode repose sur des gestes quotidiens : les travaux manuels pratiqués à la campagne et tous les gestes du passé oubliés dans notre vie moderne (couper du bois, tirer de l'eau du puits, monter à la corde, enfoncer un piquet, tirer à l'arc, porter des charges lourdes...).
Ces gestes contribuaient à équilibrer, à défouler, décharger du stress, de l'angoisse, de l'agressivité... Seul handicap : le dos et le cœur n'étaient pas suffisamment protégés et respectés.

— *Une gymnastique pour tous :* De l'enfant à la personne du 3e âge

— *Pour les enfants :* Elle corrige les déformations de la colonne verbébrale (cyphose, lordose, scoliose) et renforce une musculature déficiente. Elle apprend à coordonner les mouvements et à se concentrer.

— *Pour les femmes enceintes :* Elle peut être pratiquée avec l'accord du gynécologue jusqu'à la veille de l'accouchement, et 3 ou 4 jours après, d'une manière très douce.

— *Pour les handicapés moteurs et les accidentés :* Elle les aide psychologiquement : solliciter le muscle par l'esprit déclenche un réflexe formidable.

— *Pour ceux qui veulent maigrir :* La contraction des muscles associée à une excellente ventilation permet de « brûler » la cellulite. Si la pratique est régulière, les résultats seront rapides.

— *Pour les sportifs :* Elle apprend à bien placer son centre de gravité pour avoir un bon équilibre et tirer un meilleur bénéfice et plus de plaisir d'autres activités sportives.

— *Pour les dépressifs, les nerveux, les angoissés :* Le malade se prend en charge, s'oblige à se concentrer, à faire quelque chose, ce qui déclenche un réflexe de survie.

— *Pour les fumeurs*
L'apprentissage de la respiration, l'oxygénation et la ventilation accélérés pendant les exercices incitent et aident le fumeur à s'arrêter, sans prendre de poids.

— *Pour les personnes souffrant de troubles fonctionnels* (ballonnements, constipation, colite, gastrite, insomnie...) : Gymnastique, hygiène de vie et hygiène alimentaire rendent inutiles les régimes et les médicaments.

— *Pour les hypertendus et les hypotendus :* Elle rééquilibre la tension à condition de respecter les paliers de progression et les conseils d'hygiène de vie.

— *Pour les personnes souffrant du dos et d'arthrose :* Elle guérit 90 % des maux de dos, les 10 % restant sont du domaine de la chirurgie (hernie discale). Elle stoppe l' évolution de l'arthrose et atténue les douleurs.

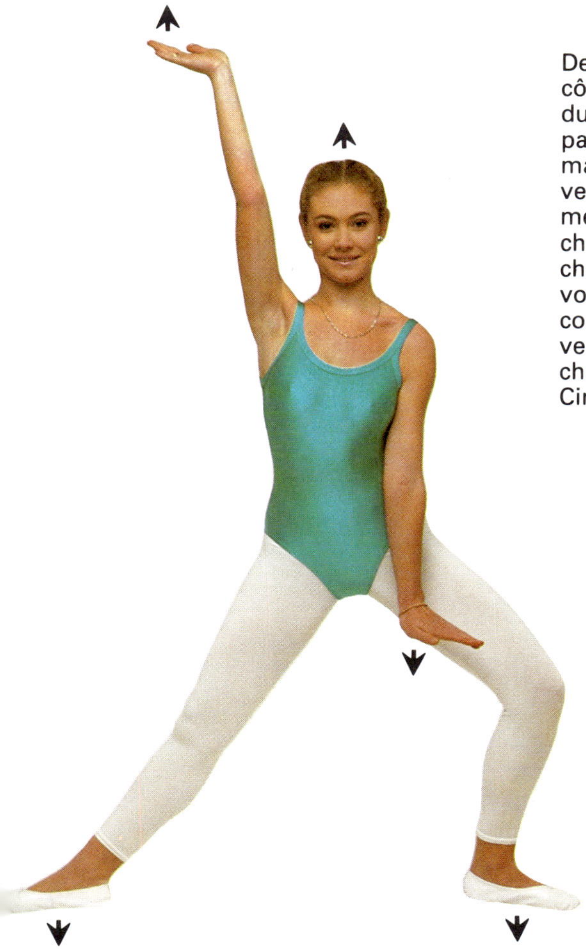

Debout, jambes écartées, faire une fente sur le côté, jambe gauche fléchie, jambe droite tendue. Bras gauche le long du corps, main flexe, paume vers le sol. Bras droit tendu vers le haut, main flexe, paume vers le ciel. Fesses serrées, ventre rentré. Inspirez par le nez très doucement, en imaginant que vous soulevez une charge très lourde vers le haut et poussez une charge très lourde vers le bas en grandissant votre dos. Enfoncez vos jambes dans le sol comme si votre corps se séparait en deux au niveau du bassin. Expirez par la bouche, en relâchant mais en gardant la position.
Cinq fois sur chaque jambe. Rytme très lent.

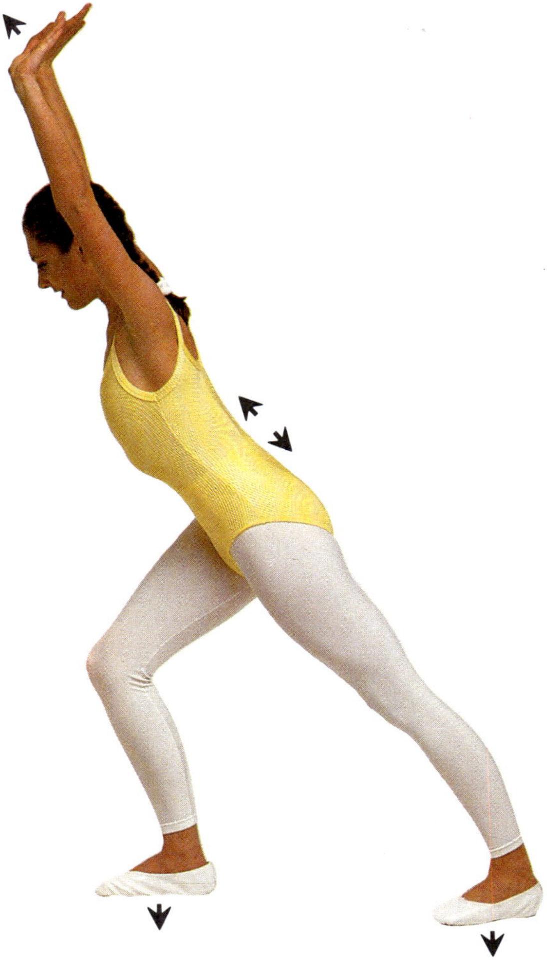

Debout, jambe droite fléchie en avant, jambe gauche tendue en arrière, les bras sont tendus vers le haut, paumes de mains ouvertes vers le ciel. La jambe gauche, le dos, les bras et la nuque sont dans le même axe. Inspirez par le nez en imaginant que vous poussez deux charges très lourdes vers le haut tout en enfonçant les jambes et les pieds dans le sol comme si votre corps se séparait en deux au niveau du bassin. Puis serrez les poings, saisissez les charges et ramenez-les vers les épaules, en expirant par la bouche grande ouverte. L'inspiration et l'expiration doivent être très profondes. Elevez vos bras doucement vers le haut en inspirant...
Cinq fois sur chaque jambe. Rythme très lent.

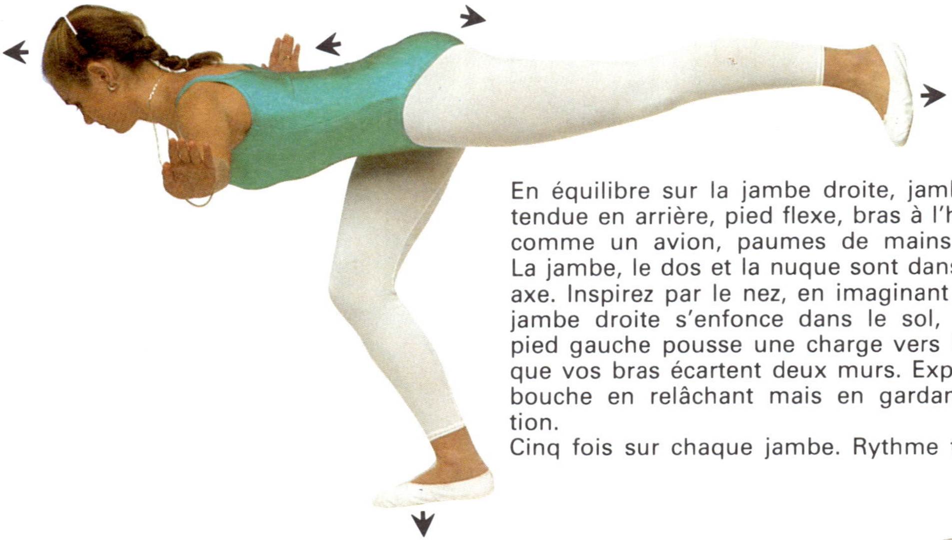

En équilibre sur la jambe droite, jambe gauche tendue en arrière, pied flexe, bras à l'horizontale comme un avion, paumes de mains ouvertes. La jambe, le dos et la nuque sont dans le même axe. Inspirez par le nez, en imaginant que votre jambe droite s'enfonce dans le sol, que votre pied gauche pousse une charge vers l'arrière et que vos bras écartent deux murs. Expirez par la bouche en relâchant mais en gardant la position.
Cinq fois sur chaque jambe. Rythme très lent.

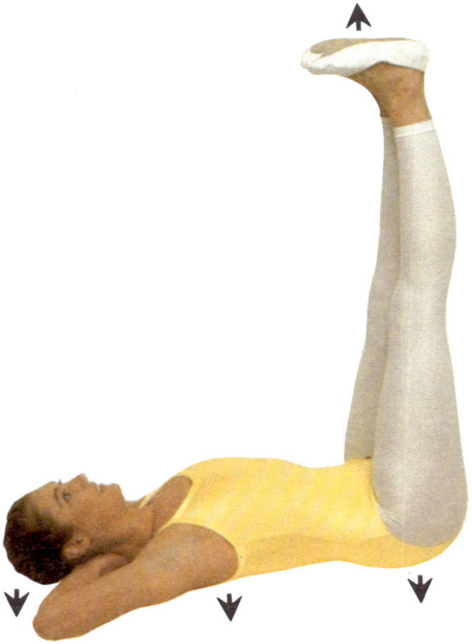

Allongée sur le dos, doigts croisés derrière la nuque souple, jambes tendues à 90°, pieds flexes (pointes vers soi). Inspirez par le nez en imaginant que votre nuque, votre dos, vos fessiers s'enfoncent dans le sol, pendant que vos pieds poussent vers le ciel une charge imaginaire très lourde. Expirez profondément, par le nez en relâchant mais en gardant la position. Dix fois. Rythme très lent.

Allongée sur le ventre, bras tendus vers l'avant, jambes allongées. Inspirez. Rentrez le ventre, serrez les fessiers, soulevez légèrement les bras en imaginant que vous poussez une charge vers l'avant, soulevez légèrement les jambes, pieds flexes, en imaginant que vous poussez une charge vers l'arrière, comme si votre corps se séparait en deux au niveau du bassin. Expirez par le nez en posant bras et jambes au sol.
Cinq fois. Rythme très lent.

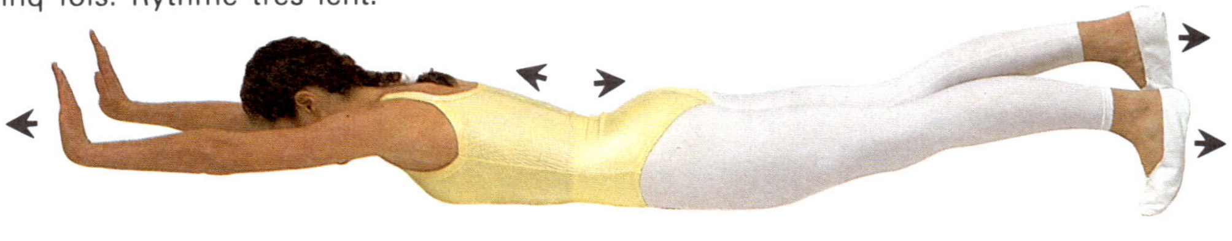

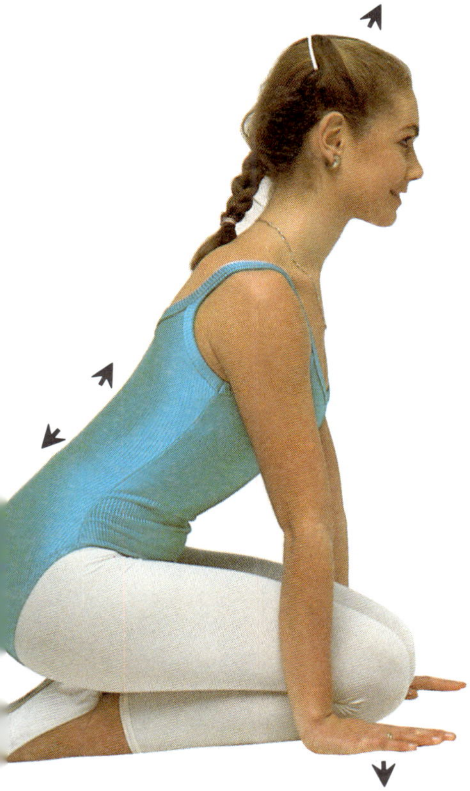

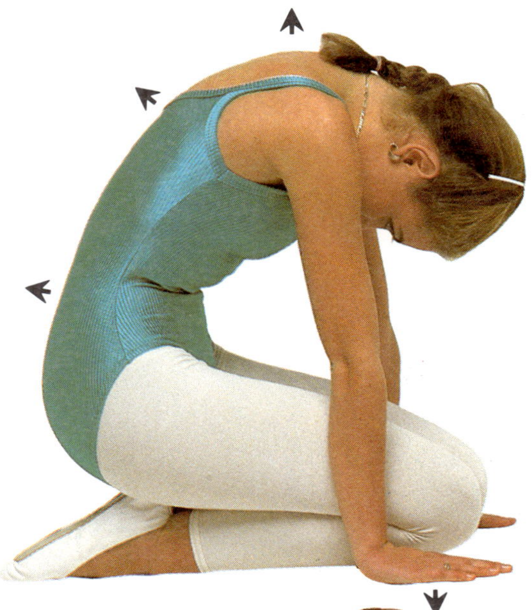

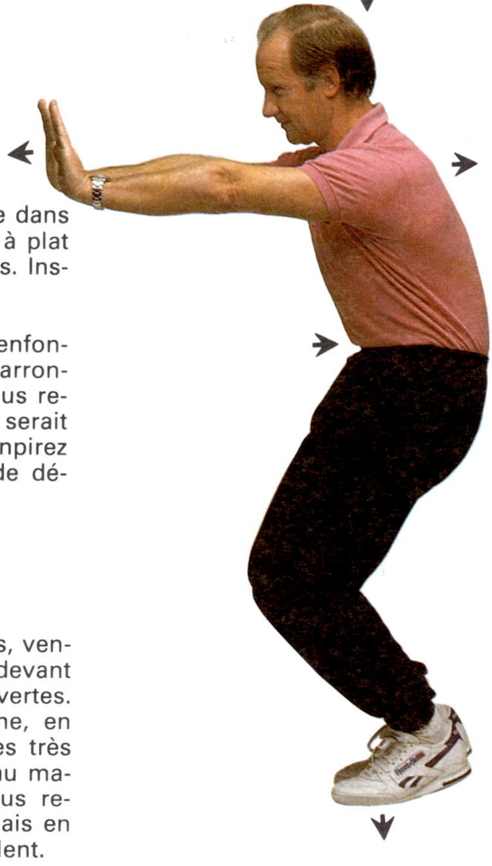

1. A genoux, dos droit incliné à 45°, nuque dans le prolongement du dos, mains posées à plat de chaque côté des genoux, bras tendus. Inspirez très lentement par le nez.

2. En expirant profondément par le nez, enfoncez les paumes de mains dans le sol, arrondissez tout le dos, en imaginant que vous repoussez un sac de sable très lourd qui serait placé sur votre dos, et votre nuque. Inpirez en revenant doucement à la position de départ.
   Dix fois. Rythme très lent.

Debout, jambes jointes légèrement fléchies, ventre rentré, fesses sérrées, bras tendus devant vous à l'horizontale, paumes de mains ouvertes. Inspirez par le nez. Expirez par la bouche, en imaginant que vous poussez deux charges très lourdes vers l'avant, rentrez votre ventre au maximum, arrondissez le dos comme si vous repoussiez un mur. Inspirez en relâchant, mais en gardant la position. 10 fois. Rythme très lent.

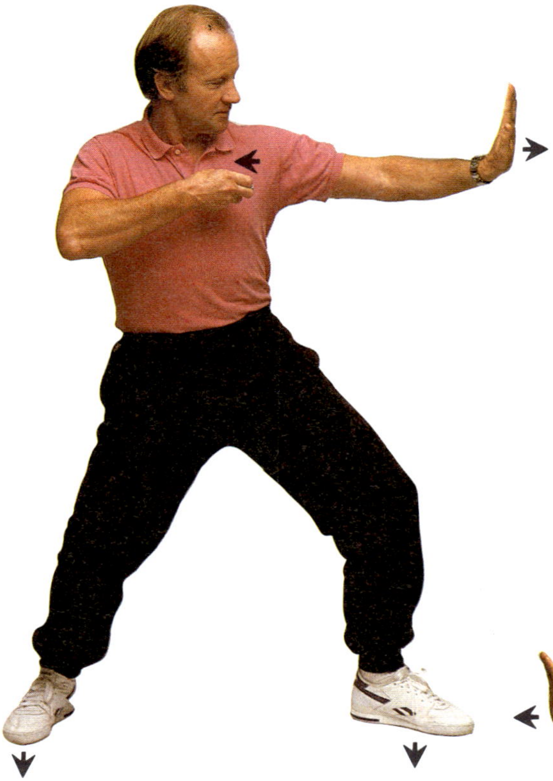

Debout, jambes écartées légèrement fléch
trouvez un bon équilibre. Fesses serrées, ver
rentré, les pieds s'enfoncent dans le sol. In
rez par le nez, en imaginant que vous tenez
arc en mains. Le bras gauche tendu, paume
main ouverte, pousse une charge vers l'av
Le bras droit vient coude au corps, comme
vous tiriez vers vous une corde invisible. Le
est bien droit. Expirez en relâchant.
Cinq fois sur chaque bras. Rythme très lent.

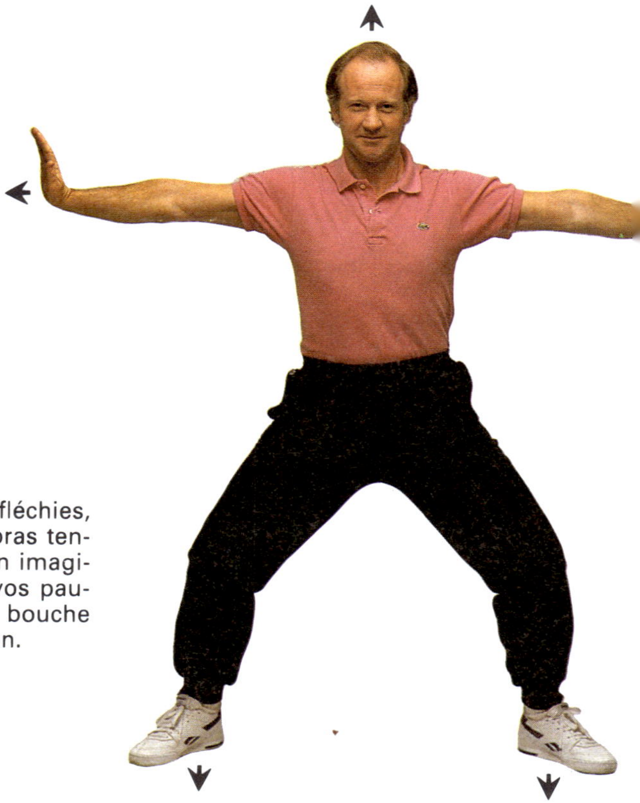

Debout, jambes écartées et légèrement fléchies, ventre rentré, fesses serrées, dos droit, bras tendus à l'horizontale. Inspirez par le nez, en imaginant que vous écartez deux murs avec vos paumes de mains ouvertes. Expirez par la bouche en relâchant, mais en gardant la position.
Dix fois. Rythme très lent.

Gymnastique pour perdre votre ventre

Le ventre est le centre de la vie. Votre forme (physique et psychique), votre énergie (volonté et équilibre des circuits énergétiques), votre beauté (peau, cheveux, dents) et même votre bonne humeur dépendent de lui et de sa bonne santé.

Pour maintenir vos organes en place et avoir un ventre plat, il vous faut de bons abdominaux, toniques et musclés. Cette tonicité musculaire stimulera vos organes digestifs, l'assimilation et l'élimination des aliments seront excellentes, ce qui aura pour effet de prévenir les petites et grandes maladies.

Dans les pages qui suivent, vous découvrirez trois niveaux d'exercices abdominaux : débutants, moyens et forts que vous sélectionnerez suivant votre forme et votre entraînement.

Ces exercices ont été choisis pour protéger dans tous les cas votre dos.

1. Ils doivent être pratiqués : avant le repas ou trois heures après (jamais pendant la digestion).
2. Mangez très lentement pour éviter de provoquer des flatulences ou gaz intestinaux qui, associés à des exercices pratiqués en force, pourraient provoquer des hernies inguinales ou hiatales, ou encore une fatigue générale de tout l'organisme.
3. Sur un tapis de 2 à 4 cm d'épaisseur ou sur une couverture pliée en quatre, afin que les apophyses épineuses de vos vertèbres (pointes osseuses qui dépassent du dos) ne heurtent pas un sol dur (parquet, moquette ou carrelage) déclenchant à la longue des microtraumatismes provoquant des subluxations vertébrales.
4. Ne forcez jamais, surtout après quarante ans. Suivez votre propre rythme.
5. Faites ces exercices 10 mn le matin et 10 mn le soir pour obtenir les meilleurs résultats.

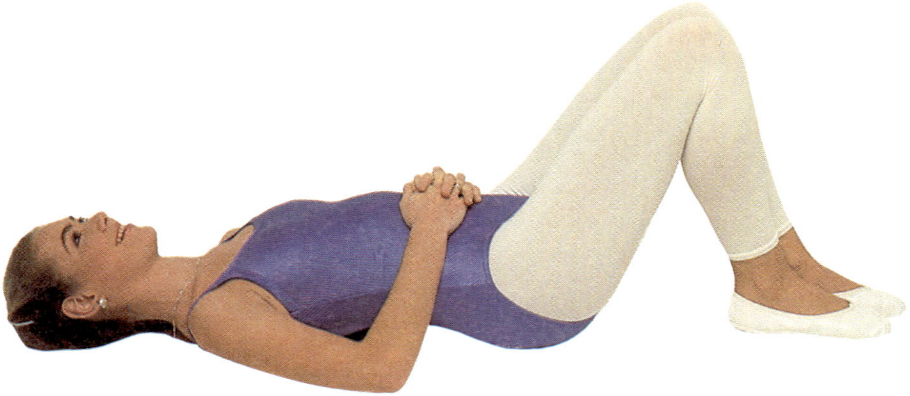

Abdominaux débutants

1. Allongée sur le dos, jambes fléchies, inspirez par le nez, gonflez puissamment le ventre tout en créant une très forte opposition des mains et des bras pour empêcher le ventre de se soulever.

2. Expirez par la bouche grande ouverte, rentrez le ventre au maximum en vous aidant de la pression des mains pour chasser l'air au maximum.
Dix fois. Rythme lent.

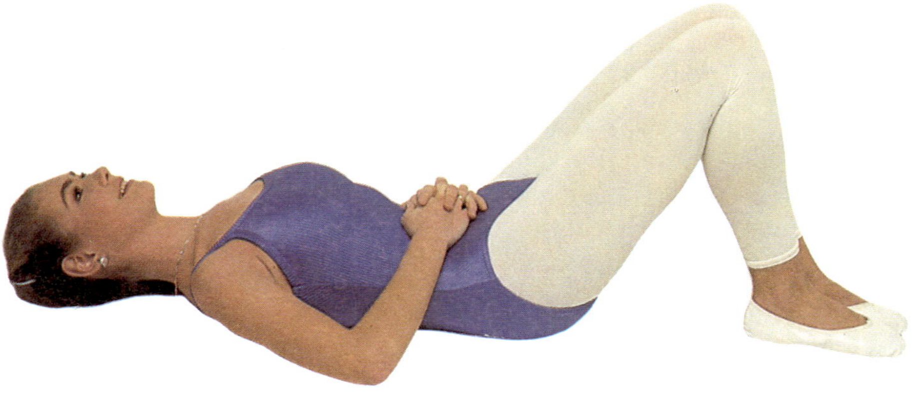

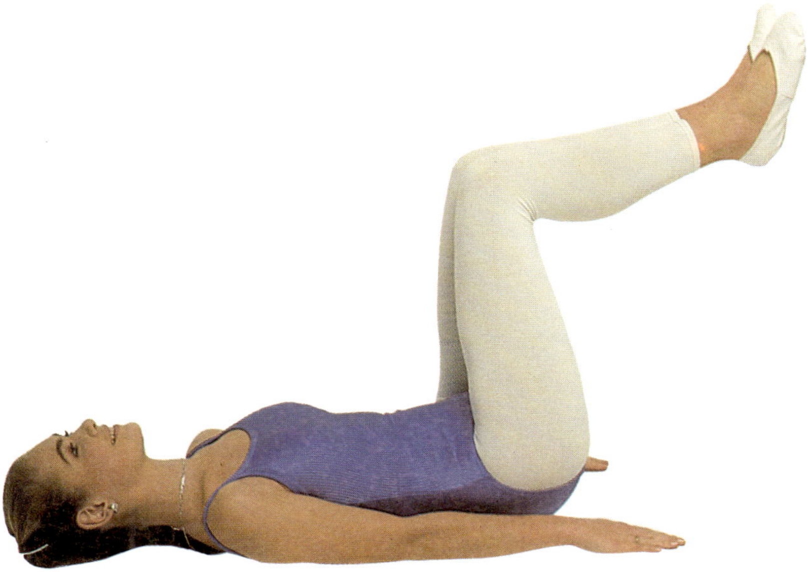

1. Allongée sur le dos, cuisses à 90°.
   Inspirez par le nez
2. Puis en expirant par la bouche, amenez les genoux sur la poitrine.
   Trois séries de vingt. Rythme moyen.

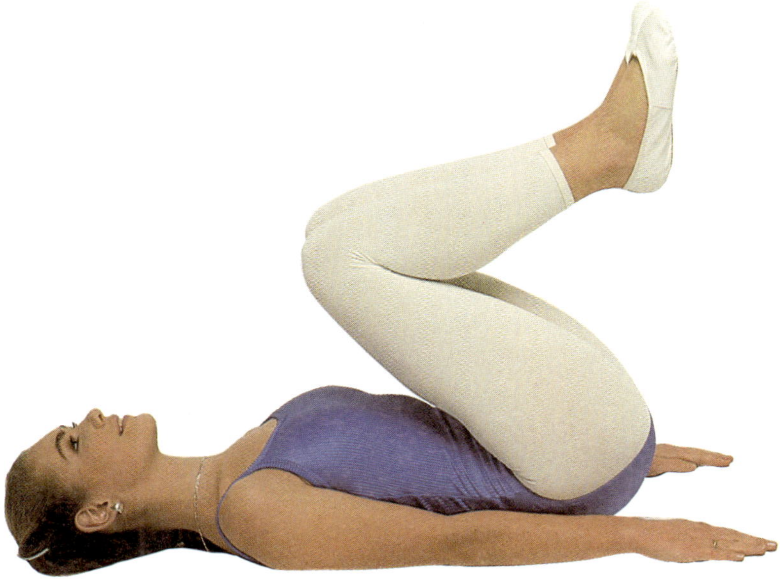

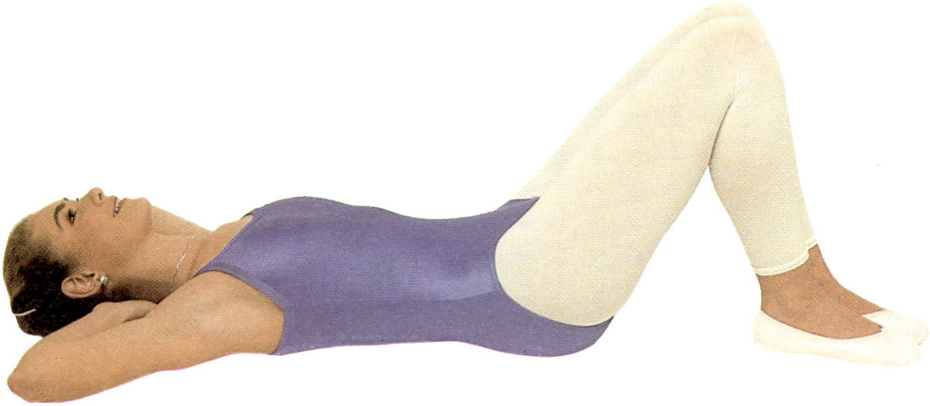

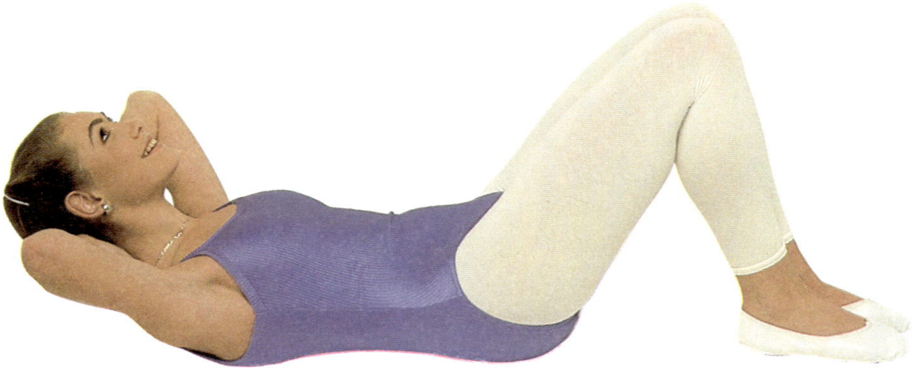

1. Allongée sur le dos, mains croisées derrière la nuque, jambes fléchies. Inspirez profondément par le nez.

2. Puis en expirant par la bouche, soulevez le plus haut possible, le buste menton vers le ciel.
   Trois séries de dix. Rythme moyen.

Pas de photo

Pendu à une barre, un espalier ou une branche d'arbre, jambes pendantes. Inspirez par le nez et en expirant par la bouche, amenez vos cuisses, jambes fléchies, parallèles au sol.
Deux séries de cinq. Rythme lent.

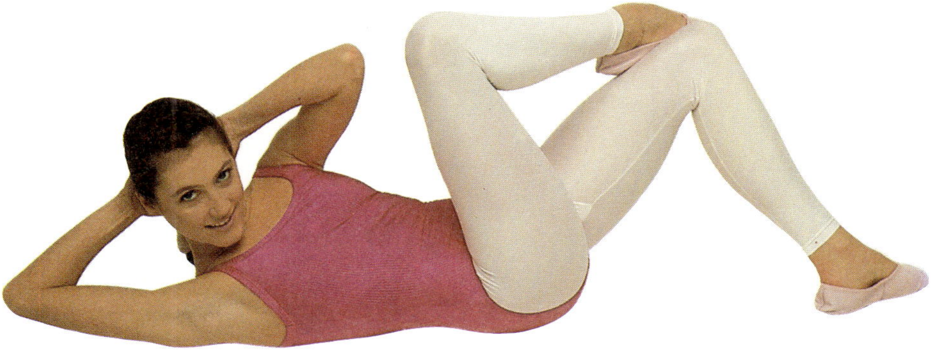

Abdominaux moyens

Allongée sur le dos, mains croisées derrière la nuque coudes écartés, jambe gauche fléchie, cheville droite posée sur le genou gauche. Inspirer par le nez, puis en expirant par la bouche, amenez le coude gauche au genou droit en posant votre dos en douceur. Inspirez...
Trois séries de dix sur une jambe. Trois séries sur l'autre. Rythme moyen.

Allongée sur le dos, mains croisées derrière la nuque, coudes écartés, faites un mouvement régulier de pédalage, jambes fléchies et écartées en l'air.
Portez le coude droit vers le genou gauche, puis le coude gauche vers le droit en gardant toujours les coudes bien écartés. Inspirez sur deux mouvements (coude droit - genou gauche et coude gauche - genou droit) et expirez sur deux mouvements. Série de 30 secondes. Rythme moyen.

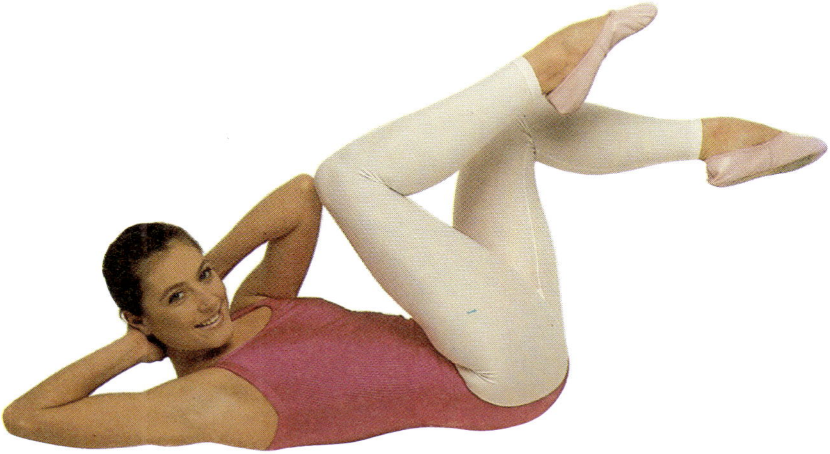

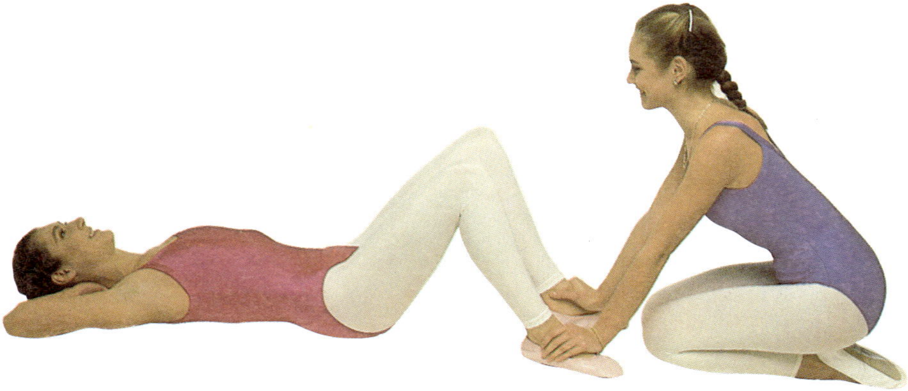

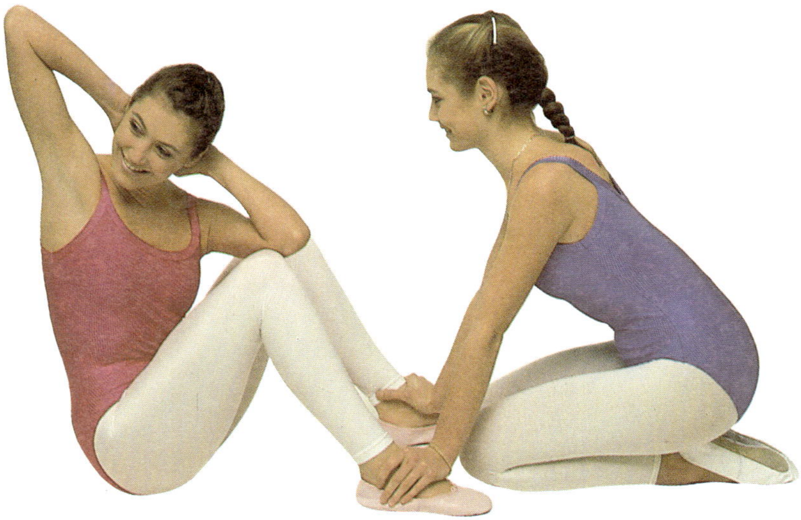

1. Allongée sur le dos, mains croisées derrière la nuque. Inspirez par le nez.

2. Expirez par la bouche en amenant le coude gauche vers le genou droit, puis le coude droit vers le genou gauche en gardant toujours les coudes écartés. Inspirez par le nez en revenant doucement au sol. Trois séries de dix. Rythme moyen.

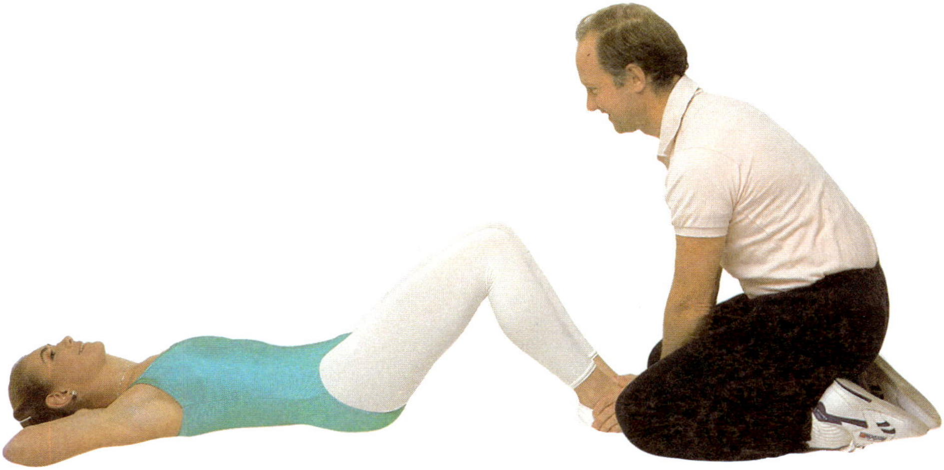

1. Allongée sur le dos, mains croisées derrière la nuque, coudes écartés, les jambes sont fléchies et serrées, maintenues par un partenaire ou sous un meuble. Inspirez par le nez.

2. Expirez par la bouche en amenant le front sur les genoux et en gardant toujours les coudes bien écartés. Inspirez par le nez, freinez votre retour dos au sol. Trois séries de dix. Rythme moyen.

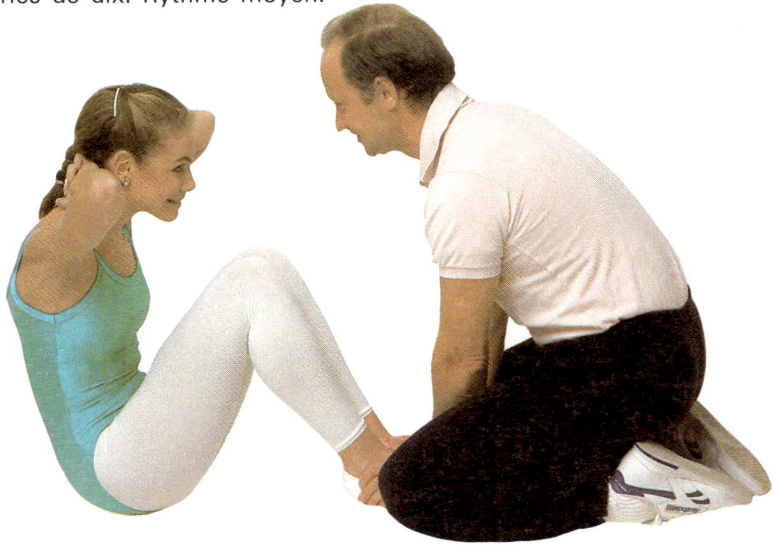

Pas de photo
Pendu à une barre, un espalier ou une branche d'arbre, inspirez par le nez. Jambes fléchies, cuisses parrallèles au sol, en expirant par la bouche, amenez les genoux à la poitrine. Deux séries de cinq. Rythme lent.

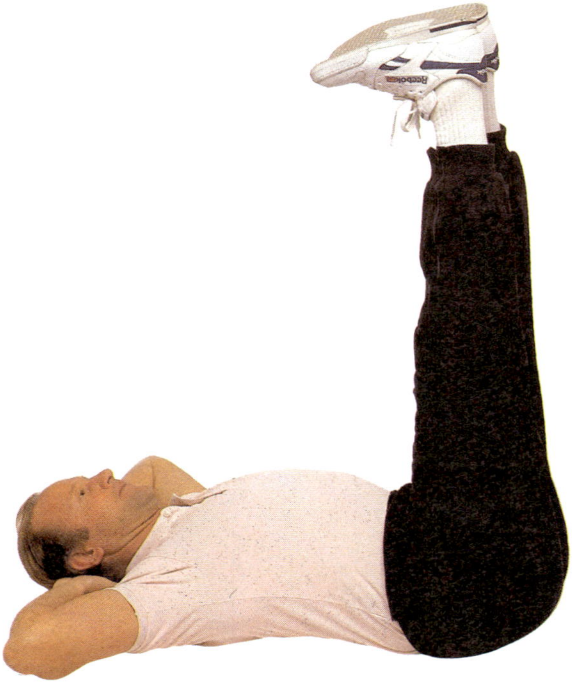

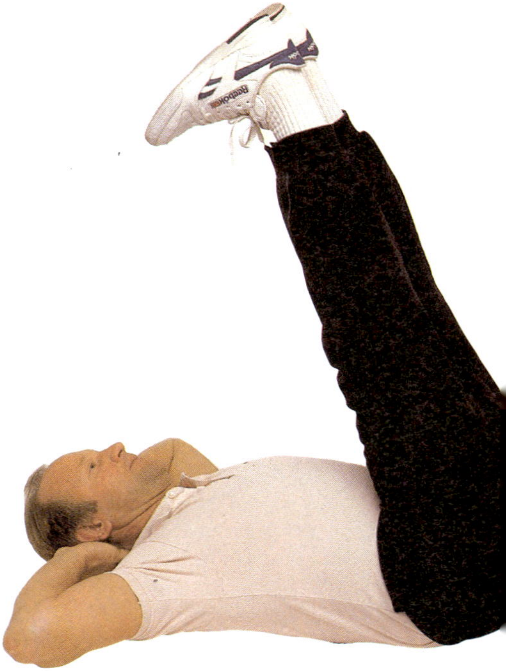

Abdominaux forts

1. Allongé sur le dos, mains croisées derrière la nuque, coudes écartés sur le sol. Jambes tendues à la verticale, pieds flexes (pointes dirigées vers soi). Inspirez par le nez.

2. En expirant par la bouche, amenez vos jambes tendues vers la poitrine, pieds flexes. En inspirant, revenez à la position de départ. Trois séries de dix. Rythme moyen.

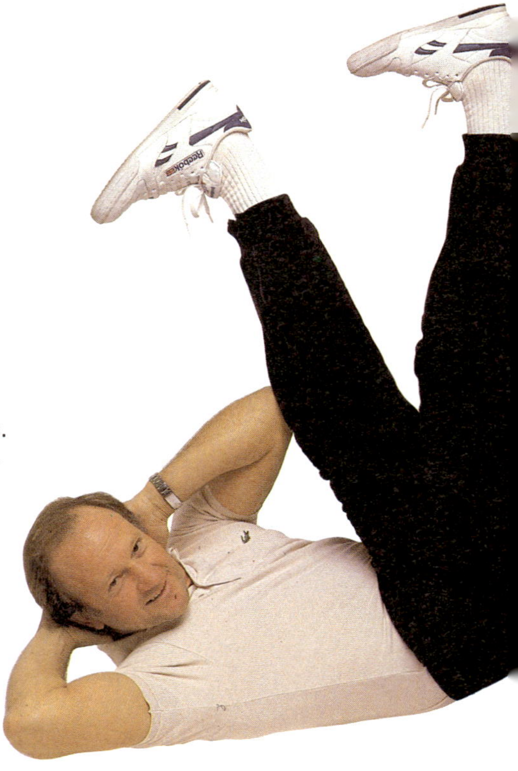

Allongé sur le dos, mais croisées derrière la nuque, coudes écartés, le buste relevé, jambes écartées et tendues à la verticale, pieds flexes. Faites un mouvement de ciseaux ou de balancier avec les jambes.
Inspirez par le nez, expirez par la bouche en amenant le coude gauche au genou droit, puis le coude droit au genou gauche.
Trois séries de 30 secondes. Rythme rapide.

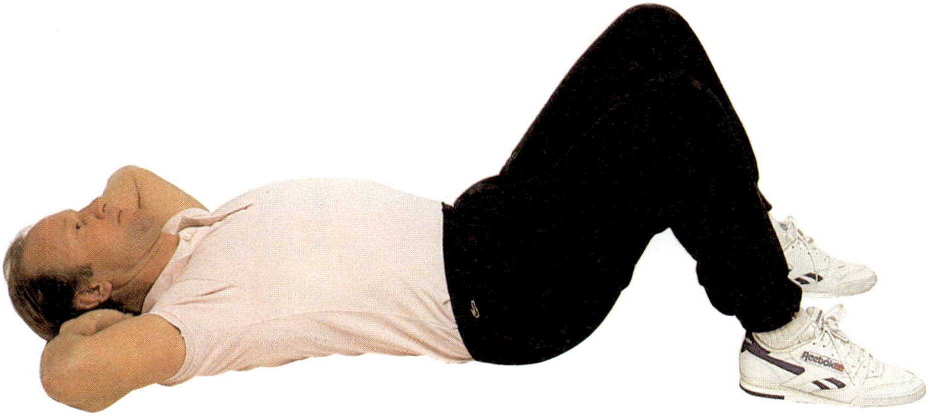

1. Allongé sur le dos, mains croisées derrière la nuque, coudes écartés, jambes fléchies et écartées. Inspirez par le nez.

2. Expirez par la bouche ouverte sur deux temps, lorsque le coude gauche vient vers le genou droit (1er temps), puis le coude droit au genou gauche (2e temps).
Inspirez par le nez, freinez votre retour dos au sol.
Trois séries de dix. Rythme rapide.

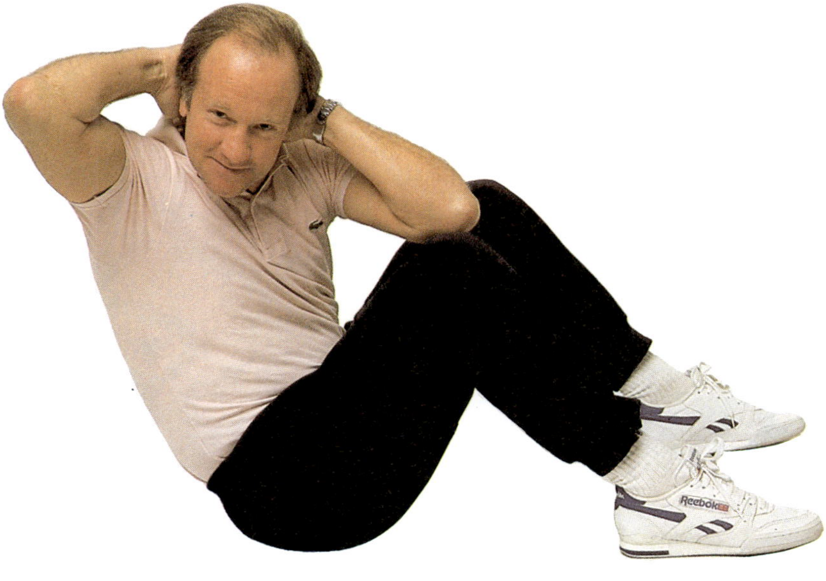

Pendu à une barre, un espalier ou une branche d'arbre, jambes pendantes inspirez par le nez et en expirant par la bouche, amenez vos jambes tendues à l'horizontale ou vers votre poitrine si vous êtes très fort dans un mouvement rapide. Attention, en inspirant, freinez le retour jambes pendantes.
Trois séries de dix. Rythme rapide et lent.

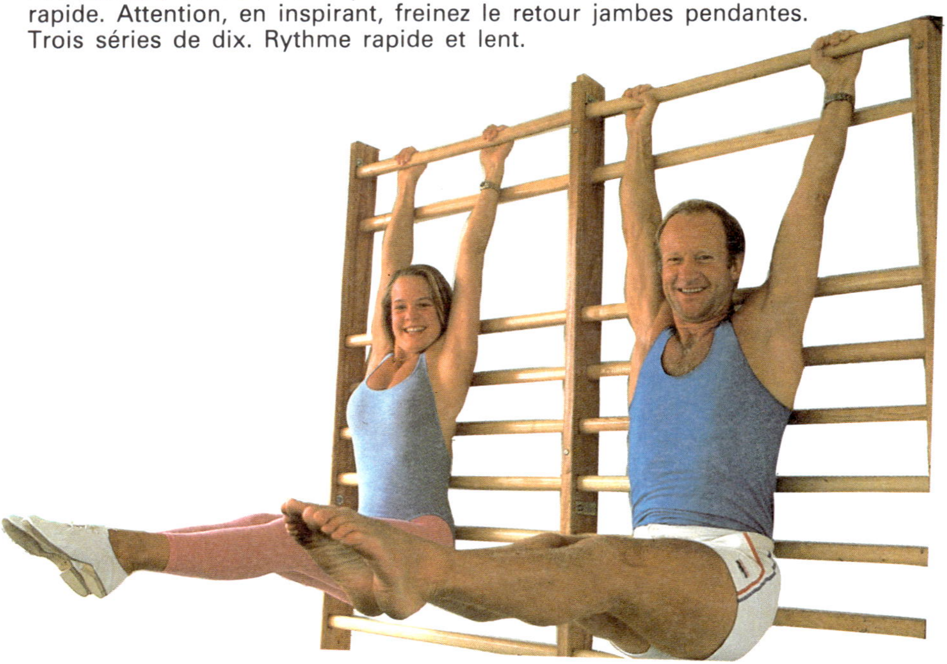

Les abdominaux dangereux (à ne pas faire)

Ils déclenchent des micro-traumatismes, et des douleurs au niveau du dos (région lombaire).

Ne jamais remonter le buste sur des jambes tendues.
Ne jamais remonter les jambes tendues vers le buste. (pas des ciseaux, de ronds, de battements lorsque vous avez les jambes tendues au ras du sol).

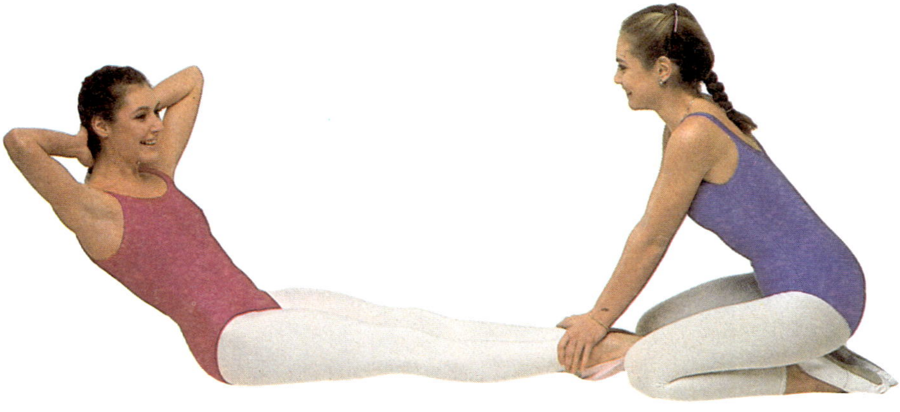

Autres thérapies

Je ne peux ignorer, en terminant ce livre, tous ces patients arrivés chez moi après des mois, souvent des années d'un épuisant parcours du combattant médical et paramédical. Loin de moi l'idée que toutes les méthodes sont inefficaces et les thérapeutiques inadaptées. Mais je pense avoir suffisamment démontré que l'on ne peut, à mon sens, traiter un malade autrement que totalement, en lui apportant, physiquement et psychiquement, toute l'aide possible. Aussi intéressantes qu'elles soient, toutes les thérapies proposées pour soigner les diverses manifestations des troubles fonctionnels ont leurs limites.

J'aimerais donc les étudier avec vous une à une en montrant de chacune ce qu'elle peut apporter, et surtout comment s'y préparer et dans quelles conditions l'utiliser.

La thalassothérapie

La thalassothérapie reste une des techniques privilégiées de rééducation – le pouvoir de l'eau de mer a des vertus apaisantes dans les soins aux grands traumatisés –, elle est aussi utilisée pour des cures d'amaigrissement et de remise en forme, voire dans un but purement esthétique.

Principe : Faire profiter le patient au maximum de tous les oligo-éléments et sels minéraux contenus dans l'eau de mer.

Les soins : Ils sont très divers : bains d'algues chaudes, baignoires et douches à jets multiples, piscines d'eau de mer chaude...

Conseils : Ne commencez pas une cure de thalassothérapie alors que vous êtes totalement épuisé. Les soins sont eux-mêmes fatigants, et il faut être en forme pour les supporter.

Au début : Détendez-vous, laissez-vous aller, reposez-vous. Faites un, puis deux soins par jour. Refusez d'accomplir chaque jour au nom de la rentabilité le programme complet. Ne faites pas de gymnastique les premiers jours.

Au bout de quelques jours : Lorsque votre corps commencera à se dénouer, et que vous ressentirez le bénéfice du repos et des premiers soins, commencez à nager régulièrement, sans forcer, pendant vingt minutes, en plus selon vos possibilités. Faites, le matin ou l'après-midi, de longues promenades à pied ou en vélo, ou un peu de footing sans excès.

Alimentation : Évitez le thé, le café, l'alcool.
Équilibrez de vous-même votre alimentation sans vous obliger à aller au restaurant diététique : profitez au contraire de ce moment privilégié pour vous reprendre en charge.
Le grand danger de ces instituts est que l'on y infantilise le patient en l'assistant du matin au soir et en ne lui laissant aucune initiative. Si bien qu'au retour, il reprend très vite ses habitudes en oubliant cette « parenthèse ».

Pour tirer le meilleur parti de la thalassothérapie
Évitez les séjours trop courts. La durée idéale de la cure est de trois semaines. Vous aurez ainsi le temps de :
- vous mettre en condition en vous laissant dorloter (7 jours)
- profiter des soins pendant 8 ou 10 jours
- vous remettre progressivement en forme en diminuant les soins et en augmentant les activités sportives.

Les manipulations

La manipulation est une véritable thérapeutique. Mais elle doit être effectuée à bon escient par un thérapeute expérimenté sur un patient capable de la supporter. Car toute manipulation comporte un risque certain, pouvant aller d'un simple blocage à une inflammation ou la paralysie d'un ou plusieurs membres.

Qui peut pratiquer des manipulations ? En France, seuls les médecins de médecine physique et les rhumatologues ont légalement le droit de manipuler un patient. Je connais d'excellents chiropracteurs et ostéopathes qui seraient tout à fait aptes à pratiquer des manipulations, même mieux que certains médecins. Mais alors qu'ils y sont autorisés dans les autres pays, ici cela leur est interdit. Aucun d'eux ne refuserait pourtant de se soumettre à un examen pour obtenir un diplôme autorisant à excercer... s'il en existait un !

Comment manipuler ?
— Le patient doit être préparé par des massages très doux permettant au corps tout entier de se détendre. Tant qu'il y a tension musculaire, il y a risque.
Méfiez-vous du médecin qui vous manipule à froid, en quelques minutes : vous avez autant de chances de voir votre état empirer que s'améliorer. J'en connais qui manipulent à la chaîne de quarante à cinquante patients par jour !
— Une manipulation doit être douce, même si l'articulation lésée ne se débloque pas à la première séance.
— Il peut y avoir deux sortes de dysfonctionnement vertébral : certaines vertèbres bougent sans arrêt : on dit qu'elles sont en hypermobilité, d'autres, au contraire, restent fixes : on dit qu'elles sont en hyperfixation. Ce sont celles-là qui peuvent freiner le mouvement normal de la colonne.

Souvent le praticien manipule les vertèbres en hypermobilité. On entend un craquement et on est plus ou moins soulagé. Or ce sont avant tout les vertèbres en hyperfixation qu'il faut traiter, car ce sont elles qui déclenchent les troubles par compensation.

Avant de risquer une manipulation sur un endroit quelconque de la colonne, un médecin sérieux doit donc traiter tout le dos par des massages doux et profonds. Hélas, beaucoup ne le font pas. Bien souvent ces manœuvres suffiront à rendre leur mobilité aux vertèbres « bloquées ».

Les manipulations doivent être rares
Il est extrêmement dangereux de se faire manipuler fréquemment ou pour un rien. De même, il est très risqué de faire soi-même craquer ses vertèbres (de la nuque ou du dos). J'ai soigné un joueur de tennis américain qui se faisait manipuler une fois par semaine : il souffrait d'une forte arthrose cervicale, et je lui prédis vers la cinquantaine de douloureux rhumatismes.

Toute manipulation doit obligatoirement s'accompagner d'une rééducation douce (gymnastique) et de séances de relaxation permettant à tous les muscles dorsaux, à la fois de s'assouplir et de se fortifier.

Les massages

Il existe plusieurs sortes de massages. Nous étudierons ici les principaux. Je voudrais surtout vous faire comprendre qu'un massage n'est pas un gadget, comme on le dit trop souvent, mais une véritable thérapie.

Massage de détente
Massage d'une partie du corps (tête, pied, dos, ventre...) ou du corps tout entier par des manœuvres douces, lentes, profondes, calmantes.
Le thérapeute travaille seul. Le patient se contente de se détendre.

Massage médical
C'est le traitement manuel d'un trouble ou d'une lésion dont le thérapeute doit en même temps — s'il ne s'agit pas d'un accident — déterminer les causes profondes. Le traitement doit être précis, efficace, et apporter un soulagement rapide. Il doit s'accompagner de conseils sur les suites qu'il convient de lui donner pour en stabiliser les résultats : rééducation, gymnastique douce, régime alimentaire.

Il exige de la part du thérapeute manuel un travail important de soutien psychologique de son patient pour l'amener à prendre en charge sa propre guérison. Et de la part de celui-ci, l'acceptation d'une réflexion sur les causes de son mal et les remises en ordre nécessaires à la guérison. Sans une communion de vues et une osmose parfaite entre thérapeute et patient, les résultats sont éphémères, voir nuls.

Massage sportif
Les sportifs sont généralement des gens jeunes, aux muscles hypertoniques et développés, qu'il faut masser en profondeur, ce qui exige du thérapeute une grande force physique. Il faut être soi-même en très grande forme, en pleine possession de ses moyens pour traiter un sportif (ou un danseur) de haut niveau.

Massage de la tête
Massage du bout des doigts, en digitopuncture directe, de tout le cuir chevelu, la nuque, le cou.

Massage crânien
Les mains touchent à peine la tête. C'est un traitement qui demande une forte concentration et une grande expérience : on doit sentir le rythme de la circulation du liquide céphalo-rachidien.

Ce traitement donne des résultats spectaculaires dans le traitement de nombreux troubles fonctionnels : insomnies, troubles neuro-végétatifs, nervosité, coupures des circuits énergétiques... D'autres techniques de massage (shiatsu, massage californien...) ont le même but, sans toutefois obtenir des résultats aussi rapides.

En Chine ou au Japon, *de nombreux médecins suivent les cours de thérapeutes manuels* pour pouvoir faire profiter leurs patients des inestimables bienfaits des massages. *En France, on en est très loin !*

Certes il existe depuis peu un enseignement à la Faculté de Bobigny, suivi par quelques médecins soucieux de mieux soulager leurs malades, mais on a trop tendance à penser qu'un kinésithérapeute ou un ostéopathe ne sont bons qu'à réparer et rééduquer un membre ou une articulation abîmés.

Depuis des années, je tente de convaincre les médecins qu'au lieu de les mésestimer et de les ignorer, ils devraient travailler *avec* les thérapeutes manuels. Ce que l'un a commencé, l'autre est seul en mesure de le parachever.

C'est dans **la coordination de leurs forces, de leurs compétences et de leurs méthodes, que les différents spécialistes trouveront les moyens de guérir ensemble et définitivement leurs patients.** Mettons fin aux querelles de chapelles dont les seules victimes sont les malades qui nous font confiance.
C'est l'avenir de la médecine toute entière qui est en jeu.

Les massages de détente ne sont pas un luxe, mais une nécessité.

Les hommes d'affaires, les acteurs, tous ceux qui occupent un poste à haute responsabilité, ou une profession qui les oblige à être performants ou en représentation, se font masser régulièrement deux ou trois fois par semaine, parfois chaque jour.
La plupart d'entre nous ont besoin de ces soins qui détendent, gomment en partie l'effet des stress incessants auxquels nous sommes soumis, et nous aident à retrouver un précieux équilibre. (Un bon massage équivaut à une heure de marche à pied.)

Il n'est pas question pour autant de faire supporter par la Sécurité sociale, c'est-à-dire la collectivité, des soins comme ceux là.

Prévoyez votre budget massage. Même s'il vous demande un effort, vous ne le regretterez pas.

L'acupuncture

L'acupuncture est une des plus anciennes médecines du monde, et je ne m'étendrai pas ici sur ses atouts et ses indications qui sont multiples. Tout le monde les connaît.

Je me contenterai de vous mettre en garde contre un danger que l'on ignore trop souvent : s'il y a d'excellents acupuncteurs, passés maîtres dans l'exercice de leur art, auxquels vous pouvez vous confier les yeux fermés, il existe aussi, comme dans toute profession, des charlatans, ou au moins des hommes pour qui l'argent compte plus que la déontologie.

J'ai connu un acupuncteur célèbre capable de soigner en même temps sept à dix patients installés dans toutes les pièces de son appartement et jusque dans sa salle de bains !

Sachez reconnaître un bon acupuncteur
Il porte une attention méticuleuse à l'asepsie de ses aiguilles, qui doivent être stérilisées dans un appareil spécial. Méfiez-vous des affections transmissibles par les aiguilles.
Il reste avec vous pendant tout la séance et :
— surveille votre réaction et celles de ses aiguilles
— vous questionne
— prend votre pouls avant et après la séance.

Tout traitement d'acupuncture doit être accompagné parallèlement
— de gymnastique douce
— d'exercices de relaxation
— d'une prise alimentaire lente et équilibrée, sinon les résultats ne seront pas durables.

L'oligothérapie

L'oligothérapie est fondée sur l'utilisation des oligo-éléments, absorbés généralement à jeun (loin des repas) ou dix minutes avant de passer à table.

Bien dosée, elle donne d'excellents résultats.
Elle aussi doit impérativement être associée :
— à une bonne hygiène de vie
— au respect de vos rythmes biologiques : sommeil, détente...
— à une activité physique : marche, natation...
— à une alimentation équilibrée prise lentement et dans le calme.

J'ai vu des patients se plaindre d'avoir suivi scrupuleusement un traitement d'oligothérapie pour rhumatismes, insomnies, troubles digestifs, dépression... et n'avoir eu aucun résultat. Mais ils continuaient à vivre dans une pression continuelle, à manger n'importe quoi en dix minutes, et à ne pratiquer aucune activité physique.

Il avaient tout simplement oublié qu'aucun traitement médical ne peut amener une guérison si le patient détruit son propre équilibre neuro-végétatif par des conduites anarchiques.

Et plus encore dans le cas d'une oligothérapie puisque c'est au cours de la mastication que sont assimilés les sels minéraux et oligo-éléments.

Les clubs de sport

Allez-y en forme : dans ces clubs, on tirera le meilleur de vous sans vous ménager. Vous êtes là pour faire en peu de temps le maximum. On ne compte plus le nombre de gens revenus épuisés ou perclus de douleurs d'un stage de quinze jours de tennis, de voile ou autre planche à voile.

Les premiers jours
Observez vos professeurs. Vous verrez s'ils sont du style « para » : " tout le monde à la baguette, vous êtes là pour en baver, " ou si au contraire ils vous observent et vous interrogent pour tenter de connaître vos points forts et vos limites. Ceux-là jugeront très vite votre niveau de forme, n'exigeront pas de vous plus que vous ne pouvez en faire, et préfèreront la qualité du jeu aux performances à tout prix.

Le matin
Préparez-vous par une bonne séance de gymnastique qui échauffera tous vos muscles.

Pendant le stage
Buvez beaucoup avant et après le sport.
Mangez doucement, et ne vous inquiétez pas : si vous faites un écart, l'effort musculaire brûlera les calories en excédent.
Évitez les protéines animales — surtout la viande — pour ne pas encrasser votre organisme.
Mangez des sucres lents : pâtes, riz, pommes de terre, petits pois, lentilles.
Remplacez, si vous le pouvez, le thé et le café par des infusions de thym ou de romarin, ou de la chicorée.

Évitez de faire du sport — surtout de manière intensive — immédiatement après le repas. Attendez 2 heures et demie à 3 heures.
Les stages ont souvent lieu l'été : méfiez-vous des efforts trop prolongés par une chaleur excessive, et protégez-vous du soleil, tout particulièrement à la montagne au-dessus de 1 200 mètres d'altitude.

Le soir
Si vous êtes fourbu, c'est que vous avez trop forcé.
Nagez pour vous détendre, de préférence dans une piscine chauffée : attention à l'eau froide après un effort important au cours duquel vous aurez transpiré.
Dînez légèrement.
Couchez-vous tôt.

Au retour
Continuez à pratiquer une activité physique.
Surveillez votre régime alimentaire : si vous mangez autant en vous dépensant moins, vous risquez de prendre quelques kilos.

Les fermes de beauté

Si l'on fait — ce qui est difficile — abstraction des prix élevés qu'on y pratique, les fermes de beauté sont sans doute à l'heure actuelle la cure idéale pour qui veut se détendre, maigrir et se remettre en forme.

Situées le plus souvent en pleine nature dans des régions magnifiques, elles se font une règle d'accueillir au mieux leurs clients et de les prendre en charge avec compétence et efficacité tout au long de leur séjour.

Chacun y bénéficiera du régime, des soins, du programme d'activités physiques les mieux adaptés à son âge, à son cas, à sa personnalité.

Les thérapeutes qui dirigent ces établissements sont toujours extrêmement soucieux non seulement de répondre aux attentes de leurs patients, mais de leur donner tous les moyens de se prendre en charge et de ne pas perdre, en rentrant chez eux, le bénéfice de la cure.

La plupart des fermes de beauté offrent la possibilité de pratiquer équitation, tennis, vélo, gymnastique, natation... et l'on vous y indiquera le sport le plus adapté et le rythme auquel le pratiquer.

La nourriture est généralement excellente et équilibrée, et on ne vous y prescrira pas de régime astreignant. Si vous êtes là pour maigrir, vous perdrez un kilo à un kilo et demi par semaine, ce qui est largement suffisant.

Les résultats de la cure sont suivis par les médecins pratiquement au jour le jour.

Face aux contraintes, aux stress, aux difficultés de la vie trépidante à laquelle nous sommes trop souvent soumis aujourd'hui, les cures des fermes de beauté sont la meilleure réponse et elles devraient à l'avenir, se multiplier.

Les instituts de beauté

Soyons clairs : la plupart des instituts de beauté vous promettent la lune... et vous ne l'y trouverez pas.

Si vous pensez que :
— votre cellulite fondra en dix séances
— les rides s'effacent d'un coup de collagène magique
— quelques massages feront repousser vos cheveux
— vous mincirez grâce à une crème

— le laser, l'ionisation et l'électrophérapie sont sans danger
vous êtes de la race des gogos et, comme des milliers d'autres, vous dépenserez des fortunes non seulement sans résultat mais au prix d'une aggravation de votre état.

Si un institut de beauté est pour vous
— un endroit propre et agréable où vous trouverez pour un moment un havre de paix
— l'occasion de faire un nettoyage de peau, un gommage, un massage de détente
— une escapade égoïste dans une journée surchargée
alors ils seront pour vous une merveilleuse occasion de vous occuper un peu de vous et de retrouver en douceur votre énergie grâce à un moment de plaisir.

Les plantes : phytothérapie et aromathérapie
La phytothérapie (médecine par les plantes) et l'aromathérapie (qui utilise les essences végétales) sont utilisées depuis que le monde est monde pour soigner les troubles fonctionnels.

Mais si l'on admet que les plantes sont efficaces parce qu'elles contiennent des principes actifs, on doit comprendre parallèlement qu'elles peuvent, si elles sont mal utilisées, faire autant de mal qu'elles font de bien lorsqu'un spécialiste expérimenté les prescrit à bon escient.

Méfiez-vous en particulier de l'auto-médication : vous n'êtes pas apte à choisir et utiliser les plantes sans avis autorisé. Vous risqueriez des troubles, parfois sévères (un phytothérapeute digne de ce nom ne vous conseillera lui-même jamais un traitement sans vous avoir auparavant longuement interrogé, et avoir fait pratiquer une analyse de sang). Il est alarmant de voir les médias transformer en best-sellers des livres de profanes bourrés de « recettes » parfois inefficaces mais souvent dangereuses. Et il est navrant de soigner, comme je le fais chaque jour, des patients malades de les avoir suivis. La médecine par les plantes ne peut être réduite à une sorte de recueil de recettes de cuisine à faire soi-même, au gré de son humeur, et plutôt mal que bien. C'est au contraire une thérapie complète, faite d'un ensemble de soins naturels, impliquant une adaptation parfaite à chaque individu pour le traiter en profondeur. Ainsi utilisée, la médecine par les plantes permet d'obtenir des résultats dans le traitement de la plupart des maladies, même les plus graves comme certains cancers.

Depuis 25 ans je soigne, jour après jour, des hommes, des femmes, des enfants, qui souffrent dans leur corps, leur esprit, leur vie...

J'y ai appris une chose essentielle :
Aucune méthode, aucune thérapeutique, aussi bonne soit-elle, ne suffit pour guérir un malade. Toutes peuvent l'y aider.

La réponse est toujours dans ce qu'il fera de sa vie, la nourriture qu'il donnera à son corps, le respect qu'il aura de ses rythmes biologiques, et surtout sa volonté de profiter, ou non, de sa propre existence.

TEST

Avez-vous une bonne alimentation ?
Répondez *honnêtement* par oui ou par non aux quarante questions suivantes. Vous saurez si votre alimentation est équilibrée, anarchique ou carencée.

Au réveil

1. Vous sentez-vous en forme physiquement ?
2. Etes-vous de bonne humeur ?
3. Vous levez-vous facilement ?
4. Avez-vous bonne haleine ?
5. Avez-vous mal au cœur ?
6. Avez-vous de l'appétit ?
7. Avez-vous des courbatures ?
8. Éprouvez-vous une sensation de vertige en vous levant ?
9. Éprouvez-vous de l'angoisse à l'idée de démarrer une nouvelle journée ?
10. Allez-vous à la selle naturellement ?

Pendant les repas

11. Éprouvez-vous du plaisir à vous mettre à table ?
12. Etes-vous sensible au goût de ce que vous manger ?
13. Vous précipitez-vous sur le pain ou les amuse-gueules sans attendre le premier plat ?
14. Vous est-il indifférent de manger debout ?
15. Considérez-vous que le temps passé à table est utile ?
16. Préférez-vous un repas entre amis à un repas d'affaires
17. Vous arrive-t-il de refuser un plat dont l'odeur ne vous plaît pas ?
18. Etes-vous sensible à la présentation des mets ?
19. Refusez-vous un dessert quand vous n'avez plus faim ?
20. Etes-vous toujours prêt à sauter un repas ?

Entre les repas

21. En sortant de table, êtes-vous rassasié ?
22. Etes-vous plein d'énergie ?
23. Éprouvez-vous des coups de pompe ?
24. Avez-vous du mal à vous concentrer ?
25. Avez-vous la bouche sèche ?
26. Éprouvez-vous le besoin de grignoter ?
27. Votre ventre est-il ballonné ?
28. Avez-vous parfois la migraine ?
29. Etes-vous capable de dire ce que vous avez mangé depuis le matin ?
30. Avez-vous des sautes d'humeur inexplicables ?

La nuit

31. Vous couchez-vous la dernière bouchée avalée ?
32. Vous endormez-vous facilement ?
33. Attendez-vous d'être épuisé pour vous coucher ?
34. Dormez-vous la fenêtre ouverte ?
35. Faites-vous des cauchemars ?
36. Vous levez-vous souvent ?
37. Transpirez-vous ?
38. Avez-vous un sommeil calme ?
39. Préférez-vous un lit dur à un lit mou ?
40. Vous réveillez-vous à la première sonnerie de votre réveil ?

Réponses au test

Marquez *un point* si vous avez répondu *oui* aux questions :
1. 2. 3. 4. 6. 10. 11. 12. 15. 16. 17. 18. 19. 22. 29. 32. 34. 38. 39. 40.
Et si vous avez répondu *non* aux questions :
5. 7. 8. 9. 13. 14. 20. 21. 23. 24. 25. 26. 27. 28. 30. 31. 33. 35. 36. 37.
Si vous avez plus de trente points : Bravo Bravo ! Ce livre n'était pas fait pour vous... puisque de vous-même, vous savez allier alimentation équilibrée et hygiène de vie.
Vous êtes en pleine forme et le resterez longtemps.
Si vous avez entre 20 et 30 points : Encore un petit effort et ce sera parfait.
Vous savez l'essentiel et êtes attentif à votre façon de vous nourrir. C'est parfois dans votre façon de manger que vous vous négligez : la régularité est essentielle et la façon dont on mange est aussi importante que ce qu'on mange.
Entre 10 et 20 points : Il est temps de vous reprendre en main.
Vous faites plus d'écarts que d'efforts... Vous avez tendance à vous nourrir en dépit du bon sens en n'y consacrant que le minimum de temps. Vous êtes mûr pour les problèmes digestifs et autres troubles fonctionnels.
Moins de 10 points : On efface tout, et on recommence. Halte là, toute votre façon de vous nourrir est à revoir. Tous les chapitres de ce livre vous concerne si vous voulez éviter des maladies graves qui vous guettent à partir de la quarantaine.

Bibliographie

Professeur A.F. Creff : Manuel de diététique en pratique médicale courante. (Masson)

Professeur A.F. Creff et L. Bérard :
Dictionnaire de la nouvelle diététique (Robert Laffont)
Manuel pratique de l'alimentation du sportif. (Masson)
Diétique sportive. (Masson)
Les kilos de trop. (Laffont)

Professeur A.F. Creff et A.D. Herschberg :
Obésité (Masson)

Dr J. Valnet :
Docteur Nature (Fayard)

Professeur P. Millez :
Médecin de la liberté (Seuil)

N. Cousins :
La volonté de guérir (Seuil)

Dr K. Cooper :
Oxygène à la carte (Santé et vie)

D. Chapman :
An Endocrine Interpretation of Chapman's reflexes. (Academy of applied osteopathy)

Je remercie particulièrement le Dr Henri Blein pour les conseils qu'il m'a prodigués au sujet des analyses médicales.

Table des matières

Impression et reliure : Pollina s.a., 85400 Luçon - n° 11560
Dépôt légal : septembre 1989